암을 이기는 치유 캠프
복내 마을 이야기

지은이 **이박행**
펴낸이 **정애주**

출판제작국
　편집팀 송승호 이현주 한미영 김기민 김준표 오은숙
　디자인팀 김진성 송하현 최혜영
　제작팀 윤태웅 유진실 임승철
사업총괄본부
　마케팅팀 오민택 차길환 국효숙 박상신 송민영
　경영지원팀 마명진 윤진숙

펴낸날 2012. 3. 27. 초판 발행
　　　 2012. 5. 14. 2쇄 발행

펴낸곳 주식회사 홍성사
1977. 8. 1. 등록 / 제 1−499호
121−897 서울시 마포구 합정동 369−43
TEL. 02) 333−5161 FAX. 02) 333−5165
http://www.hsbooks.com E-mail: hsbooks@hsbooks.com

ISBN 978−89−365−0915−6
값 15,000원 ※잘못된 책은 바꿔 드립니다.

현대인의 건강한 삶을 위한 살아 움직이는 말씀

제가 처음 이박행 목사님을 만난 것은 제 종교적 멘토인 친구 부인이 복내전인
치유센터에서 암 투병을 하고 있을 때였습니다. 당시 저는 서울에서 공직 생활
을 마치고 부산 인제대학교 의과대학 교수로 재직할 당시였습니다. 암 환자 재활
을 위해 현대의학에 자연치료 및 영성치료를 접목시켜 전인치유로 환자들을 돌
보는 복내 현장은 지난 40년간 현대의학의 첨단 분야를 좇던 제게 신선한 충격
을 주었습니다.

현대의학의 표준 암치료법(수술, 방사선, 항암제)은 생존 기간과 생존율을 향상시
켰지만 합병증과 삶의 질이 악화되는 문제점이 있어, 환자의 면역력을 높여 주는
면역요법이 요구되어 왔습니다. 최근 암은 유전적 요인보다 잘못된 생활습관에
서 비롯하는 것으로 밝혀지고 있습니다. 이에 전인치유는 삶의 환경을 고쳐 현대
의학의 약점을 보완하고 면역력과 삶의 질을 향상시킴으로, 수술 후 잔존 암 제
거와 재발을 막아 치유율을 높일 수 있어 주목받고 있습니다.

축구에서 공격과 수비가 함께 이뤄져야 승리할 수 있듯이, 현대의학은 발생한 암
의 제거에 주력(공격적)하지만 전인치유는 발병한 사람을 치유(방어적)함으로 암
뿐만 아니라 현대인을 괴롭히는 당뇨와 혈압 등의 성인병과 노인병의 치료에도
접목시킬 수 있는 중요한 과제입니다.

이 책의 저자 이박행 목사님은 《암을 이기는 복내 영양요법》을 내신 사모님과 함
께 지난 17년간 의사들이 하기 힘든 전인치유 분야를 개척한 분이며, 하나님의
진정한 치유사역에 쓰임 받는 귀한 일꾼입니다. 모쪼록 이 책의 소중한 내용들이
암 환자들뿐만 아니라 스트레스와 약에 찌든 현대인들이 건강한 삶을 일궈 나가
는 데 살아 움직이는 길잡이가 되었으면 합니다.

김종순 박사 _전 한국원자력의학원장·현 서울의대 겸임교수

세상에는 참 많은 바보들이 자신의 꿈과 욕심을 이루기 위해 나름의 방식으로 살아가고 있습니다. 그런데 자신이 바보가 되어야 다른 사람들이 행복해질 것으로 믿고 살아가는 진짜 바보가 있습니다. 나는 이런 진짜 바보를 보면 사도 바울 선생님이 생각납니다.

"우리가 환난 중에도 즐거워하나니 이는 환난은 인내를, 인내는 연단을, 연단은 소망을 이루는 줄 앎이로다. 소망이 우리를 부끄럽게 하지 아니함이라"(롬 5:3~5)고 말씀하신 바울 선생님은 예수님을 닮아 가려고 당대 최고의 학문과 품위를 버린 진짜 바보입니다.

이박행 목사님의 《암을 이기는 치유 캠프 복내 마을 이야기》를 읽으며 이 목사님만이 아니라 사모님과 두 아이들 모두 바울 선생님을 닮은 진짜 바보 같다는 생각에 존경심을 표합니다.

책의 내용 중 "죽어가면서 심장을 제공한 아이의 엄마가 앉아 있었고, 엄마는 수술 받은 아이와는 전혀 접촉해 본 적이 없었는데 토크쇼 중 갑자기 심장 이식 수술을 받은 아이가 무대 중앙으로 걸어와 엄마라고 외치는 것이었습니다"라는 부분이 있습니다. 심장을 받은 자는 심장이 말하는 바를 듣고 안다는 것을 확인해 준 놀라운 이야기입니다.

암 환자 치유를 위해 자신의 모든 것을 포기한 사람들은 압니다. 이박행 목사님의 글들이 얼마나 소중한지, 널리 알려지지 못하고 감추어져 있다가 이제 심장이 말하듯 진실하게 울리는 영혼의 살아 있는 공명을⋯⋯. 그래서 창조 그대로 온전케 되는 건강한 삶을 세상에 외치며 그 안에 생명이 있다는 것을 들을 때 놀라운 소식으로 받아들이게 됩니다. 특히 "잃어버린 밥상머리 교육"에서 지금 우리 사회에 문제가 되고 있는 왕따와 참 교육의 부재, 학교 폭력 그리고 가정의 행복이 깨지는 등의 어려움들을 해결하기 위해 잃어버린 밥상을 회복시켜야 한다는 조언은 매우 신선하게 다가옵니다.

결국 전인치유는 암과 희귀병 환자뿐만 아니라 '온전한 생명을 통해 행복한 세상으로 치유하고 회복시키는 실천'을 퍼트리고자 이박행 목사님 가족이 부여받은 사명이라고 생각합니다.

환자들과의 25년 사역 가운데 삼분의 이에 해당하는 오랜 기간을 이박행 목사님과 동역하며 증인으로 함께해 온 것이 감사합니다. 이 목사님 가족이 일구어 왔고 또 앞으로 계속 운영해 갈 복내전인치유센터가 생명력의 환희를 불러일으키는 치유 캠프로 널리 알려질 수 있기를 축복합니다. 이 책을 읽는 모든 독자 분들도 진짜 바보 이박행 목사의 가정을 닮아 가길 소원합니다. 그러면 세상도 우리 진짜 바보들을 닮아 가겠죠!

박남규 목사_사랑의교회 호스피스 전인치유 담당•
한국교회 호스피스전인치유협회 대표회장

마음과 영혼이 어우러진 전인치유의 진수

건강에 관한 서적은 봇물을 이루지만 근원을 다루는 책은 찾아보기 힘듭니다. 오래 살고 싶은 마음에 장수학 교과서를 뒤져보아도 뾰족한 방법이 나와 있지 않습니다. 하지만 이박행 목사님은 우리 몸 안에, 그리고 자연 안에 신비한 비밀들이 있음을 발견했습니다.

"몸의 소리를 들어보라. 60조의 생명체인 세포들이 나에게 하소연하고 있지 않은가? 숲으로 가서 나뭇잎 소리, 물소리, 바람 소리를 들으며 심호흡을 해보라. 음악으로 샤워하고, 미술로 마음을 색칠하라."

일상에 널려 있는 사소한 것들 안에 전인건강의 비결이 있음을 저자는 차곡차곡 우리에게 알려주고 있습니다. 이론적으로 배운 것이 아니라, 본인이 겪은 질병 체험과 천봉산 자락에서 많은 암 환우들을 보듬으며 터득한 전인치유의 진수들입니다.

사람은 결코 물질로 이루어진 것이 아니라, 마음과 영혼이 어우러진 유기체입니다. 그 안에 하나님의 생기가 넘칠 때 비로소 건강한 존재임을 깨닫기에, 이박행 목사님의 치유의 몸부림은 몸과 마음을 대하는 모든 의사들과 치유자들이 꼭 체득해야 할 가르침입니다.

같은 조국의 하늘 아래 이러한 앞선 치유의 모델이 있어 감사합니다. 아울러 지난 20년 동안 친구와 동역자인 목사님으로부터 먼저 가르침을 받을 수 있는 복을 누려온 저는 마냥 행복합니다. 오늘도 복내 마을에서 날아 올 뉴스레터를 기다리며 이 행복의 편지가 우리 모두에게 읽혀지기를 기대합니다.

박상은 원장 _안양샘병원 의료원장·대한기독병원협회장

우리 주위에 암으로 고통당하는 사람들이 왜 이리 많은지 실로 안타까운 마음입니다. 물질적인 환경이 개선되어 먹거리 수준이 높아졌지만 우리 삶의 질은 행복과 멀어졌습니다. 몸의 건강도 그렇고 마음의 건강도 오히려 악화되고 있음을 주변에서 쉽게 볼 수 있습니다. 정신세계 또한 각종 병리적 현상들로 심각한 어려움을 겪고 있습니다.

의학과 약학 또한 놀라운 수준으로 발전하여 온갖 질병과 싸우고 있습니다. 하지만 여전히 현대의학과 약학으로 다스릴 수 없는 난치병과 희귀병들이 많습니다. 그 어디서도 해결할 수 없는 병과 싸우게 되면 우리는 하늘 아버지께 호소할 수밖에 없습니다.

이박행 목사님과 사모님은 암과 씨름하는 사람들을 돕는 일에 헌신한 분입니다. 이러한 사명은 특별한 사람이 아니면 감당하기 힘듭니다. 그러기에 두 분의 존재가 귀하고 감사하기 그지없습니다.

2010년 9월, 오랜 외국 생활을 마치고 귀국하면서 가장 먼저 복내전인치유센터를 방문했습니다. 이 목사님의 사역에 대해 들은 바가 있었고, 이 시대에 꼭 필요한 치유사역을 감당하고 있는 현장을 보고 싶었기 때문입니다. 생명과 죽음의 경계선에서 치유와 회복의 사역으로 고군분투하는 이 목사님 내외분을 격려하고 싶기도 했습니다. 잠시 머무는 동안 마음의 큰 울림을 얻고 돌아왔습니다.

복내전인치유센터를 통해 많은 분들의 건강이 회복되고 영혼이 소생하게 되기를 기대합니다. 하나님의 아름다운 창조 질서가 이 한국 땅의 아름다운 마을에서 복원되고 있다는 소식이 우렁차게 들려지기를 소망합니다.

'암을 이기는 치유 캠프 복내 마을 이야기'라는 제목이 범상치 않습니다. 이 책에는 그 동안 이 목사님과 사모님이 생명을 걸고 암 환자들을 살려 내고 죽음을 극복하도록 도운 이야기들이 오롯이 담겨 있습니다. 생명 살리기에 필요한 시각 교정과 함께 암을 통해 만나게 된 하나님 이야기도 펼쳐집니다. 이 책을 읽는 모든 분들께 큰 유익이 있기를 기도합니다.

이문장 목사 _전 에딘버러 신학대학원 교수 • 현 두레교회 담임

암을
이기는
치유 캠프

복내
마을
이야기

암을
이기는
치유 캠프

이
박
행 지음

복내
마을
이야기

홍성사

차례

천봉산, 에덴의 원시성이 보존된 곳

제가 암 환자들과 함께 지내고 있는 보성군 복내면 천봉산 골짜기는 에덴의 원시성이 그대로 보존된 곳입니다. 바람 한 자락, 떠도는 구름 한 점이 평화롭기만 합니다. 이곳에서는 휴대폰과 TV가 안 되니 전자파에서도 청정 지역입니다. 이 깊은 산골짜기에서 암 환자의 재활을 도우면서 지낸 지 17년이 되었습니다.

매년 20만 명이 넘는 암 환자가 생겨나고 있습니다. 40대 이후 암 유병률은 남자가 2명 중 1명, 여자는 3명 중 1명입니다. 사망률은 암이 단연 1위입니다. 현재 암 생존자가 약 70만 명으로 추산되고 있습니다. 이러한 때 효과적인 암 재활 사역에 대한 관심이 고조되는 것은 당연한 일이겠지요.

다른 종교들은 건강을 매개로 포교 활동하는 것을 매우 중요한 전략으로 생각합니다. 그러나 개신교는 영육 이원론에 묶여 이들에 대해 수동적인 비판으로 대처해 왔습니다. 이를 안타깝게 생각한 저는, 복내에서 기독교 세계관에 입각한 사랑의 영성과 자연 그리고 현대의학이 조화롭게 어우러진 총체적 전인치유 선교 현장을 세워 왔습니다. 그동안 암 환자를 돌보면서 많은 시행착오를 거치며 저는 다음과 같은 원칙을 세웠습니다.

첫째, 영생의 가치를 깨닫도록 돕는 영성 회복을 최우선에 둡니다. 둘째, 대자연으로 돌아가 자연치유 면역력을 강화하게 합니다. 셋째, 전인격적인 치유를 위해 예술 활동을 생활화합니다. 넷째, 양방과 한방을 비롯한 현대의학과 보완·통합 의료의 적절한 도움을 받게 합니다. 다섯째, 건강한 습관을 생활화하고, 사랑의 공동체 생활을 통해 지상의 천국을 경험하게 합니다. 즉 교회의 영적 기능과 병원의 치료 기능을 천혜의 자연조건 속에서 공동체적 생활 영성으로 조화시켜 전인적으로 회복하도록 돕는 것입니다.

이는 세계적인 선교학자 랄프 윈터 박사가 2005년 내한해 제5회 한국 선교 지도자 국제 포럼에서 발제했던 12개의 '전방개척'(frontiers) 사역 중 하나입니다. 그는 암을 비롯한 불·난치 질환에 대해 선교 마인드로 대응해야 한다는 예언적인 통찰을 언급했습니다. 당시 한국 지도자들은 매우 회의적인 반응이었지만 그는 이 사역이야말로 미래의 선교 영역이라고 단호하게 주장했습니다.

또한 하나님이 두 권의 책을 주셨는데, 하나는 '말씀의 책'이며, 또 하나는 자연이라는 '창조의 책'이라고 했습니다. 그는 교회 지도자들과 과학적 사고의 지식인이 서로의 영역에 대해 배척하는 현실을 우려했습니다. 결국, 창조의 책을 해석할 수 있는 과학적 지식을 소홀히 할 때 과학적 세계관에 익숙한 자들에 대한 선교의 문은 닫힐 것이라고 심각하게 경고했습니다.

사역 초기부터 신학적 교류를 나누어 온 기윤실 학술분과 위원장인 장로회신학대학교 노영상 교수는 복내 현장을 이렇게 평가합니다. "여기서는 신학과 의학이, 과학과 종교가, 신앙과 실천이, 마음과 몸이, 목사와 의사가 만나는 장을 마련하고 있다." 선교계의 큰 어른이신 GMTC 전 원장 이태웅 박사는 "한국적이면서 세계적인 선교 자원이 될 것"이라며 과분한 격려를 해주었습니다. 한국 지역사회간호학 회장인 김정남 교수는 "우리나라 치료 모델 중 최고"라 했고, 학원복음화협의회 고문 이승장 목사도 복내는 "전 세계적으로 유일하고 독특한 사역형태"라고 평가했습니다.

최근 들어서는 보건복지부 담당 사무관이 방문하였고, 국립암센터 연구 책임자도 암 재활센터 모델 연구차 다녀갔습니다. 저는 이와 관련한 국립암센터 암 재활 관련 연구 프로젝트의 자문 활동을 하고 있으며, 대한민국 통합의학 박람회 명사 초청 강연자로 초청받기도 했습니다. 오래전부터 광주기독병원, 안양샘병원 등 여러 기독 병원들의 전인 치유 자문 활동도 하고 있습니다.

겨우 30여 명의 암 환자를 돕는 작은 공동체에 왜 이와 같은 관심이 쏠리는 것일까요?

과거와는 달리 현대인 질병으로 고혈압, 심장병, 당뇨, 중풍병과 같은 만성 성인병이나 암과 같은 만성 소모성 질환은 스트레스와 불규칙한 생활 습관, 올바르지 못한 식습관, 운동 부족 등이 복합적으로 작용하여 발생하는 것으로 밝혀지고 있습니다. 따라서 현대의학의 주요 내용인 수술이나 약물과 기기에 의존한 치료만으로는 치료의 만족도를 높이지 못하는 게 현실입니다.

더구나 경제 수준 향상과 평균수명 연장으로 노인 인구가 급격히 늘어 웰빙, 노인성 질환에 대해서도 현대의학에 의존한 치료보다 자연치유요법이 더욱 필요해졌습니다. 아울러 이제 문명 국가의 환자들 중 60~90퍼센트는 스트레스와 관련한 질환입니다. 몸과 마음의 상관관계는 이미 신경정신면역학이라는 학문을 통해 오래전부터 밝혀졌습니다. 그래서 질병 치료에서 신체적 원인만이 아니라 정신적·감정적·영적 상태를 중시하는 전인적 치료법이 강조되고 있습니다.

새로운 대안으로 떠오르는 통합의학은 무엇일까요? 현대의학을 기본으로 한방요법, 보완요법이나 대체요법 중 효과적이고 안전한 치료법을 선택하여 현대의학 치료와 병행·접목함으로써 치료 효과를 극대화하고, 부작용은 최소화하는 것이 그 새로운 패러다임입니다. 이런 통합의학은 인간을 특정 부분이 고장 난 기계로 대하지 않습니다. 신체적, 정신적, 사회적, 영적 측면에서 전인적으로 접근하여 질병을 치유하고 나아가 웰빙을 목표로 현대의학과 더불어 심신요법, 자연치유요법, 식이영양요법, 수기요법, 동종요법, 천연약초요법 등의 보완통합요법과 한방요법을 통합적으로 적용하는 것입니다.

미국 하버드 대학, MD 앤더슨 암센터, 메모리얼 슬로언-캐터링 암센터, 듀크 대학, UCLA 대학, 스탠포드 대학, 예일 대학 등 대부분 명문 대학 병원에서는 이미 통합의학 센터를 설치하여 환자 치료에 효과적으로 대처하고 있습니다. 의료 선진국인 독일, 프랑스, 영국 등 유럽의 대부분 국가에서도 미국보다 훨씬 앞서 통합의료센터를 운영하여 환자에게 적절한 의료요법을 제공하고 있습니다.

복내가 주목받는 까닭은 바로 이러한 시대적 흐름을 빨리 읽고 인간에 대한 전인적이고 통합적인 접근을 통해 치료의 근원적인 방향을 제시하기 때문일 것입니다. 그뿐만 아니라 복내에는 사람과 자연이 함께 어우러진 아름다운 관계를 회복하는 에덴의 평화가 있습니다. 또한 복내에는 죽음에 직면한 이들에게 주시는 하나님의 선물이 있습니다. 그것은 '사랑받는 세포는 암을 이긴다!'는 것입니다. 사랑의 공동체는 죽음마저도 이기는 축복의 통로가 됩니다.

지금 노아가 편지를 쓴다면

오랫동안 암 환자들을 도우면서 암은 도시문명병이라는 것을 깨달았습니다. 환경오염과 병든 생활 습관의 결과입니다. 따라서 지금이라도 가던 길을 멈추고 다시 돌아서야 합니다. 그렇지 않으면 더 큰 재앙을 자초할 것입니다. 도시적인 삶에 찌들어 있는 현대인들과 질병으로 고통받는 어린양들을 위해 산 위에 우리를 짓고, 사랑으로 풍족한 꼴을 먹이라는 주님의 음성이 들립니다. 다시 창조 그대로 온전케 되어 에덴의 축복을 회복해야 합니다. 느리게, 단순하게, 작은 것을 소중히 여기는 '인간 존중'의 공동체 문화를 누릴 수 있어야 합니다.

저는 요즘, 노아에게 산 위에 방주를 지으라고 명령하신 하나님 말씀을 묵상하고 있습니다. 왜 굳이 바다가 아닌 험악한 산 위에 방주를 지으라고 하셨을까요? 노아는 기나긴 세월 동안 방주를 지으면서 주변 사람들의 조롱 때문에 얼마나 외롭고 힘들었을까요? 노아는 하나님의 부르심과 현실 사이에서 적지 않은 고민과 번뇌를 했을 것입니다. 그리고 가까이 아는 사람들에게 자신이 가는 길에 대해 이야기하거나 편지를 썼을 것입니다. 지금이라도 돌이키지 않으면 머지않아 하나님의 심판이 임할 거라고……. 노아의 마음에 숨겨 있을 법한 그 비밀의 커튼을 이제야 조금씩 열어 가고 있습니다. '창조의 질서'와 '사랑'의 회복이라는 휘장을 열고 지성소로 들어가면 하나님을 경험할 수 있다는 것을요.

이 책은 복내를 거쳐 가신 환우 분들과 전인치유 사역에 관심을 보이신 분들께 노아의 심정으로 지난 17년 동안 매월 써온 편지를 정리한 것입니다. 몸과 마음의 질병을 앓고 있는 현대인들을 전인치유의 길로 안내하는 현대판 목회 서신서라 할 수 있겠습니다. 우선 암 환자들을 염두에 두었지만, 이들의 가족과 이들을 섬기려는 사역자들 그리고 위기에 처한 현대 문명에 대해 성경적인 답을 갈망하는 이들에게도 도움이 되리라 봅니다.

천봉산의 노아가 '창조'와 '사랑'의 향연이 펼쳐지는 복내 마을로 여러분을 초대합니다. 영원한 새 하늘과 새 땅에 이르는 구원의 방주에 함께 승선하지 않으시겠습니까? 창조주 하나님 안에서 참된 안식과 평화를 누리실 것입니다. 바라는 것이 있다면, 이 편지가 더 먼 곳으로 퍼져 나가, 더욱 포괄적인 방식의 생명 운동이 전(全) 지구적으로 펼쳐지

는 것입니다. 이런 편지가 필요 없는, 생명이 충만한 새 하늘과 새 땅을
갈망하며…….

복내福內 마을 천봉산 골짜기에서

사랑의 공동체를 꿈꾸며

이 박 행

1부

복내,
암 환자들의
안식처

1. 우리의
은혼식 이야기

복내 이야기를 하기에 앞서 가족 이야기를 하려고 합니다. 올해로 저희 부부가 만나 결혼한 지 25년이 되었습니다. 지난 2011년 7월 12일이 은혼식 날이었습니다.

우리 두 사람은 광주의 한 교회 청년부에서 만나 열애에 빠졌습니다. 아내는 하나님을 순수하게 사랑하는 영혼의 소유자였습니다. 예수님 발 앞에 무릎 꿇고 말씀 듣기를 즐거워했던 마리아와 같았습니다. 시간이 날 때마다 예배당에서 천상의 목소리로 찬양하는 것을 들으면서 내 영혼은 점점 그녀에게 빠져들었습니다. 활동하기를 좋아하는 나와는 다른 캐릭터였기에 더욱 매력을 느꼈는지 모릅니다. 시간이 갈수록 서로의 매력과 하나님의 계시가 얽히면서 평생을 함께할 운명이라고 확신했습니다.

그러나 부모님과 대다수 교회 성도들이 우리 결혼을 탐탁지 않게 여겼습니다. 정상적인 방법으로는 결혼이 불가능할 것이라는 판단에 우리는 기도원에서 비밀 결혼식을 올렸습니다. 주변에서는 우리 관계가 얼마 못 가서 깨질 것이라고 예상하셨답니다. 하지만 서로를 향한 사랑이 식지 않는 것을 지켜보시고는 결국 결혼을 허락하셨습니다. 비밀 결혼식을 올린 다음 해 2월 14일, 친지 분들을 모시고 눈물의 결혼식을 다시 올렸습니다. 그러나 우리에게 결혼기념일은 언제나 비밀 결혼식을 올렸던 7월 12일입니다.

이후로도 우리는 어려운 길을 걸어왔습니다. 학창 시절에 결혼했기 때문에 경제적인 어려움이 늘 뒤따랐습니다. 나는 영어 과외를 해서 생활비를 벌었고, 아내는 화장품 외판을 뛰면서 뒷받침을 했습니다. 대학을 졸업한 뒤, 나는 목회자가 되기 위해 신학대학원에 진학했습니다. 그 무렵 다희와 사랑이 두 딸을 낳았습니다. 신학 공부 중에 건강이 좋지 않아 휴학한 적도 있습니다. 아내가 병 수발하느라 고생했습니다. 복학 후에는 신학대학원 원우회장을 맡아 불철주야 뛰어다녔습니다. 육아 문제는 언제나 아내 몫이었습니다. 남자는 다 그렇게 사는 줄 알았습니다.

졸업 후 두레마을 장학재단에서 일했는데, 서울대학교 앞에 두레학숙을 건축하여 두레연구원생 아홉 가정이 도시 공동체를 시도했습니다. 내가 두레학숙 책임자였기 때문에 아내 역시 공동체를 아울러야 한다는 부담감으로 살았습니다. 다양한 구성원들 저마다의 꿈과 지식이 있었기에 더불어 살기가 쉽지 않았습니다. 그러다가 또 다시 간경화로 건강이 무너졌습니다. 휴직하고 기도원과 요양원을 찾아다니며 건강 회복에 힘썼지만 차도가 없었습니다. 결국 천봉산 복내 마을로 요양 차 내려올 수밖에 없었습니다. 허나 실망스런 일만은 아니었습니다. 대학 시절 복음주의 학생 운동을 했던 친구들과 공동체 생활을 시작할 수 있었기 때문입니다.

그러나 안타깝게도 행복한 꿈은 잠깐이었습니다. 공동체는 얼마 못 가서 공중 분해되고, 복내에는 우리 가족만 남겨졌습니다. 내 인생에서 가장 외롭고 힘든 시절이었습니다. 길도, 전기도, 전화도, 수돗물도 없는 황량한 골짜기에서 우리는 하나님의 도우심만 바랄 뿐이었습니다.

그때 김영준 박사님께서 물심양면 도와주셔서 암 환자들을 교육하고 돌보는 전인치유 사역을 시작할 수 있었습니다. 미국에서의 안정적인 의사의 길을 내려놓고 고국의 암 환자들에게 희망을 주시려고 69세에 헌신하신 분입니다. 김 박사님은 천봉산 골짜기에서 전인치유 사역이 일어날 수 있도록 헌신하겠다고 약속하셨습니다. 병들고 실의에 빠져 있던 나에게 큰 용기와 격려가 되었습니다. 김 박사님은 서울 유수한 병원에서 좋은 제안을 받았지만 이곳 전인치유 사역이 궤도에 오를 때까지 8년 동안 떠나지 않으셨습니다. 제대로 된 한 사람의 전인치유 사명자를 세우는 것이 당신의 사명이라면서 나를 도우며 기다리셨습니다. 또한 최영관 장로님을 비롯하여 여러 이사님들이 울타리가 되어 주셨습니다.

소중한 동역자 아내

아무런 기반이 없는 상태에서 시작한 일이라 가족의 희생이 컸습니다. 아내는 이 모든 사역의 뒷바라지를 감당했습니다. 아이들도 떠나보냈습니다. 다희를 중학교 2학년 때, 사랑이를 초등학교 5학년 때 필리핀으로 보냈습니다. 아이들을 보낼 때, 많이도 울었습니다. 하나님을 원망하기도 했습니다. 하지만 가장 소중한 인연을 끊고 나니 내 안에 하나님의 사랑이 깨달아지기 시작했습니다. 비로소 암 환자들을 진정 내 가족으로 받아들인 것입니다. 그 뒤로 17년이라는 세월 동안 천봉산에서 아내와 함께 인고의 세월을 견뎠습니다. 서로를 오해하고 허물을 덮지 못해 위기를 맞기도 했습니다. 사역이 힘에 겨워 몇 번이나 벼랑 끝에 서기도 했습니다. 보는 시각이 달라 다투기도 하고, 부둥켜안고 화해의 눈물을 흘리기도 많이 했습니다. 정말 고맙게도, 아내는 그 몸부림 속에서도 내 곁을 지켜 주었습니다.

결혼 25주년 되는 날 아침, 아내에게 고마움을 담은 짧은 편지를 쓰고 서울로 강연을 갔습니다. 사명을 이유로 또 한 번 중요한 날에 아내 곁을 지켜 주지 못했습니다. 밤늦게 돌아왔더니 '이 세상 무엇과도 당신을 바꿀 수 없다'는 아내의 과분한 편지가 책상에 놓여 있었습니다. 눈으로는 금방 읽었지만 마음에 스며들기까지 한참이나 걸렸습니다. 그동안 잘해 준 것도 없는데 내가 세상에서 가장 소중하다니……. 그저 고마울 뿐이었습니다.

아내는 청소년 시기에 가정 형편이 어려워 중학교를 중퇴했습니다. 하지만 꾸준히 학습에 대한 열정을 잃지 않고 검정고시를 치르고, 연이어

사회복지학, 상담심리학, 식품영양학을 전공했습니다. 노력이 빛을 발한 값진 성과였습니다. 돌이켜 보니 전인치유 사명을 감당할 그릇으로 준비 시키신 것입니다. 지금은 그동안 공부한 다양한 전문 지식을 가지고 암 환자들을 상담합니다. 암 환자를 위한 맞춤식 영양 식단을 구성하고, 직원들에게 자연 조리법을 가르칩니다. 암 환자들과 연수생들에게 들려 주는 통합적인 영양 강의는 심금을 울리는 명 강의로 평가받습니다. 강의를 듣는 이들은 아내가 걸어온 길을 뒤늦게 알고 더욱 놀랍니다. 최근 들어 보건소에서도 암 환자를 위한 암 재활 식이요법을 강의했습니다.

아내는 아이들에게도 좋은 영향을 끼쳤습니다. 자신을 위해서는 근 검절약하고, 이웃 사랑을 위해서 아낌없이 헌신하라고 가르쳤습니다. 특히 모든 피조 세계를 사랑하고 존중하는 실천적인 생활 영성을 강조 했습니다. 이 모든 일에 자신이 솔선수범했습니다. 아이들이 지켜본 엄 마의 생활과 성경적인 가치가 일치되어 자연스러운 신앙 교육이 이루어 졌습니다. 아이들도 기대에 어긋나지 않게 잘 자랐습니다. 일찍이 부모 를 떠나 힘들었을 텐데, 오히려 그 덕분에 하나님을 의지하는 독립적인 신앙인으로 성장했습니다. 아내가 평소에 생활 기준으로 삼는 사명 선 언문을 소개합니다.

사명 선언서

- 내 삶의 목적은 영혼의 성장과 사랑의 실천이다
1. 예수님의 가르침을 따르기 위해 그분을 깊이 묵상하는 시간을 정기 적으로 가진다(자아성찰, 독서, 나눔).

2. 내 앞에 있는 모든 사람은 신이 내게 보내 준 스승이다. 배우는 마음으로 경청한다.

3. 이 세상은 경험해야 할 것, 느껴야 할 것들로 가득하다. 외부로 안테나를 세우고 호기심을 잃지 않는다.

4. 인간은 다면적인 존재다. 내 기준의 잣대로 타인을 판단하고 강요하지 않는다.

5. 가장 좋은 기운이 들어 있는 자연 그대로의 음식만을 섭취한다.

6. 규칙적인 운동으로 몸을 단련하여 이웃을 섬기는 데 부족함이 없도록 한다.

7. 가장 가까이 있는 형제자매님은 나의 관심과 손길이 필요한 자들이다.

8. 남편과 아이들을 섬기는 것이 사랑 실천의 시작이다.

9. 우리를 낳아 준 양가 부모님께 최선을 다해 섬긴다.

10. 오염된 환경을 회복시키기 위해 자연을 내 몸처럼 아낀다(일회용품 사용하지 않기, 최소한의 소비로 쓰레기 배출하지 않기, 물과 전력 아끼기).

아내의 전인적인 양육 철학을 엿볼 수 있는 일화가 있습니다. 아이들이 봉천동에 있는 밥 존스 중학 과정을 다닐 때였습니다. 아내는 날마다 현미밥 도시락을 싸 주었는데, 점심시간이 30분이 채 되지 않아 아이들이 다 먹지 못하고 남겨 오는 일이 종종 있었습니다. 보통 아이들은 패스트푸드를 즐기다 보니 10분이면 식사를 마친다는 것입니다. 이 소식을 들은 아내가 교장 선생님께 정중하게 편지를 썼습니다.

먼저 우리 아이들에게 좋은 교육의 장을 마련해 주셔서 진심으로 고맙습니다. 아이들이 지금은 힘든 교육 과정을 밟고 있지만 먼 훗날 실력 있는 신앙인으로 자랄 것을 기대하니 기쁘기가 한량없습니다.

저희 가족은 식생활을 중요하게 생각하여 통곡식을 섭취하는 것과 그것을 깊이 음미하면서 식사 시간을 충분히 갖는 습관을 길러 왔습니다. 현대인의 질병이 각종 스트레스와 음식 문화에서 기인한 것이라고 생각했기 때문입니다. 음식은 우리 몸에 직접적인 영향을 끼치는 주요인으로 어떠한 음식을 섭취하느냐가 아이들 사고와 품성까지 지배합니다. 현재 시중에서 쉽게 구할 수 있는 인스턴트 식품은 아이들의 집중력을 떨어뜨리고 폭력성과 각종 성인병을 유발한다는 연구 결과가 있습니다. 그래서 우리 가족은 자연식을 섭취하기 위해 노력했는데, 그 음식을 충분히 섭취하기 위해서는 식사 시간이 최소한 30분은 필요합니다. 음식을 꼭꼭 씹어 먹는 것은 소화에 도움을 줄 뿐 아니라 뇌에 자극을 주어 두뇌를 발달시킵니다. 그런데 학교 점심 시간이 너무 짧은 관계로 저희 아이들이 식사를 다하지 못하고 있습니다. 또한 휴식 시간이 모자라 학교에서의 긴장감을 풀지 못해 집에 오면 매우 지친 모습입니다. 교장 선생님과 여러 선생님들의 헌신으로 아이들이 좋은 교육을 받는 것에 감사하는 마음이 크지만, 더불어 식사 시간과 휴식 시간을 조금만 늘려 주시면 감사하는 마음이 더 클 것 같습니다.

지금 첫째 딸 다희는 예술치료를 통한 전인치유 선교의 꿈을 갖고 있습니다. 이를 위해 이화여대 미대 서양회화과에 진학, 심리학을 복수 전공하여 통합적인 심리예술 치료사의 길을 준비하고 있습니다. 미술 실기 준비를 1년 6개월밖에 못하고, 검정고시를 거치는 등 어려움이 많았지만 인내로 사명의 길을 준비하고 있어 감사가 넘칩니다. 위축된 딸아이에게 교수님들은 천부적인 색감 능력을 가졌다고 격려해 주셨습니다. 아마도 어린 시절, 자연 속에서 창조주의 솜씨를 늘 보면서 자랐기 때문일 것입니다. 졸업 작품을 보시고는 창의성과 성실성을 극찬하면서 유명 갤러리에 직접 추천까지 하셔서 그 기쁨을 말로 다 표현할 수 없었습니다.

둘째 사랑이는 남아공을 거쳐 영국 에든버러 대학에서 법학을 전공하고 있습니다. 한국에서 검정고시를 거쳐 남아공에서 어려운 고등학교 과정을 수석으로 졸업했고, 그 어렵다는 법학 적성 시험을 통과하여 영국의 법학과에 합격했다는 것은 한국계 학생으로서 매우 이례적인 일입니다. 사랑이는 환경 문제와 국제 난민 문제 등에 관심이 많아 앞으로 세계 평화를 위해 헌신하려는 뜻을 세우고 있습니다.

두 아이가 이렇게 성장하기까지 아내의 역할은 절대적이었습니다. 아이들은 부모님께 감사드린다면서 은혼식에 맞춰 기념 선물을 보내오기도 했습니다. 여기에 2010년 사랑이가 스무 살이 되던 해, 어버이날에 보낸 편지의 일부를 소개합니다.

제가 결혼해서 아이를 갖지 않는 한 부모님의 사랑을 전부 이해한다는 것은 불가능하겠죠. 그렇지만 부모님의 자식을 향한 사랑이 하나님의 인간을 향한 무조건적인 사랑과 가장 유사하다는 걸 깨달았어요. 그러기에 저를 향한 엄마아빠의 무조건적이고 헌신적인 사랑이 저와 하나님과의 관계에 있어서도 많은 영향을 주었어요. 하나님의 사랑을 맘껏 누릴 준비가 되었던 거죠.

부모님과 함께 보낸 시간은 어찌 보면 길다고 할 수는 없겠지요. 필리핀과 남아공에 나가 공부했고, 한국에서도 기숙사에서 살았으니까요. 하지만 엄마아빠께서는 말보다는 삶으로 저희를 '전인교육'해 주셨어요. 사역을 통해 추구하시는 가치와 이상이 제 비전에 있어서 뿌리가 되었고, 환우 분들을 향한 진실한 사랑과 희생이 제 삶의 철학, 즉 '사랑의 실천'을 빚어 주었어요. 백 번의 교훈보다는 삶으로 본을 보여 주는 교육이 더욱 설득력 있고 진정성이 있다는 것을 느낍니다. 자녀들을 성공시키려고 온갖 투자를 하고 애를 쓰는 것보다 먼저 부모 자신들이 올바르고 가치 있는 일을 할 때에 자녀들은 저절로 그 길을 밟는다는 것을 왜 사람들은 깨닫지 못하는 것일까요. 그런 점에서 저는 엄마아빠께 사랑을 실천하는 삶을 사신 것에 다시 한 번 감사드립니다.

아이들과 함께 이시영 전 UN본부 대사님을 만나 뵐 기회가 있었습니다. 지금은 한동대학교 석좌교수와 시니어 선교한국을 섬기고 계시는데, 시니어 선교한국 대회에서 만나 인연을 맺었습니다. 대사님께서는 직접 아이들에게 기독교 세계관과 전공의 상관관계를 강조하시면서 평생 멘토 역할을 해 주시겠다고 약속하셨습니다. 그리고 내게 재차 아이들이 참 잘 컸다고 대견해하셨습니다. 아이들을 생각할 때마다 하나님의 보호하심을 떠올립니다. 두 아이가 다 어려운 과정을 견디고 기적같이 여기에 이르렀기 때문입니다.

개신교 목사로서 통합적인 암 재활 사역이라는 분야를 개척하기란 쉬운 길이 아니었습니다. 그런 내게 아내는 존재 자체가 힘이 되었습니다. 아내는 신앙 이야기를 나눌 수 있는 영혼의 친구요, 모든 분야의 사상을 논할 수 있는 토론자요, 전인치유 사역을 함께 일구어 온 동역자요, 연약할 때 힘을 실어 주는 내조자입니다. 아내는 내게 면류관이며 기쁨입니다. 어쩌다 보니 아내 자랑에 바쁜 팔푼이가 되었습니다. 그래도 어쩔 수 없습니다. 아내가 은혼식날 내게 보낸 편지 마지막 문장에 적힌 바람이 이루어지기를 두 손 모아 기도드립니다.

"금혼식까지 우리가 이 세상에 존재할 수 있을지 모르지만 그때는 더욱 더 아름다운 부부가 되기로 약속해요."

2. 사랑은 영혼의 햇살

1년 반 전부터 케냐 그레이스 칼리지에서 악기와 음악을 가르치면서 음악 선교를 하신 선교사님과 그의 가족이 복내에서 함께 살고 있습니다. 나이 서른 넷의 젊은 선교사님입니다. 스물아홉의 젊은 아내는 남편을 따라 산골짜기에 들어와 센터 사무간사로 일합니다. 일곱 살 광명이와 다섯 살 유빈이는 복내면에 있는 유치원에 다니며 해맑게 자라고 있습니다. 아이들 덕분에 웃을 일이 있어서 고마울 따름입니다. 두 아이는 손님들과 환우들의 귀여움을 독차지하고 있습니다.

얼마 전에는 유치원 재롱 잔치가 열려서 온 식구가 대거 출동해 구경했습니다. 시골에서는 유치원 재롱 잔치가 동네 주민들의 관심 대상입니다. 그래서인지 면장님을 위시한 여러 어르신들도 참석합니다. 아이들의 재롱을 선교사님은 직접 비디오로 촬영했습니다. 아빠의 역할을 하는 선교사님을 보면서 안도감이 밀려오는 것은 무엇 때문일까요?

그는 2년 전쯤, 안식년 휴가를 마친 후 출국을 앞두고 고환에 통증을 느꼈습니다. 동네 의원에선 단순 염증이라며 6개월 정도 약만 복용하면 괜찮을 것이라고 했습니다. 그런데 갈수록 통증이 심해지고, 고환 크기가 커져 종합병원에 가니 고환암 4기 판정이 내려졌습니다. 이미 폐까지 전이된 상태였습니다. 그 순간 영화에나 나오는 줄로만 생각한 비극의 주인공이 되었습니다. 아내와 마자앉아 하염없이 눈물을 흘렸습니다.

왜 자신에게 이런 일이 일어난 건지 아무리 생각해도 알 수 없었습니다. 아내는 교회에 발길을 끊고, 술을 마시며 방황했습니다. 너무 통증이 심해 안락사까지 생각할 정도였습니다. 그러다 문득 케냐 원주민들이 떠올랐습니다.

맨발로 다니는 아이들이 이불을 꿰매는 바늘만 한 가시나무에 찔려 다리를 절단해야 하고 죽음으로까지 내몰리는 그곳. 온 천지가 똥밭과 동물들 시체로 발 디딜 곳이 없고 비라도 내리면 똥통으로 변하는 그곳. 동물의 공격을 피하기 위해 작은 통으로 만든 동굴에서 계속 연기를 피워 두 눈이 하얗게 되어 버린 백내장 노인들. 하루는 길을 가다 강물 위에 둥둥 떠 있는 허연 물체를 발견했다고 합니다. 가까이서 보니 탯줄이 달린 채 떠내려 온 갓난아이였답니다.

그는 케냐 원주민의 삶에 비해 자신은 얼마나 행복하게 살아왔는지 생각했습니다. 그리고 다시 용기를 내어 그 힘들다는 폐암 수술과 항암 치료, 방사선 치료를 무사히 마치고 몸을 추스르기 위해 복내로 들어온 것입니다. 이곳에서 찬양 사역으로 봉사하면서 간증으로 던진 말이 우리의 심금을 울렸습니다.

"하나님의 능력으로 저는 치료받을 것을 믿습니다. 여러분도 그럴 것입니다. 그러나 또 한편 죽을 수도 있음을 기억하십시다. 나 자신을 내려놓읍시다. 삶에 집착하지 말고 담대히 주님의 뜻을 따를 준비를 하십시다. 우리의 삶과 죽음은 주님의 뜻에 달려 있습니다!"

C. S. 루이스는 고통의 문제를 다루면서 "고통받는 자가 가장 위로받는 때는 같은 고통을 당해 본 자가 함께 손을 잡고 옆에서 눈물을 흘려 줄 때"라고 했습니다. 같은 고통 가운데 있으면서도 하나님을 온전히 신뢰하며 찬양하는 그의 모습은 어느 누구의 말보다 환우들에게 큰 도전과 위로를 안겨 주었습니다.

그리고 최근, 병원에서 더 이상 암의 증후가 발견되지 않는다는 통보를 받았습니다. 찬양 중에 함께하시는 하나님을 만난 것입니다. 죽음의 골짜기를 소망의 문으로 삼아 주신 하나님의 은총이 선교사님에게도 함께하셨습니다. 그가 쓴 기도 편지의 일부를 소개합니다.

가을의 햇살을 닮은 사랑하는 님에게

암을 향해 몸부리치며 복내에 몸을 맡긴 지 벌써 1년 반입니다. 사람들이 성공을 향해 전진하노라는 소식을 전해 올 때, 나는 실패했음보다는 살아 숨 쉬고 있음에 속으로 기꺼운 눈물을 삼켜야 했습니다. 폐 속에 자리했던 암세포들을 생각합니다. 그들은 실로 나와 가족에게 죽음보다 더 두려운 존재였습니다. 도적처럼 찾아왔기 때문에 얼마나 긴 시간을 당혹감으로 떨었는지 모릅니다. 무식하고 용감하여 혈기가 왕성할 때는, 믿음으로 구원받은 백성에게 십자가의 아픔과 고통은 오히려 영광이라며 죽음을 담대히 비웃었습니다. 그러나 죽음은 그런 상대가 아니었습니다. 죽음은 하나님이나 이길 수 있는 상대였습니다. 터무니없이 교만했던 것입니다. 그럼에도 불구하고 지금 내 영혼은 그저 감격스럽기만 합니다. 살아 있다는 것! 마음껏 먹고 걷고 이 땅을 만지고 느낀다는 것! 일곱 살 난 아들의 손을 잡고 산길을 따라 걸을 수 있다는 것!

이전에 내 눈 속에 있던 사랑과 행복, 성공이란 단어들은 이제 보니 진실한 것이 아니었습니다. 정말 살아 있다는 기쁨이 무엇인지도 모른 채, 내 코에 들어오는 공기가 얼마나 맛있는 선물인지도 모른 채, 헛된 이상에 눈이 멀었던 것입니다.

새로운 친구들이 찾아옵니다. 가슴 한 아름 애틋한 인정을 보듬고 햇살도 넉넉히 이끌고 옵니다. 터울 없이 지냈던 지란지교들은 다들 떠나고 인기척도 없는데, 낯모르는 친구들은 나를 반깁니다. 그들이 우리 가족에게 어설픈 사랑의 씨앗들을 한 움큼 안겨 주고 떠납니다.

떠나는 손님들이 묻습니다. 무엇이 그리도 행복하냐고. 자랑할 것도 없고 집도 없는 자들이 암이라는 함정에 빠져 넘어져서는 무엇이 그리 웃을 일이 남았냐고. 물론 내 입술엔 답이 없습니다. 외롭고 쓸쓸하지 않느냐는 질문에도 무언의 말꼬리는 여전합니다. 말로 다 할 수 없습니다. 표현하기엔 너무 많은 것을 이미 감사해 버려 입술에 궁색이 붙었습니다. 궁여지책으로 녹차 한 잔을 타서 내 앞 탁자에 올려 봅니다. 그리고 속으로 되새겨 음미합니다. 차라리 조금 더 인생을 음미하는 것이 이 행복과 즐거움을 주신 하나님께 송구하지 않으리. 가을이 닿아서인지 차도 이전의 진한 설탕 맛 나는 커피보다 훨씬 더 달콤합니다.

이곳엔 암, 백혈병, 중풍, 당뇨 등 주로 중병을 앓는 환자들이 찾아옵니다. 이미 정도가 지나쳐 치료가 어려운 경우도 허다합니다. 그러나 웬일인지 이 산 속에 들어오면 자연을 지으신 하나님과 호흡하며 소망을 되찾습니다. 죽음의 공포 속에서 하루하루를 살아오다가, 이제는 새로운 햇볕을 쬐러 고개를 힘껏 드는 것입니다. 화려하게 눈부시지는 않지만 우리가 피울 꽃망울은 진주처럼 보배로울 것입니다.

찾아갈 수 없어 좋은 떡 떼지 못해도, 악수하고 손 붙들어 얼싸안지 못해도, 고즈넉이 스며드는 기도의 손길로 찾아뵈옵고 이 가을의 하늘 빛깔을 바람에 실어 부쳐 드리는 친구가 되겠습니다. 저희가 싫어지실 때면 가만히 눈짓하소서. 그땐 또 다른 가을로, 더 향기 나는 사랑으로 문안드리겠습니다. 이곳엔 코스모스의 웃음이 넉넉합니다. 올 가을은 그 풍성한 미소가 저 코스모스를 닮은 듯합니다. 사랑합니다.

육신의 어둠은 영혼의 눈을 더욱 밝혀 줍니다. 맑은 눈으로 하나님의 사랑을 바라봅니다. 그 사랑은 영혼의 어둠을 밝혀 주는 햇살입니다. 사랑의 햇살이 비취면 모든 인생을 아름답게 지으신 하나님을 노래하게 됩니다. 하나님을 향한 노래로 인생을 표현할 수만 있다면 더욱더 세상은 아름다워질 것입니다. 세상의 고통으로 마비된 영혼의 감수성이 회복되어 하나님을 향해 거룩한 새 노래를 부를 수 있기를 기도합니다.

"여호와는 나의 힘과 방패시니 내 마음이 그를 의지하여 도움을 얻었도다. 그러므로 내 마음이 크게 기뻐하며 내 노래로 그를 찬송하리로다"(시 28:7).

3. 암,
   알아야 이긴다

우리나라 암 환자 수 80만 명 시대에 들어섰습니다. 새로 암 진단을 받은 사람을 포함, 암과 싸우는 암 환자(암 유병자)가 2009년 말 현재 80만 8,503명으로 집계됐습니다. 암 진단 후 5년 생존자 기준으로 2003년의 30만 9,673명과 비교해 무려 50만 명이 늘어난 숫자입니다. 보건복지부는 이 추세라면 우리나라에서 암과 더불어 살아야 하는 암 유병자가 향후 3~4년 내 100만 명에 이를 것으로 내다봤습니다. 암 환자들의 삶의 질 향상을 위해 국가와 유관 기관 차원에서 체계적인 관리 대책이 필요합니다.

복지부와 국립암센터 국가암등록본부가 2011년 말에 발표한 '2009년 국가암등록통계'를 보면 한국인 암 발생의 현주소를 알 수 있습니다. 통계 분석 결과, 위암·간암·대장암·폐암 외에 남자는 전립선암, 여자는 내분비암(유방암과 갑상선암) 등 5대 암이 전체 암 발생의 3분의 2 이상을 차지합니다. 남녀를 합해 2009년에 가장 많이 발생한 암은 갑상선암이 며, 위암, 대장암, 폐암, 간암, 유방암, 전립선암 등이 그 뒤를 이었습니다. 2009년 신규 암 진단 환자 19만 2,561명 가운데 갑상선암 환자가 16.6퍼센트(3만 1,977명)를 차지했으며, 이는 위암 환자 비율인 15.4퍼센트(2만 9,727명)보다도 높습니다.

연평균 암 발생 증가율은 3.4퍼센트입니다. 남자(1.6퍼센트)에 비해 여자(5.5퍼센트)가 더 가파른 속도입니다. 남자는 폐암이나 간암은 다소 감소했지만 대장암과 전립선암, 갑상선암이 지속적으로 증가하고 있습니다. 반면 여자는 갑상선암과 유방안, 대장암이 계속 증가하고 있고, 간암과 자궁경부암은 줄고 있는 것으로 나타났습니다.

서구형 식생활과 노령화가 주원인

국내 암 발생 환자 수가 이렇게 급증하는 데는 몇 가지 이유가 있습니다. 우선 서구형 식생활 등 생활습관 변화가 주원인으로 꼽힙니다. 최근 들어 남녀 모두 급증하는 대장암이 대표적 예입니다. 여성의 경우 대장암은 이제 위암을 앞질렀습니다. 대장암은 고지방, 저섬유질 식습관과 관련이 있는 것으로 지적되는 암입니다.

또한 암 진단 및 치료 기술이 발전한 것과 노인 인구가 급속히 증가하는 것도 암 발생 증가의 큰 원인입니다. 초음파를 이용한 암 조기 진단 기술 덕분에 과거에는 놓칠 수도 있었을 암들까지 샅샅이 발견하게 되었다는 것입니다. 또한 수명이 길어진 탓에 암에 노출될 위험 기간이 길어졌습니다. 평생 암 발생 확률은 평균수명이 78~79세에 머무른 2000년대 초만 해도 약 25퍼센트였는데, 평균수명 81세에 이른 2009년 현재 36.2퍼센트로 높아졌습니다.

그나마 다행인 것은 암에 대한 완치율이 해를 거듭할수록 높아진다는 것입니다. 2005~2009년 발견된 국내 암 환자의 5년 상대생존율(암 환자가 암 이외의 원인인 교통사고, 심뇌혈관 질환 등으로 사망할 가능성을 보정해 추정한 5년 이상 생존할 확률)이 62퍼센트나 됩니다. 이는 1993~1995년의 41.2퍼센트보다 20.8퍼센트, 1996~2000년의 4퍼센트보다 18퍼센트 증가한 수치입니다.

암 종별로는 남녀 전체에서 평균치 이상의 5년 상대생존율을 보인 건 갑상선암(99.7퍼센트), 유방암(90.6퍼센트), 대장암(71.3퍼센트), 위암(65.3퍼센트)입니다. 반면 췌장암(8.0퍼센트), 폐암(19.0퍼센트), 간암(25.1퍼센트) 등은 아직도 암 극복을 위해 의학적으로 해결할 일이 많은 것으로 지적됐습니다.

우리나라에서 흔한 위암, 간암, 자궁경부암의 경우 5년 상대생존율이 미국과 캐나다 등 선진국에 비해서도 높다는 점은 주목할 만합니다. 대표적인 서구 암으로 꼽히는 대장암과 유방암의 5년 상대생존율 역시 미국, 캐나다 등과 비슷한 수준을 보이고 있는 것으로 나타났습니다.

암 환자 100만 명 시대, 대책 필요

2009년 말 현재 국내에서 암 치료를 받는 환자 등 암 유병자 80만 8,503명 가운데 남자는 37만 1,001명, 여자는 43만 7,502명인 것으로 조사됐습니다. 이들 암 유병자는 특히 65세 이상 연령대에서 높은 증가율을 보였습니다. 65세 이상 남자 노인은 12명당 1명, 여자 노인은 23명당 1명이 암에 걸린 것으로 조사됐습니다. 65세 이상 노인 전체의 암 유병률은 6퍼센트로 17명당 1명꼴이었습니다.

복지부는 "암 유병자 수가 많아진다는 것은 조기 발견을 통해 치명적인 암을 극복하고 암과 더불어 살아가는 사람이 늘어난다는 의미"라며 "국가적 차원에서 암의 조기 진단 및 치료는 물론 암 예방을 위한 암 관리 사업을 더욱 강화해 나갈 계획"이라고 밝혔습니다.

국립암센터 서홍관 국가암관리사업본부장은 "영양이나 소독 등의 관리가 계속 필요한 암 환자가 많다"며 "앞으로 간호사가 암 환자를 직접 방문해 관리하는 '재가 암 관리 사업'을 활성화할 필요가 있다"고 제안했습니다. (이상 국민일보 자료 발췌 인용)

2010년에는 무려 20만 명이 넘는 신규 암 환자가 발생했을 것으로 쉽게 예상할 수 있습니다. 가히 폭발적인 증가 추세임을 보여 주는 통계입니다. 대한민국 국민 3명 중에 1명은 암에 걸리는 것입니다. 더욱이 면역력이 떨어지는 40대 이후의 암 유병율은 50퍼센트나 되니 두 사람 중에 한 사람은 암에 걸린다는 통계입니다. 중년이 넘은 부부 중에 반드시 한 사람은 암에 걸린다는 것입니다. 암 발생 추세는 더욱 늘어날 것이라 예상합니다.

그나마 다행스럽게도 조기 발견과 치료 방법의 발달로 암 환자 5년 상대생존율이 65퍼센트 정도로 늘었습니다. 하지만 여전히 특정 암은 선고와 동시에 죽음을 준비해야 하는 공포의 대상입니다. 5년이 지났다고 해서 전이나 재발의 두려움이 없지는 않습니다. 이와 같은 암 생존자가 2010년에 약 70만 명에 이르렀고, 2015년에는 115만 명에 다다를 것으로 추산됩니다. 머지않아 암 환자와 가족을 합하면 500만 명이 넘는 이들이 암의 고통에 신음할 것입니다.

당뇨병이나 아토피성 피부염이 '현대병'이라면, 공룡 화석에서도 발견되고 원시인들도 앓았던 암은 '고대부터 계속되는 병'이라고 할 수 있습니다. 한마디로 암은 인류 역사와 함께한 질병입니다. 암(Cancer)은 의학의 아버지 히포크라테스가 명명했습니다. 또한, 기원전 1,600년경 것으로 추정되는 파피루스에는 이미 암이라는 진단이 기록되어 있기도 합니다. 이집트에서 발견된 이 파피루스에는 에드윈 스미스라는 의사가 여덟 종류의 유방암을 발견했고, 불로 지져서 시술했다고 적혀 있습니다. 특히 '이 병은 처치법이 없다'라고 기록한 것으로 보아, 당시 암을 죽음으로 보았음을 짐작할 수 있습니다.

암은 이토록 오랜 역사에도 불구하고 아직까지 치료책을 마련하지 못한 것이 현재 실정입니다. 풀리지 않는 암에 대해 의학자와 과학자는 물론이고 대체의학자들까지 지금 이 시간에도 끊임없이 연구하고 있습니다. 미국은 2004년부터 국가 전체 예산의 0.27퍼센트를 암 연구비로 책정했을 정도로 적극적 개입을 선포했습니다. 일본도 1983년 '암 극복 10개년 종합 대책'을 발표하고 이동 검진차를 이용한 집단 검진을 실시하는 등 다양한 방법으로 암에 대처하고 있습니다. 우리나라도 1996년 '암 정복 10개년 계획'을 정부 주도로 발표하고 암과 전쟁 중에 있습니다. 그렇지만 한편에서는 1971년 닉슨 대통령이 "5년 안에 암을 정복하겠다"며 '암과의 전쟁'을 선포한 후 국가 암 관리 대책이란 특별위원회를 구성하여 3백 억 달러라는 막대한 연구비만 낭비했다고 회의적인 시선을 보내고 있습니다.

암은 왜 발생할까요?

현재까지 진행된 국립암센터를 비롯한 그 산하 단체에서 집계한 33개의 연구 결과에 따르면, 암 발병 원인은 육류와 같은 고지방 식품을 과다 섭취했기 때문입니다. 이외에도 물리적 원인으로는 방사선, 전자파, 자외선 등이 있으며, 화학적 원인으로는 1천여 종의 물질이 지목되고 있습니다. 그중에서도 비소, 석면, 크롬, 염화비닐, 벤젠, 분진, 광물성기름과 같은 식품 첨가제와 환경 불순물 등을 들 수 있습니다.

환경 불순물 하면 먼저 떠오르는 것이 대기오염인데 그에 관한 새로운 학설이 속속 발표되었습니다. 대기 중에는 약 8만 5,500종이나 되는 화학물질이 있는데 그 화학물질을 체내에 받아들이는 통로는 입과 코와 피부입니다. 지금까지 의학계는 입과 코로 흡입되는 화학물질만 위험하다고 해석했는데, 최근 논제에서는 피부로 흡수되는 화학물질이 암을 유발할 수도 있다고 합니다. 또 기존 이론은 피부에 유해한 것은 물로 씻으면 전혀 문제가 없다고 했으나, 최근 연구 결과에 의하면 일정 크기 이하의 분자는 피부가 흡수한다고 합니다. 피부가 흡수한 미세 화학

물질들은 혈관 속으로 바로 들어가 혈액과 함께 몸속을 돌아다니며 혈관성 질환을 유발합니다. 이들은 정자 수를 감소시키는 등의 해를 끼치는데 결국 이것이 장기에 축적되어 암으로 진행된다는 것입니다. 더구나 이렇게 피부로 흡수되는 경우는 입으로 흡수되는 것보다 100배 이상 더 유해하다고 하니 더욱 주목할 만합니다.

그밖에도 암의 생물학적 원인으로 바이러스와 호르몬 제재 등을 지적합니다. 간접적으로는 스트레스와 심한 정신적 충격이 면역체계에 손상을 주는 발암 원인으로 알려졌습니다. 암 선고를 받은 사람들 중 많은 경우가 발병 1년이나 2년 전에 사업 실패, 가족 사망과 같은 정신적 충격을 겪은 것으로 조사되었습니다.

종합해 볼 때 한마디로 발암 원인은 오늘날의 생활 그 자체라 할 수 있습니다. 육류를 주식으로 한 식단 변화, 농약과 같은 각종 화학제품, 심각한 환경 공해라는 외부적 환경에다 스트레스가 많은 도시 생활에서 계속되는 운동 부족 등이 복합적으로 우리 몸에 작용해 암을 일으킵니다. 그래서 대도시 사람들이 전체 암 환자의 90퍼센트를 차지합니다. 암은 인체의 정상 유전자가 비정상 유전자로 바뀌면서 일어나는 유전자병, 즉 DNA 병입니다. 여러 가지 요인에 의해 유전자가 돌연변이를 일으키고 이것이 치명적인 기능상 결함으로 이어지면서 발생하는 것입니다.

암은 통증이나 자각증상이 없기 때문에 조기 발견이 매우 어렵습니다. 일반적으로 암이라는 진단을 받았을 때는 이미 상당히 진행된 상태입니다. 암세포가 육안으로 확인되려면 5~20년 이상 걸린다고 알려져 있습니다. 암 종양이 1센티쯤 되었을 때 비로소 임상적으로 '암'이 있다고 진단하는데, 그 정도 크기가 되려면 1개의 암세포가 30번 분열하여 10억 개 정도로 증가한 상태입니다. 그래서 이 정도 크기의 초기 암이어도 환자의 70퍼센트 이상이 이미 다른 장기로 암이 전이된 상태라고 합니다.

어떻게 암을 극복할 수 있을까요

암을 극복하려면 환자의 심리 상태가 우선적으로 중요합니다. 암과 싸워 이겨 낸 사람들의 가장 큰 공통점은 '나는 암을 이겨 낼 수 있다'는 강한 확신입니다. 암 전문 기관인 원자력의학원과 조선일보는 과거 원자력병원에서 암 진단 또는 치료 후 10년 이상 장기 생존하는 사람 중 무작위로 502명을 추출해 전화 면접 방식으로 설문 조사를 했습니다(《헬스조선》, 2006년 2월 23일자).

그 결과를 보자면, 장기 생존자 중 여자가 361명으로 71.9퍼센트를 차지했습니다. 141명인 남자보다 2.5배 정도가 많았습니다. 이들이 앓았던 암의 종류는 자궁암(31.1퍼센트), 갑상선암(20.1퍼센트), 유방암(14.3퍼센트), 위암(11.8퍼센트), 대장암(3.8퍼센트) 순이었습니다. 남성보다 여성이 정신력이 강하다는 증거 중의 하나일 것입니다.

응답자의 93.8퍼센트는 자신이 암에 걸릴 것이라고는 꿈에도 생각하지 않았다고 응답했습니다. 암을 발견한 계기를 물었더니, 심한 피로감을 느꼈다(35.4퍼센트), 통증이 심했다(29.5퍼센트), 소화가 잘 되지 않았다(13퍼센트) 등의 증상을 이야기했습니다. 우연히 알게 되었다는 사람도 14.5퍼센트였습니다. 조기 발견을 위한 정기 검진의 중요성을 일깨워 주는 통계입니다.

암에 걸린 원인을 묻는 질문에는 스트레스(53.4퍼센트)가 가장 많았고, 그 밖에 흡연이나 음주(6.4퍼센트), 불규칙한 생활습관(6.2퍼센트), 유전적인 요인(4퍼센트)으로 답했습니다. 신규 암 환자가 늘어나는 주된 이유가 스트레스임이 입증된 것입니다.

암 선고를 받았을 때 가장 걱정되는 것으로는 수술이나 항암 치료와 방사선 치료 과정에서 느끼는 고통과 부작용(40.2퍼센트)을 가장 많이 꼽았습니다. 또 가족에 대한 미안함(15.1퍼센트), 경제적인 부담(14.7퍼센트), 죽음에 대한 두려움(6.4퍼센트)의 순이었습니다. 암 환자를 위해 우선적으로 할 일은 암 재활 및 전인적인 돌봄에 있음을 확인할 수 있습니다.

암 판정 환자의 74.9퍼센트가 나는 살 수 있다고 긍정적으로 생각했습니다. 그뿐 아니라 26.3퍼센트의 응답자가 '반드시 나을 수 있다는 믿음'을 암 완치의 제1비결로 꼽았습니다. 훌륭한 의사를 만난 것이라고 응답한 사람이 21.5퍼센트, 수술과 항암, 방사선요법 등 의사의 전문 치료라고 응답한 사람은 14.5퍼센트였습니다.

마음 상태가 회복 여부의 관건입니다. 암 발병 역시 스트레스가 주요소이고, 회복 또한 마음을 굳게 갖는 것에서 시작됩니다. 호랑이에게 물려 가도 정신만 차리면 산다는 옛말이 있습니다. 잠언 4장 23절에서도 "무릇 지킬 만한 것 중에 더욱 네 마음을 지키라. 생명의 근원이 이에서 남이니라"고 증언합니다.

영국의 의학 전문지 〈랜싯〉은 암 환자를 대상으로 조사한 결과, 환자의 정신 상태를 네 가지 부류로 나누었습니다. 이 조사는 런던 킹스 칼리지 병원에서 1974년부터 1984년까지 10년 동안 초기 유방암 환자 57명을 상대로 하였으며, 이를 통해 환자의 심리 상태가 병에 얼마나 영향을 끼치는지를 알 수 있습니다.

암 환자의 네 가지 정신 유형

1. **투쟁형**: 낙관적이고 의사에게 질문도 많이 한다. 암을 극복하려는 의지를 가지고 암에 관한 책을 읽는 등 무엇이든 시도한다.
2. **부정형**: 암이라는 진단 자체를 믿지 않는다. 병에 대해서도 말하고 싶어 하지 않고 감정의 동요가 없다.
3. **수용형**: 암에 걸린 것을 운명으로 받아들인다. 투지도 절망도 보이지 않고 아무 변화 없이 생활한다.
4. **절망형**: 암에게 완전히 굴복한 상태. 감정이 불안정하며 곧 죽을 것이라는 말을 자주 한다.

암 진단을 받고 10년 후, 투쟁형은 10명 중 7명이 살아남았습니다. 부정형은 32명 중 16명, 수용형은 10명 중 3명이 살아남았습니다. 그러나 절망형은 5명 중 4명이 사망했습니다. 투쟁형과 절망형은 무려 50퍼센트라는 생존 가능성의 차이를 보여 주었습니다. 어떤 치료도 환자의 의지 없이는 불가능합니다. 암을 치료하는 '기적의 약'은 바로 환자의 마음속에 있습니다.

암을 이기는 영양요법

지난 수 십 년 동안 부동의 사망 원인 1위를 지키는 암. 최근 폐암, 유방암, 대장암, 전립선암 등 서양인들이 많이 걸린다는 암이 국내에서도 많이 발병되는 결정적인 원인은 '식생활 변화'에 있습니다. 많은 암이 식생활 때문에 유발된다는 뜻입니다.

주요 발암 인자인 '흡연'은 전체 암 원인의 30퍼센트에 달하는데, '음식'은 그와 같거나 그 이상인 30~60퍼센트를 차지한다고 합니다. 아무리 좋은 암 치료법도 좋은 예방만 못 합니다. 따라서 암을 예방하려면 금연만큼이나 식생활 개선도 중요합니다.

복내전인치유센터에서는 암 영양요법에서 경전처럼 여기는 패트릭 퀼린의 《암을 이기는 영양요법》을 주로 참고합니다. 암 환자를 위한 영양학의 선구자로서 노벨상을 2회나 수상했던 리누스 파울링이 적극 추천한 책입니다. 이 분야에 관심이 많은 아내 역시 읽고서 감탄사를 연발했습니다. 암 환자들에게 종합적인 영양 관리는 필수라는 사실을 다양한 통계와 실례를 들어 설명합니다. 책 내용 중 참고할 만한 몇 가지를 소개합니다.

암 환자에게 일차적인 관심사는 '무엇을 먹느냐'일 것입니다. 무슨 암에는 무슨 특정 영양소가 좋다는 식의 신화를 믿고 싶어 합니다. 하지만 우리 기대와는 달리 하나님은 한 가지 영양소에 모든 것을 해결하는 만능키를 넣어 두시지 않았습니다. 다양한 음식을 섭취하여 몸 전체의 면역 상태가 회복되기를 바라십니다. 균형 잡힌 식단은 영양소 이상의 것을 가지고 있습니다. 좋다고들 하는 그 어떤 비타민 알약도 신선하고 가공되지 않은 음식에 담긴 수천 가지 항암물질을 대체할 수 없습니다. 예를 들어, 비타민C 1,000밀리그램을 매일 먹는 것이 위암 발생률을 반으로 감소시킨다는 보고가 있습니다. 그런데 비타민C 37밀리그램을 함유한 오렌지 주스를 마시는 것이 비타민C 1,000밀리그램을 복용했을 때보다 위암 발생률을 반으로 감소시킵니다. 오렌지 안에 들어 있는 그 무엇이 30배 가까운 비타민C의 부족을 메우고도 남는 것입니다.

암 환자를 위해 개발된 식재료가 많습니다. 모어만 박사는 암 환자를 위해 철 보조제를 추천했고, 달걀노른자를 먹게 했습니다. 거슨 박사는 소의 생간을 데쳐서 거른 것으로 수프를 만들어 먹기를 권했습니다. 리빙스턴 박사는 닭의 섭취를 금했으며, 매크로바이오틱스(동양의 자연사상과 음양 원리에 뿌리를 둔 식생활법)에서는 콩은 자유롭게 먹되 과일과 생선은 제한했습니다.

그런데 철 보조제는 암 성장을 촉진한다는 연구가 있고, 생간은 세균이 많을 수 있습니다. 이처럼 각 식재료들은 나름대로 취약점이 있습니다. 그러므로 다양한 식품을 전체적으로 섭취하는 것이 바람직합니다.

균형 있는 영양소들은 암 환자에게 어떤 도움을 줄까요? 암 환자 사망 원인의 40퍼센트를 차지하는 영양실조를 막아 줍니다. 화학요법과 방사선요법의 부작용을 경감시키고, 암세포에 더욱 선택적 독성을 나타나게 합니다. 암세포를 찾아 파괴하는 면역계를 활성화시키고, 암세포의 먹이가 되는 당분을 줄여 암세포를 굶깁니다. 고로 암세포의 성장을 지연하거나 역전시킵니다.

면역을 높이는 광야의 식탁

얼마 전 아침 예배 때, 오늘 점심시간에는 밥만 해 드릴 테니 반찬은 각자 해결하라고 말씀드렸습니다. 아무리 진수성찬이라도 몸이 받아들이지 않으면 무슨 소용이 있겠습니까? 들판에 나가면 이제 막 움 돋기 시작하는 돌나물, 취나물, 고사리, 두릅, 민들레, 칡 순, 쑥 등 먹거리가 즐비합니다. 손이 가는 데로 뜯고 저만치 숨어 있는 나물도 쫓고 하다 보면 꽤 운동이 됩니다. 어느새 등줄기에 땀이 주르륵 흐릅니다. 그날 낮에 보니 기력이 쇠하여 허리도 펴지 못하던 환우들이 센터 여기저기에서 쑥을 캐고 있습니다. 어느 중환자는 반나절이나 힘들여 캔 쑥을 퇴원하는 환우에게 건네주었습니다. 쑥을 받아든 환우는 고맙다 못해 가슴이 시립니다.

대장암 환자인 이야실 집사님(65세)은 현대의학의 도움을 받을 수 없는 상태에서 항암 치료를 포기하고서 재작년 3월에 입소했습니다. 처음에는 두 발로 걸을 힘이 없어 네 발(?)로 간신히 나와 앞마당에서 햇볕을 쬐곤 했습니다. 그런데 기력을 조금씩 되찾을 때마다 온종일 들로 산으로 돌아다니며 산 채소를 뜯어 두더니, 가족들이 방문할 때 건네주었습니다. 시간이 나는 대로 자갈밭 길을 맨발로 걸어 다니기도 했습니다. 그런데 작년에 광주기독병원 진찰 결과, 암이 완치되었다는 판정을 받았습니다. 지금은 집과 치유센터를 보름씩 오가면서 재활치료를 받고 있습니다. 이번 달에도 치유원에 와서 한시도 쉬지 않고 산나물을 채취했습니다. 그런데 땀 흘려 수고해 얻은 나물을 고스란히 주방으로 가져와 환우들을 위해 쓰라고 건네주었습니다. 모두가 얼마나 기뻐했는지 모릅니다. 육신의 가족에 대한 사랑이 다른 이웃을 향한 사랑으로 확장된 것입니다.

산나물들을 소쿠리에 담아 재래식 막된장을 찍어 상추쌈을 하면 밥도둑이 따로 없습니다. 뒤질세라 입이 찢어질 듯 눈을 흘기면서 먹는 풍경을 상상해 보십시오. 입맛이 없어 주저하는 환우에게 취나물 한 잎을 건네주는 손이 아름답습니다. 쑥으로 만든 쑥개떡, 싱싱한 돌나물과 두릅에 초고추장, 감칠맛 나는 고사리무침을 먹기 위해 손이 바쁘게 움직입니다. 밥맛이 없어 밥알을 세는 아침 식탁과는 완전히 딴 세상입니다. 산나물은 나른해지기 쉬운 봄철에 미네랄 성분을 보충해 주시는 하나님의 사랑입니다. 운동도 하고, 땀을 흘려 노폐물을 배출하고, 넉넉한 사랑을 나눌 수 있으니 이보다 좋은 보양식이 어디 있을까요. 철따라 하나님이 우리에게 베풀어 주시는 왕의 식탁으로의 초대에 기쁨으로 나아오십시오.

예수, 하늘에서 온 생명의 떡

예수께서 오병이어로 수많은 무리를 먹이셨습니다. 그 현장에 있던 제자들과 무리들은 충격과 기대에 휩싸였을 것입니다. 이제는 더 이상 굶주림을 걱정하지 않아도 된다고 생각했을 것입니다. 그런데 만나와 메추라기를 먹었던 이스라엘 백성과 기적으로 살아났던 수많은 성경 인물들이 지금은 우리 곁에 없습니다. 이 세상에 존재하는 어떤 기적의 식이요법이라 해도 유한한 의미가 있을 뿐입니다. 그러나 예수님은 자신이 '생명의 떡'으로 이 세상에 오셨다고 말씀하셨습니다. 이 떡을 먹는 자는 영원히 죽음을 보지 않는 진정한 생명을 누리게 됩니다. 즉 예수님을 믿음으로 영혼 구원을 얻게 하니 세상에 존재하는 어떤 음식보다 중요한 가치입니다.

말씀이 육신이 되어 이 땅에 오신 예수님을 믿음으로 영접하는 것은 우리의 전인격적인 삶을 회복시키는 전제이며, 목적이기도 합니다. 유한한 육체의 생명을 뛰어넘어 영원한 초월적 존재에로의 부르심에 믿음으로 응답하는 것이야말로 우리 인생을 활력 있게 살도록 하시는 하나님의 선물입니다. 그러므로 성전인 육체에는 세포를 살리는 먹거리를, 지성소인 영혼에는 영혼을 살리는 먹거리를 공급해야 합니다.

4. 내 몸 안의 의사,
   자연치유 면역력

나무를 잘 아는 정원사라면 가지와 잎이 마른 나무는 햇빛을 너무 많이 쬐었거나 뿌리로부터 영양 공급이 시원치 않기 때문임을 알아챌 수 있습니다. 그래서 마른 잎과 가지를 잘라 내고 약물을 투입하는 것에서 일을 끝내지 않습니다. 입과 가지를 하나하나 잘 감싸 주어 강한 햇빛으로부터 보호하는 한편, 뿌리에서 양분이 잘 올라오는지, 토양 상태는 어떤지를 잘 살펴 그에 따라 적절하고 종합적인 처방을 합니다. 증상은 어떤 원인에 의해 드러난 신체의 표현이지 원인 자체는 아닙니다. 이를테면 만성질환 증상이란 신체의 전체적인 균형이 무너져 제 기능을 못하는 신체가 보내는 '신호'라 할 수 있습니다. 그런데 많은 경우, 안타깝게도 그 신호를 잘라 내거나 약물로 제압하는 '일차원적인 의술'을 베풀고 있습니다.

현대의학은 왜 암에 속수무책인가?

오늘날 의학은 외과적 수술, 첨단 의료 기기에 의한 진단, 응급처치와 전염성 질병 분야가 획기적으로 발전하여 인류에게 큰 공헌을 했습니다. 그러나 어떤 질병을 치료할 때 그 증세를 직접 다스려 제거하는 방식으로 접근할 것이 있는가 하면 반대로 그러한 질병을 발생시킨 그 사람의 '건강 바탕'을 개선시키는 방식으로 접근해야 할 것이 있습니다. 암과 같은 모든 만성질환은 후자에 속합니다. 즉 만성질환은 신체 한 부위의 국소병이 아니라, 온몸의 체질적 이상에서 오는 전신병으로 보고 대처해야 합니다. 그런데 지금 의학은 국소적인 증상으로 보고 치료하는 대증요법으로 일관합니다. 시대가 바뀌었고 사람들의 영양 구조도 달라졌고 질병의 양상도 달라졌는데, 현대의학은 여전히 대증요법(항암, 방사선, 수술 등)이라는 구시대적 잣대로 병을 보는 것입니다.

우리 몸은 머리끝에서 발끝까지 서로 밀접하게 연결되어 서로 영향을 주고받으면서 균형을 이루는 유기적인 결합체입니다. 이에 반해 현대의학의 모든 연구와 노력은 병을 위장, 대장, 간장, 뇌 등 장기별로 파악하고 다룰 뿐 인체를 유기적인 전체로 보지 않습니다.

암에 대한 현대의학의 치료는 원인보다는 증상을 찾아 암으로 규정짓는 데 역점을 둡니다. 그래서 암으로 판단되면 수술로 잘라 내거나 화학독물로 죽이거나 방사선으로 태워 죽이는 것이 치료의 전부입니다. 당연히 환자의 몸은 암과 현대의술의 격전장이 되어 초토화됩니다. 하여 암이 없어지는 순간 정작 살아야 할 사람마저 세상에서 사라지는 불행이 지금 주변 곳곳에서 일어납니다.

성공적으로 항암 치료를 받아도 재발하는 경우가 허다합니다. 왜 암은 재발하는가에 대한 궁금점을 해소시키는 연구 논문이 최근 발표되었습니다. 영국의 BBC 인터넷판(2011년 11월 5일)에 따르면, 홍콩 중문(中文) 대학 생물학과의 풍 밍추 박사는 항암제에 노출되었을 때 정상세포는 세포사멸(apoptosis) 메커니즘이 작동돼 자살하는데 반해 암세포는 최후의 순간까지 견디다가 항암제 투여가 끝나면 되살아난다고 밝혔습니다. 세포사멸이란 세포가 결함이 생기거나 손상되거나 수명을 다했을 때 스스로 사멸하는 자연적인 메커니즘을 말합니다. 이 메커니즘이 작동되지 않으면 세포는 무한분열하면서 종양을 형성합니다.

풍 박사는 자궁경부암, 피부암, 간암, 유방암 세포를 시험관에서 정상세포의 세포사멸을 유발하는 3가지 화학물질(자스플라키놀리드, 스타우로스포린, 에탄올)에 노출시킨 결과 일부 암세포는 손상을 입고 죽음의 일보 직전인 '돌이킬 수 없는' 단계까지 갔으면서도 화학물질 노출을 중단하면 본래 모양을 회복하고 다시 증식한다는 사실이 밝혀졌다고 발표했습니다. 이는 일부 암 환자가 항암 치료 후에도 암이 재발하는 이유를 설명해 주는 것이라고 그는 지적합니다.

다만 암세포의 핵심부로, 유전 물질을 포함하는 세포핵이 분해되는 세포사멸의 최종 단계까지 이르렀을 때는 암세포도 회복 능력을 상실한다고 밝혔습니다. 그는 이 새로운 발견이 앞으로 보다 효과적인 암 치료법을 개발하는 데 도움이 될 것이라고 말했습니다. 이 연구 결과에 대해 영국 암연구소의 레슬리 워커 박사는 새로운 치료 표적을 찾아갈 수 있는 길이 열렸다고 논평했습니다. 이 연구 결과는 〈영국암저널〉(British Journal of Cancer) 최신호에 발표되었습니다.

히포크라테스 의학을 망각한 현대의학

사람, 자연, 사회의 건강을 상호 연관 속에서 해결하려는 삼위일체의 치료관에서 현대 서양의학은 시작되었습니다. 현대의학의 아버지라 일컫는 그리스의 히포크라테스는 뛰어난 의학 연구와 사랑의 인술로 2500여 년의 세월이 지난 지금도 존경받습니다. 그는 자연을 대우주로 보고 인체를 소우주로 보는 근본 원리에서 인간의 건강과 질병의 문제를 발견했습니다. 즉 생체 활동의 균형과 조화가 이루어지지 않을 때 건강이 상하며 이러한 균형과 조화가 파괴될 때 질병이 발생한다는 것입니다. 그래서 질병 현상을 포함한 모든 신체적 생리 현상을 단순히 인체 개체적 수준에서가 아니라 우주적 차원에서 알아야 한다는 것입니다.

그는 끊임없는 탐구로 우주 법칙과 자연의 원리가 합치된 의술을 개발했으며, 이를 이론으로 정립한 것이 자연의학입니다. 아울러 인체는 자기 몸을 자율적으로 다스리고 치유하는 생리적 기능 즉 '자연치유 체계'만 정상화시키면 스스로 치료되어 건강을 회복하는 복원력 즉 '자연치유력'이 있음을 알고 질병 치료의 근본 원리로 적용했습니다.

이를 위해 각 개인의 환경, 기후, 식생활 습관, 적절한 운동 등을 중시했습니다. 아울러 직업적인 여건, 생활 태도 등을 다양하게 파악하여 대처하는 전인적인 자연요법으로 치료했으며, 약물 사용과 수술은 언제나 최후의 수단으로 사용했습니다.

그런데 16~17세기경 세균 감염성 질병의 창궐과 함께 항생제가 개발되어 세균성 질환에 획기적인 치료 효과를 거두면서 전인적인 인간관과 자연에 근거한 자연의학은 망각되었습니다. 이를테면 인간의 정신, 육체 그리고 자연은 제각기 분리되고 '질병이란 단순히 병원체의 작용에 대한 신체의 생물학적 반응'일 뿐이라고 결론 났습니다. 이후 모든 질병에 대해 대증요법 치료로 일관하는 지금의 현대의학이 자리를 잡은 것입니다.

내 몸 안의 의사, 자연치유력

암 환자의 일반적인 치료법은 수술, 항암, 방사선 요법입니다. 암 재활을 위해 본원을 방문한 암 환자의 가장 큰 고민은 항암 치료를 지속할 것인가 아니면 중단할 것인가 입니다. 병원에서는 환자 삶의 질은 고려 없이 암세포 괴멸에만 관심을 두는 것 같습니다. 그러다 보니 암은 치료했는데 사람은 죽게 생겼습니다. 빈대 잡으려다 초가집 태우는 격이지요. 암에서 살아난 환자들은 의사가 포기한 사람, 의사를 포기한 사람이라는 말도 있습니다. 의사 후미모토 박사는 다음과 같이 말했습니다.

"의사에게서 이제 가망 없으니 환자가 하고 싶은 요법을 찾아 해 보라는 말을 들은 사람이 가장 살아날 가능성이 큽니다. 여러 의사의 손을 거친 뒤에는 더욱 치료가 힘들어지죠. 아무리 철저하게 식이요법을 실천해도 소용없습니다. 사실은 지금까지 항암제와 방사선으로 면역이 완전히 바닥나 버렸기 때문입니다."

흥미 있는 일화가 있습니다. 어느 종합병원에서 의사와 간호사가 처우 개선을 요구하며 파업을 했습니다. 이 사태는 반 년 동안이나 지속되었고, 입원 환자들은 급식 아줌마의 도움으로 간신히 버텼습니다. 그런데 놀랍게도, 그 기간에 병원의 환자 사망률이 급감했습니다. 다시 말해 치료를 하지 않았더니 생명이 더 연장된 것입니다. 목숨이 아까우면 병원에 가지 말아야 한다는 자조 섞인 이야기가 나올 정도입니다.

자연의 모든 존재가 그러하듯, 인체 역시 어떤 이상 현상이 발생하면 원래 '건강한 상태'로 되돌아가는 본능적 기능을 가진 '항상성 유지 구조'(Homeostasis)가 있습니다. 이는 우리 몸 전체의 균형과 기능을 조화시키는 종합적인 시스템으로, 이 구조의 균형이 깨지면 몸 전체의 생리 활동이 정상 기능을 하지 못해 암과 같은 만성질환의 원인이 됩니다. 따라서 질병을 치료하려면 항상성을 회복해야 합니다. 그렇다면 '항상성 유지기구'의 균형을 이루는 주된 인자는 우리 몸의 어디에 있을까?

그 힘은 우리 몸을 구성하는 60조 개가 넘는 세포 전부가 가진 DNA(유전자)에 있습니다. 유전자란 신체 및 생체 활동의 설계도로서 선천적으로 짜여 있습니다. 우리 몸의 장기, 기관, 조직 등은 전부 이 설계도를 기초로 만들어지고 활동하며 신체를 가장 적절한 상태로 유지합니다. 이처럼 분화된 세포들은 한데 모여 신체의 각 조직과 기관을 이루고 기관은 계통을 형성하여 신비하고 경이로운 신체가 만들어집니다.

만약 신체에 이상 현상이 생겨 가장 적절한 상태를 벗어났다 해도 이

DNA의 설계도에는 원래 상태로 되돌리는 순서까지 그려져 있어 그 순서를 밟으면 '건강하고 적절한 원래 상태'로 되돌아갈 수 있습니다. 즉 신체 스스로 질병을 치유하고자 하는 것입니다. 그런데 이 균형이 깨지면 세포의 DNA가 가진 복구력은 제 기능을 못해 어떤 치료를 받더라도 낫기 힘듭니다. 병이 낫는 사람과 낫지 못하는 사람의 차이가 여기에 있습니다.

항상성 유지 기구의 균형이 깨어지는 주된 인자는 혈액순환계와 삼각면역체계인 신경계, 내분비계(호르몬), 면역계입니다. 기능은 각기 다르나 서로 밀접하게 영향을 주고받는 순환 고리 체계라서 어느 하나라도 기능이 떨어지면 전체의 균형이 무너져 결국 암과 같은 질병이 발생합니다. 따라서 질병을 극복하려면 혈액순환계와 신경계, 호르몬계, 면역계의 각 기능이 정상화되어 균형과 조화가 이루어져야 합니다.

그러기 위해서는 결국 내 몸 안의 의사, 면역력을 극대화시켜야 합니다. 히포크라테스는 "면역은 최고의 의사이며 최고의 치료법"이라고 말했습니다. 수년 전부터 일본에서는 면역처방이라는 새로운 처방전이 나오면서 면역 붐이 일어났습니다. "암은 면역력 결핍 병"이라고 말한 우노 가츠아키 박사는 매일 적게는 2,000개에서 많게는 100만 개 정도로 발생하는 암세포를 착상 전에 소멸시키려면 항생제 치료를 받을 것이 아니라 약해진 면역력을 강화시켜야 한다고 주장합니다.

일본의 오키나와 섬은 세계에서 100세 이상 노인이 가장 많이 사는 것으로 유명한 장수촌입니다. 미국의 노화 연구팀은 25년 동안 연구 조사한 결과, 영양과 운동, 정신의 올바른 조화가 장수 비결이라는 결론을

2002년에 제출했습니다. 이 보고서에서 가장 많이 등장한 단어가 바로 면역체계입니다. 이 면역체계를 무너뜨리는 이유를 세 가지로 정리했습니다. 첫째는 면역세포들의 파괴, 둘째는 면역 기능을 보존하기 위해 필요한 영양분 섭취 부족, 셋째는 자가 면역의 이상입니다. 만일 면역 기능만 쇠퇴하지 않는다면, 질병 없이 사는 것은 물론이고 장수를 누리는 것도 보장할 수 있다고 볼 수 있습니다. "사람은 자기 몸 안에 100명의 의사를 보유하고 있다"며 자연치유력의 존재를 설파한 히포크라테스의 말을 진지하게 되돌아보아야 할 때입니다.

현대의학을 적절히 활용해야

그렇다면 현대의학을 이용하지 말라는 것입니까? 아닙니다. 믿음으로 치유받았다고 하면서 현대의학을 무시한 사람들 중에서 오히려 병세가 심각하게 악화된 경우를 많이 보았습니다. 현실도피와 무지로 병을 키워 온 것입니다. 그래서 나는 상담 중에 정기적인 검진과 전문가의 조언을 받아야 한다고 누차 강조합니다. 즉, 현대의학의 정확한 검진 및 최첨단 시술과 자연치유 면역력 강화 그리고 영성 치유를 통해 종합적으로 접근하는 것입니다. 하지만 현대의학을 기초로 하면서 통합적인 안목으로 환자에게 길을 안내하는 의료인을 찾기란 하늘에서 별을 따는 만큼 어려운 일입니다. 다행히 전국 선교 병원들이 관심을 가지기 시작했습니다. 특히 안양의 샘병원에서 치료 모델을 만들고 있어서 매우 기쁩니다. 개인적인 경우, 영동세브란스 병원의 이희대 박사님(유방암 전문의)이 좋은 모델이라고 생각합니다. 이 박사님 본인이 대장암으로 수차례 수술과 항암 치료를 받고 또한 재발의 고통을 열 번씩이나 겪었기 때문에 전인적으로 접근해야 한다는 결론에 이르렀다고 합니다.

암 환우들의 안식처

복내전인치유센터를 건립한 1995년부터 이제까지 나는 암 재활의 표준을 만들고자 꾸준히 노력했습니다. 암 재활을 위한 심신이완요법, 식이요법, 운동요법, 예술요법, 영성치료, 온열요법, 생활요법을 각 병원과 연계해서 실행해 왔습니다. 90여 차례에 걸쳐 암 환자를 위한 전인치유 세미나와 전문가를 위한 전인치유 포럼을 개최했습니다. 초기에는 의료계나 종교계의 암 재활 요양에 대한 이해 부족으로 오해를 많이 받았으나 이제는 관심이 증폭되고 있습니다.

국내에는 전인치유적인 통합 의료 사역의 모델이 없다 보니 개척 정신 없이는 불가능한 일이었습니다. 다행히 그 결실들이 조금씩 보이기 시작합니다. 2007년 5월, 전인건강학회 창립대회에서는 암 재활의 표준으로 복내전인치유센터가 선정되어 사례 발표를 했습니다. 이제 기존 호스피스 사역 단체들도 넓은 의미의 전인치유적인 돌봄 사역으로 범위를 넓혀 가고 있습니다. 이들에게도 역시 복내는 표준을 제시해야 할 부담을 안고 있습니다. 또한 본 센터가 주관하는 '천봉산 자연건강문화 한마당'은 한국기독교총연합회가 추천하고 문화관광부가 선정하여 지역 주민과 교회와 관심 있는 분들 350여 명이 모여 뜻 깊은 모임을 갖기에 이르렀습니다.

본 센터 인근 화순의 전남대학 암센터에는 매주마다 환자 80퍼센트가 바뀝니다. 급성기 환자를 돌보는 일에도 손이 부족하여 내쫓다시피 퇴원을 시킵니다. 최근 전남대학 병원장과 만났을 때, 화순 전대병원 가까운 곳에 암 환자를 위한 요양 병원들이 시설을 확충한다는 사실을 확인했습니다. 앞으로 주변 지역에 요양 시설을 최대한 더 확보하여 전남 지역 내에서 발생하는 암 환자들의 치료와 회복이 자족적으로 이루어져야 한다는 공감대를 나누었습니다. 오갈 데 없는 저들에게 적절한 암 재활 요양처를 제공한다면 최상의 조합이 이루어질 것입니다.

2009년에는 암 관련 민간단체 최초로 전남대 암센터와 의료 협력 체결을 맺었습니다. 이 사역에 대한 필요성이 확산되어 급기야는 한국 교회 호스피스 협회가 '한국교회 호스피스전인치유협회'로 개칭하기에 이르렀습니다. 모임을 발족하는 첫 자리에서 주제 강의를 할 때 실로 감회가 깊었습니다. 2010년 대한민국 통합의학 박람회에 명의·명사로 초청되어 강의를 하기도 했습니다.

본원에 입소하려는 대기자가 하루가 다르게 늘어나자 지역사회도 움직이기 시작했습니다. 2009년에 산촌생태마을에 선정된 복내면 일봉마을 주민회에서는 본원에 친환경 펜션을 짓기로 결정했습니다. 천봉산희년교회가 마을 발전의 원동력이 되었다고 판단한 것입니다. 앞으로 마을 주민들은 친환경 농산물 재배로 소득을 높일 뿐만 아니라 장기 휴양을 통해 상주인구 유입에도 도움이 될 것입니다.

본원의 가장 대표적인 사역인 3박 4일 전인치유교실은 어느새 90기를 맞이합니다. 그동안 치유교실을 거쳐 간 이들의 수는 줄잡아 2,500여 명입니다. 수많은 중증환자들과 가족들이 이 사역을 통해 치유와 회복의 기쁨을 맛보았습니다. 전인치유교실을 통해 만난 수많은 이들의 임상 사례를 통해서 '사랑받는 세포는 암을 이긴다'는 중대한 확신을 얻은 것도 큰 소득입니다.

목회 초년병 시절에 중한 병에 들어 흘러 들어왔던 천봉산 골짜기. 그동안 수많은 이들의 사랑이 모여 천봉산희년교회는 꾸준히 성장했습니다. 아무것도 없던 황량한 산야에 예배당이 건축됐고, 도저히 세워질 것이라고는 기대할 수 없었던 암 환자들을 위한 초현대식 숙소가 들어섰습니다. 공동체 가족들은 하나님과 수많은 이웃에게 사랑의 빚을 지고 있다는 부담감을 가지고 있습니다. 그래서 더더욱 '사랑'은 이곳에서 핵심적인 원리로 작용합니다. 공동체 가족들은 환우들을 사랑으로 섬기는 것을 가장 큰 임무로 인식하며, 이곳에 머무르는 환우들 또한 다른 이들에 대해 사랑의 마음을 품는 것을 최우선 과제로 여깁니다.

그 사랑의 원리를 따라 천봉산희년교회의 주일 헌금은 생명 회복을 위해 동역하는 다른 기관을 돕는 데 사용됩니다. 또한 생계가 어려운 암 환자에게 무료로 요양 생활을 제공하고 있습니다.

전인치유에 첫걸음을 내딛도록 이끌어 주신 김영준 박사님과 최영관 이사장님을 비롯한 여러 이사님들 그리고 숨은 봉사의 손길에 무어라고 감사의 마음을 전해야 할지 모르겠습니다. 멀지않은 장래에 하나님이 약속하신 일들이 하나하나 이루어질 것입니다.

"내가 또 내 영을 너희 속에 두어 너희로 살아나게 하고 내가 또 너희를 너희 고국 땅에 두리니 나 여호와가 이 일을 말하고 이룬 줄을 너희가 알리라. 나 여호와의 말씀이니라"(겔 37:14).

* 복내 마을, 암 치유 사례를 한편 소개합니다.

장정례 씨는 뇌종양 말기 진단을 받고 수술했습니다. 종양 부위가 시신경과 맞물려 있어 전체를 떼어 내지 못하고, 부분적으로 수술한 후 회복을 위해 복내치유센터에 들어왔습니다. 그녀는 계속 받아야 할 항암 치료를 거부하고 전인치유를 통해 회복하기로 마음을 굳혔습니다. 말씀을 통한 마음 정하기, 자연음식 섭취, 독소 제거, 운동 등을 철저히 습관화했습니다. 1년 8개월이 지나 MRI와 혈액 검사 상 암이 보이지 않고 깨끗해졌습니다. 현대판 세리 마태가 다시 살아난 이야기입니다. 본인의 간증을 그대로 소개합니다.

나는 하나님에 대하여만 살아 있다

저는 광주에서 온 장정례이며 나이는 54세입니다. 남편과 세 딸이 있습니다. 지난 30년 동안 특별한 어려움 없이 세무공무원 생활을 했습니다. 그러던 중 2010년 2월 10일, 직장에서 근무하다 갑자기 쓰러졌습니다. 전남대 응급실로 후송되어 뇌종양 3기 말에서 4기 초 사이라는 진단을 받았습니다. 뇌종양이란 소리를 듣는 순간 저는 큰 충격에 휩싸였습니다. 온몸이 사시나무 떨듯 떨렸고, 치아가 부딪치는 소리가 요란해서 소리를 안 내려고 수건으로 입을 틀어막을 정도로 극심한 고통이 찾아왔습니다.

담담해지려고 애를 써봤지만 소용이 없었습니다. 제 생애 이처럼 두려운 순간은 없었습니다. 지금까지 저는 세무 공무원으로 30년을 근무해 오며 가정과 직장의 1인 2역을 하면서 짬짬이 등산도 다니고 헬스클

럽에서 운동을 즐기며 자기관리를 철저히 해왔기에 제가 암 환자라는
사실을 받아들이기 힘들었습니다.

2010년 3월에 서울대학병원에서 뇌종양 수술을 받았습니다. 수술 후
깨어나 보니 왼쪽 팔과 다리가 전혀 움직여지지 않았습니다. 머릿속은
온통 회색 어둠뿐이었습니다. 창세기 1장 2절 '천지를 창조하시기전 땅
이 혼돈하고 흑암이 깊음 위에 있다'는 말씀이 딱 들어맞는 상황이었습
니다. 심지어 주기도문조차도 생각이 나지 않았습니다. 저는 있는 힘을
다하여 예수의 권세, 능력, 생명이 나의 권세, 능력, 생명이 되게 해달라
고 기도했습니다.

2010년 4월부터 6월까지 40회나 방사선 치료를 받는 고통 중에 6월
말 복내에 입소하게 되었습니다. 어느 집사님 말을 빌리면, 입소 때의 제
모습은 3개월 정도 버티면 잘 버티겠다고 생각했을 정도였습니다. 몸의
한쪽이 마비되어 있었기 때문에 매일 넘어지기 일쑤였습니다. 처음에는
수술이 잘된 줄로만 알았습니다. 그러나 종양의 일부만 제거하고, 일부
는 시신경에 문제가 생기는 부위라서 제거하지 못한 상태라는 걸 뒤늦
게 알았습니다. 가족들은 제가 충격을 받을까 봐 감추고 있었던 것이
죠. 인터넷을 뒤져 보니 1년여밖에 못 사는 시한부 인생이었습니다. 의
사의 말을 빌리자면 버섯처럼 쑥쑥 자라는 신경교종암으로 최고의 악
성 뇌암이라고 합니다. 알면 알수록 절망 그 자체였습니다.

온갖 고통을 참으며 두 달여를 견디는 중에 불면증마저 찾아왔습니
다. 자신과의 치열한 전쟁이 계속되었습니다. 게다가 항암을 할 것인지
안 할 것인지 결정을 내려야 했습니다. 그때만 해도 항암 치료를 무조건

해야 한다는 분위기가 강했습니다. 마침 독일에서 암 관련 연구를 오랫동안 하신 모 교수님께서 복내에서 건강 특강을 하셨습니다. 강의 중에 항암 치료를 해야 할 경우와 해도 별반 효과가 없는 경우를 자세히 설명해 주셨습니다. 저는 그 특강이 저를 위한 하나님의 인도로 받아들이고 항암 치료를 안 받기로 했습니다. 가족들을 비롯한 주위에서는 저의 선택이 무모해 보였던지 여러 경로로 저를 설득하려 했습니다. 하지만 저는 결심을 굳히고 저만의 방식으로 이겨 내기로 했습니다.

2011년 2월, 저는 항암을 포기한 대신 온열치료기를 밤새 머리에 쬐어 후유증으로 혈압이 180~200까지 오르락거리는 고생을 했고, 영지버섯이 좋다고 하여 계속 음용한 결과 속이 아파 초음파를 찍어 보니 위궤양 진단이 나왔습니다. 또한 녹차가 좋다고 하여 음용했더니 속이 쓰리는 부작용이 생겼습니다. 이렇게 뭐가 좋다고 하여 시도할 때마다 시행착오만 일으킬 뿐 암 치료 효과는 없었습니다.

다행히도 두 차례의 고혈압으로 위기를 겪을 때 수지침과 녹즙을 통해 고비를 넘겼습니다. 정기적인 혈액 검사로 중성지방이 높아 고지혈 증세가 있다는 것을 알고 고민하고 있을 때 생식 처방을 받아 일주일 만에 정상으로 돌아갈 수 있었습니다. 이 과정에서 최금옥 부원장님의 전문적인 영양 지도와 식이 처방이 큰 도움이 되었습니다. 마침 위암으로 입원해 있던 한의사 선생님도 식이 요법으로 호전될 수 있다는 사실이 매우 놀랍다고 했습니다. 평소 자신의 병원에 내원했던 같은 증세의 환자에게 처방했던 약물치료보다 더욱 빠른 효과를 보았다는 것입니다.

제가 왜 암에 걸렸을까 생각해 보니 평소 식습관에 문제가 있었습니다. 커피만 계속 마셨고 물은 한 잔도 안 마셨기에 화장실은 오전에 한 번, 오후에 한 번만 갔습니다. 이런 이유로 온 몸이 약해질 수밖에 없었고, 특히 뇌는 우리 몸 혈액의 20퍼센트를 차지하는 곳이어서 저의 취약한 분야인 뇌에 암이 자리를 잡은 것 같습니다. 저는 이때부터 어느한 가지에 치우치지 않고 저만의 생활 관리 원칙을 세웠습니다.

1. 영양 요법:
복내 자연 식사와 적절한 건강보조식품 섭취하기.

2. 철저한 해독 관리:
- 하루 물 1.5리터 이상 마시기.
- 유기농 커피 관장을 나이 수만큼 매일 하고, 이후에는 이틀에 한 번씩 하기.
- 혈액검사를 2~3개월 단위로 하여 비교 분석하기.

3. 꾸준한 운동:
아침, 점심 후 50분과 20분 거리의 짧은 산책길을 번갈아 걷기. 체력의 60퍼센트 범위 내에서만 운동하기.

4. 영성 관리:
매일 아침과 저녁 시간에 드리는 예배에 참석하기(매일 듣는 성경강해는 마음의 영양분이 되기에 충분했습니다. 복내에서 드리는 찬양과 기도는 예전의 그것과는 달랐습니다. 아마도 죽음의 벽 앞에 서 있는 사람만이 경험할 수 있는 일일 것입니다).

이러한 시간을 묵묵히 지내다 보니 1년 7개월이 지났습니다. 2012년 1월 27일 MRI를 찍었고, 2월 6일에는 암이 보이지 않는다는 검사 소견을 들었습니다. 믿기지 않아 교회에도 소식을 알리지 않고 2월 21일 피검사를 했습니다. 그 결과 면역 상태를 나타내는 백혈구, 림프구 등이 정상적인 수치로 나왔습니다. 그제야 암이 완치된 사실이 믿어져서 교회와 성경공부를 했던 옛 직원들에게 소식을 전했습니다. 직원들은 감격해 하면서 "장 권사님이 살아난 것을 보니 하나님이 정말로 살아 계신 분이군요"라는 말을 했습니다.

이 소식을 들으신 이박행 목사님도 매우 기뻐하면서 다른 환우들에게 희망이 될 수 있도록 간증을 하라고 하셨습니다.

"하나님! 제가 특별하게 먹은 것도 없고, 한 일도 없는데 뭐라고 간증해야 할까요?" 고민하며 기도했습니다. 하나님께서 저에게 에스겔서 말씀을 떠오르게 하셨습니다.

"또 이 강 가에 어부가 설 것이니 엔게디에서부터 에네글라임까지 그물 치는 곳이 될 것이라. 그 고기가 각기 종류를 따라 큰 바다의 고기같이 심히 많으려니와 그 진펄과 개펄은 되살아나지 못하고 소금 땅이될 것이며 강 좌우 가에는 각종 먹을 과실나무가 자라서 그 잎이 시들지 아니하며 열매가 끊이지 아니하고 달마다 새 열매를 맺으리니 그 물이 성소를 통하여 나옴이라. 그 열매는 먹을 만하고 그 잎사귀는 약 재료가 되리라"(겔 47:10~12).

저에게 꼭 맞는 말씀이었습니다. 매일 새벽예배 때 산책길을 걸으며 말씀을 묵상하며 기도하고 찬양하며 산을 오르내렸습니다. 말씀의 생수와 싱싱한 자연의 기운이 가득한 열매와 잎사귀를 먹으며 지냈더니, 어느덧 암은 흔적도 없이 사라진 것입니다.

분주한 도시 생활에 찌들려 있던 저는 복내의 자연에 순응해 갔습니다. 매주 가족들은 저를 보러 와주었습니다. 지난 1년 8개월 동안 범생이란 소리를 들으며 자기 관리에 최선을 다했습니다. 때로는 바람 쐬러 나가는 팀에 끼고 싶을 때도 있었지만, 저는 고아의 아버지 조지 뮬러의 고백을 읊조리며 마음을 다졌습니다.

"나는 어느 날 죽임을 당하였다.
나에 대하여 죽었고
나의 의견에 대하여 죽었고
나의 선택에 대하여 죽었고
내가 좋아하는 것에 대하여 죽었고
나의 의지에 대하여 죽었고
세상의 칭찬과 책망에 대하여 죽었고
심지어 친구와 형제들에게도 죽었다.
나는 오직 하나님에 대하여만 살아 있다."

완치에 이르기까지 고통을 함께 감내해 준 가족들이 눈물겹게 고맙습니다. 암 재활이라는 기나긴 광야 길에서 동무가 되어 준 동병상련의 암 환우들의 얼굴이 스쳐갑니다. 저 같은 암 환우를 위해 사랑으로 길라잡이가 되어 주신 이박행 원장님과 사모님을 비롯한 여러 직원 분들께 진심으로 감사드립니다.

저는 이제 죽음의 벼랑 끝에서 새 생명을 얻었기에 남은 생애는 복내에서 배운 대로 '하나님을 사랑하고, 이웃을 내 몸처럼 사랑하는 일'에 헌신하겠습니다. 특히 제가 세법을 잘 알기 때문에 시니어 선교사로서 저를 필요로 하는 곳에 달려가, 받은 달란트로 도움을 드리고 싶습니다. 두서없이 말씀드린 저의 간증이 여러분께 힘이 되면 좋겠습니다.

2부

복내
마을의
자연치유

1. 몸의 소리를
   들으라

가을이 되면 이곳 복내에는 고추잠자리가 낮게 비행하며 연신 시위를 합니다. 햇볕이 따가워도 스치는 바람이 여름의 고단함을 시원하게 날려 버립니다. 무더운 여름을 헐떡이며 견뎌 온 환우들에게 가을은 반갑고 고마운 손님입니다. 시한부 선고를 받고 눈물로 이 골짜기를 찾아왔던 그 어떤 환우들도, 이곳에서 여름을 지내고 가을을 맞을 때면 이제까지 보지 못한 생명의 비밀을 배우고 깨닫습니다. 그리고 여느 암 환자들과는 너무나도 다른 활기를 되찾습니다. 복내는 그렇게 꺼져 가는 희미한 불꽃을 사랑의 힘으로 감싸 안으며 치유하는 공동체를 건설하고 있습니다. 사랑의 힘은 죽음을 이기는 능력임을 증거하고 있습니다.

톰 린슨 이야기

암 환자와 관련한 매우 감동적인 이야기를 접했습니다. 유방암 판정을 받은 뒤 병마에 굴하지 않고 암 기금 모금 활동을 해 왔던 제인 톰 린슨이 엘리자베스 2세 영국 여왕으로부터 대영제국 상급 훈사 (Commander of the British Empire) 훈장을 받았다는 것입니다. 소아과 방사선 기사인 톰 린슨은 1990년 처음 유방암 진단을 받았으나 수술로 건강을 되찾았습니다. 그러나 2000년 유방암이 재발, 폐와 뼈로 전이돼 6개월만 살 수 있다는 진단을 받았습니다. 하지만 그녀는 좌절하지 않고 암 기금 모금 운동가로 변신, 이전보다 더욱 치열하게 살았습니다.

톰 린슨은 운동선수들도 쉽지 않은 육체적인 도전들을 통해 150만 파운드(약 27억 5,000만 원)의 암 기금을 모았습니다. 2005년에는 수영 4킬로미터, 자전거 타기 180킬로미터, 마라톤을 포함하는 철인3종경기에 도전하여 완주했으며, 화학요법 항암 치료를 받는 도중에도 마라톤에 도전해 수차례 완주했습니다. 2010년에는 9주 동안 자전거로 샌프란시스코에서 뉴욕까지 미국 대륙 6,780킬로미터를 횡단했습니다.

최근 그녀는 기금 마련 활동을 중단하고 가족과 함께 시간을 보내고 있습니다. 영국 GMTV와의 인터뷰에서 그녀는 "병이 퍼졌기 때문에 이번이 가족과 함께 보내는 마지막 여름일 것"이라면서 "그것을 인식하고 살아가기는 아주 어렵고 긍정적인 자세를 유지하는 것은 더욱 어렵지만, 이번 여름을 즐기기 위해선 그것을 잊어야 하며 그렇게 하려고 한다"고 말했습니다.

그녀는 암이라는 불행에도 불구하고 끝까지 긍정의 삶을 살았습니다. 자신의 실패나 아픔을 다시 출발할 수 있는 사명으로 승화시켜 위대한 일을 이룬 것입니다. 그뿐 아니라 자신처럼 고통받는 이들을 위해 초인적인 능력을 발휘해 아름다운 흔적을 남겼습니다. 그녀의 삶은 암 환자에게 좋은 모범입니다. 그녀는 얼마나 오래 사느냐보다 '현재'를 어떻게 긍정하느냐가 더 중요하다는 것을 삶을 통해 보여 주었습니다.

몸의 소리를 들으라

몸은 단순하고 정직합니다. 몸에 나타나는 증상(symptom)은 마음의 상징(symbol)에서 나옵니다. 어원학적으로 상징은 '함께 던지다'는 뜻이고, 증상은 '함께 떨어진다'는 뜻입니다. 마음의 '상징'은 능동태이고, 몸의 '증상'은 수동태입니다. 그러므로 우리는 수동적 몸의 증상을 제거하기에 앞서, 능동적 마음의 상징을 먼저 읽어야 합니다. 또 마음의 상징을 읽기 위해서는, 왜 몸에 이런 증상이 나타났는지를 알려 주는 몸의 메시지에 귀를 기울여야 합니다.

그러나 그렇게 하기가 쉽지 않습니다. 우리는 과거의 습관에 익숙합니다. 우리 몸도 남아 있는 에너지를 전적으로 가동해야 하고, 교감신경이 오랫동안 대사를 긴장시키다 보니 부교감신경이 억제되어 무디어졌습니다. 그럼에도 불구하고 우리는 작은 것부터 하나씩 하나씩 몸의 소리를 듣는 연습을 해야 합니다. 몸에서 올라오는 소리를 보디(body) 스캔하면서 대화를 시도해 보십시오.

"너 어쩌다 이렇게까지 되었니?"

"주인님, 미안해요. 갈 데가 없어서 이렇게 되었어요."

사람은 자신의 내면이 참으로 허약하다는 사실을 무의식적으로 압니다. 그래서 자기의 약점을 감추고자 '방어기제'로 이를 가립니다. 대표적인 방어기제로는 흔히 일컫는 '삼척동자'가 있습니다. '있는 척, 배운 척, 잘난 척' 하는 것이지요. 자신의 약점과 부끄러움을 가리기 위해 겉모습에 치중하지만, 결국은 속을 억눌러 에너지를 고갈시킵니다. 자신의 약점을 가리는 것은 굉장한 스트레스입니다. 자신을 진실하게 직면하고 드러낼 수 있으면 절반의 치유는 이루어진 것입니다.

속에서 올라오는 몸의 소리를 들으면 어느 정도 화해가 필요하다는 것을 깨닫습니다. 몸을 억누를 때 몸을 병나게 하는 두 가지 마음의 독소가 나옵니다. 하나는 '분노'이고, 다른 하나는 '두려움'입니다. 분노는 참을성이 없고 짜증을 내며, 좌절하고 비판하며, 적개심을 보이고 질투합니다. 두려움은 긴장하고 불안해하며, 걱정하고 의심하며, 안정감을 느끼지 못하며, 자신이 가치가 없다고 느낍니다.

분노는 과거에 묶여 있고, 두려움은 미래에 묶여 있습니다. 과거는 이미 지나가 돌이킬 수 없는 것이고, 미래는 아직 오지 않은 비현실적인 것입니다. 그러나 우리가 살고 있는 자리는 바로 '지금, 여기'입니다.

몸과 마음의 대화

몸과 마음은 거의 무의식적으로 항상 의사소통합니다.

생각-감정-행동(知-情-義)으로 이어지는 우리 마음은 아동기부터 학습된 결과입니다. 태어나서 5세 때까지 2만 시간에 걸쳐 부모 목소리가 '녹음테이프'에 차곡차곡 저장됩니다. 이때 녹음된 소리는 평생 자기 개념(self-concept), 곧 자기 가치감, 자기 사랑, 자기 존중 같은 아름다운 목소리로 저장될 수 있습니다.

자기 가치감이란 타인과 동등한 존재로서 행복할 가치가 있는 존재임을 스스로 느끼는 것입니다. 또 자기 사랑이란 자신에게 동정을 느끼는 선천적 능력이고, 자기 존중은 스스로 유능하며 적절한 결단을 내릴 수 있다고 믿는 자신감입니다. 모리스 와그너 박사는 소속감, 가치감, 자신감 이 세 가지야말로 '건강한 자아'의 요소라고 했습니다.

반대로 녹음테이프에 부모의 시끄러운 잡음이 저장될 수도 있습니다. "화내거나 울지 마!" "네가 남자(여자)이길 바랐어." "나는 정말 네가 없었으면 좋겠어." 이런 부정적인 목소리는 '부정적 자기'를 만들고 소속감, 가치감, 자신감이 없는 허약한 사람으로 만듭니다. 불안한 자아는 항상 불안감 속에서 살기 때문에, 이따금 행복감이 들 때조차도 잠깐 머물다 떠나 버릴 것 같은 불안에 빠집니다. 뇌를 연구한 결과, 생각은 천분의 몇 초도 되지 않는 속도로 몸 안의 모든 세포에 전달된다고 합니다. 이처럼 주인의 생각을 가장 빨리 알아차리는 것은 바로 몸의 세포입니다. 몸의 세포가 외부 자극에 대응하는 체계를 면역반응이라 합니다.

우선, 가장 원시적인 반응이 알레르기입니다. 알레르기는 자기주장이 약하고 강하고를 가리지 않습니다. 작은 변화에도 지나치게 자기를 방어합니다. 평소에 늘 눌려 있다가도 약간의 변화가 있으면 깜짝 놀라 신체적 공황장애를 일으킵니다. 옛날에 살기 어려울 때는 모르고 지냈는데 이제 조금 편해지니까 콧물로 또는 피부 두드러기로 나타납니다.

둘째, 자가면역 질환입니다. 비유하자면 선량한 자기 백성이나 학생을 간첩인 줄 알고 마구 때리는 것과 같습니다. 유전자의 단백질 순서가 조금 다르다고 자기를 죽입니다. 신체 완벽주의, 신체 강박 장애라 할 만큼 자신을 너무 완벽하게 생각합니다. 류머티스, 루푸스, 혈관염 등이 여기에 해당합니다.

셋째, 스트레스성 자율신경이 가슴에 영향을 주는 경우입니다. 속이 답답하고 숨쉬기가 어려우며, 부정맥으로 가슴이 뜁니다. 마치 수증기나 연기에 갇힌 사람처럼 불안감에 사로잡히고, 공황장애 같은 패닉 현상이 일어납니다. 이런 성격은 심혈관계 질환이 많습니다.

병을 이기려면 하나님 아버지의 사랑으로 불안하고 공허한 마음을 채우는 것이 가장 근본적인 일입니다. 사랑받는 세포는 암을 이길 수 있습니다.

마음을 먼저 다스리라

오랫동안 환자들을 상담하면서 성격과 암의 유형이 상관있다고 확신하게 되었습니다. 항암 치료, 방사선요법, 수술, 이들 삼총사만으로는 암 치료와 재활에 성공할 수 없습니다. 암의 뿌리는 마음에서 시작된 것이기 때문입니다. 암을 다스리기 전에 마음을 먼저 다스려야 합니다. 정신의학자 칼 융은 "정신적 이미지는 신체 질환의 유형과 그 질환이 생긴 장소와 관련이 있다"고 말했습니다.

첫째, 억압하는 성격입니다. 완벽하게 자기를 억압하는 성격으로, 흔히 '출구 없는' 성격으로 부릅니다. 자기 억압에는 성공적이지만 자기 정체성은 없습니다. 즉 자기는 없고 남을 위해 살아갑니다. 암 환자와 우울증 환자가 성격이 비슷한 것도 이 때문입니다. 자기가 없으니 어느 날 바닥까지 내려간 신체 세포가 폭발하는 것은 당연합니다.

정체성을 잃으면 먹어도 먹어도 허전하고 배가 고픕니다. 암 환자들은 대체로 과식하는 경향이 있습니다. 욕구를 억제하기 때문에 공복감이 생기지만, 동시에 먹으면 먹을수록 죄의식도 작동해 속이 쓰립니다. 내면에서 억누르는 소리를 자꾸 듣다 보니 자기를 희생하는 억압적 성격으로 고착되고, 몸은 음식을 받아들이지 못해 소화불량과 설사를 자주 합니다. 이러한 성격의 소유자는 '위암'에 걸릴 확률이 높습니다.

둘째, 억압과는 반대로 무언가에 집착하는 성격입니다. 이런 사람은 설사로 내보내는 것이 아니라 일부러 변비로 붙잡아 둡니다. 정신분석에서 보면, 과민성 대장 장애의 성격은 화를 냈다가 죄책감에 빠졌다가를 반복합니다. 이와 마찬가지로 집착이 강한 성격은 내면의 갈등이 자율신경에 그대로 나타나서 변비와 설사를 반복합니다. 이러한 성격의 소유자는 '대장암'과 깊은 관련이 있습니다.

셋째, 성적 욕망에 예민하게 반응하는 경우입니다. 세계적으로 전립선암과 유방암 환자가 급속도로 늘어나는데, 이는 성호르몬과 관계가 있습니다. 이들은 자신의 성적 욕망에 민감하게 반응하며, 억압당해 눌려 있는 스트레스 속에서 살아갑니다. 억압하면 할수록 에너지가 더 많이 올라오지만 사용하지 않기 때문에 더욱 과하게 나타납니다. 자연스럽게 분출해야 하는데 억압되어 있으니 결국 고인 것이 상할 수밖에 없습니다. 전립선암과 유방암은 이러한 심리적 원인과 관계가 깊습니다.

넷째, 뇌를 너무 많이 사용하는 경우입니다. 뇌를 지나치게 많이 사용하는 사람은 용량이 초과하여 과부하가 일어납니다. 열이 나고 머리가 아프기 시작합니다. 때론 심장의 울화가 뇌로 치고 올라가 울혈이 맺혀 암의 원인이 되기도 합니다. 그리고 체형의 균형이 깨지면서 뇌 일부에 혈액을 공급하지 못해 종양이 생길 수도 있습니다.

용서와 치유

재미있는 연구 결과가 있습니다. 다른 사람에 대한 적개심이 젊은 성인의 폐 기능을 떨어뜨린다는 것입니다. 적대감이 관상동맥질환과 고혈압 발병 및 사망률을 높인다는 연구 결과는 있었으나, 폐 기능에 미치는 영향에 대한 연구는 거의 진행된 바 없습니다.

〈영국건강심리학저널〉(British Journal of Health Psychology)에 따르면, 스미스 대학 잭슨 박사팀이 1988~1996년 당시 18~30세 사이 연령인 5,115명을 대상으로 진행한 연구 결과, 적대감이 폐 기능을 떨어뜨리는 것으로 나타났습니다.

용서는 자신에게 상처 준 사람에 대한 부정적 감정을 극복하고, 나아가 상대에게 공감하고 긍정적인 느낌을 갖는 것을 말합니다. 감정을 가지고 인간이 참다운 용서에 도달하기는 매우 힘듭니다. 그러나 자기 치유를 위해서도 반드시 필요한 행위입니다. 서울교대 김광건 교수는 "성경에 사랑하고 용서하란 말이 많이 나오지만 진정한 용서는 어렵고 시간이 오래 걸린다. 그럼에도 용서는 자기 치유와 돌봄을 위해 끊임없이 지향해야 할 삶의 과정"이라고 강조했습니다. 용서의 형태는 세 가지로 나눌 수 있습니다.

첫째는 '복수적 용서'입니다. 자신이 입은 고통만큼 상대가 당하거나 자신의 고통에 대해 물질로 보상이 주어지는 경우입니다. 복수에 대해 복수로 대응하는 것입니다. 이것은 단기적 방법이며 복수의 악순환이 우려됩니다.

둘째는 '외적 용서'입니다. 가족과 주변 사람들의 권유, 혹은 종교적 명령에 따라 사회적 조화를 위해 실천하는 경우입니다. 이는 타인의 기대를 만족하고자 대응하는 것입니다. 내적 치유가 되지 않았기 때문에 재발할 수 있습니다.

셋째는 '내적 용서'입니다. 결과에 대한 기대 없이 무조건적으로 하는 치료적 대응입니다. 내면적 자아 통합으로 비교적 안정을 이룰 수 있습니다.

행복한 감성치유연구소 천준엽 소장은 "감성 통로가 상처로 오염되면 이를 통과하는 느낌은 모두 오염된다"고 말했습니다. 그는 불행한 삶의 발생 영역을 크게 다섯 가지로 구분했습니다. 영적 영역, 감성 영역, 지성 영역, 타인과의 관계 영역, 육체적 영역입니다. 분노는 '감성 영역'과 '타인과의 관계 영역'에서 시작됩니다. 그러나 여기서 그치지 않고 다른 영역으로 확장됩니다. 타인을 용서하지 못하면 결국 영적인 관계도 단절되고, 이는 육체의 질병으로 나타납니다. 결국 누군가를 용서하지 못하고 계속 분노 상태에 있으면 전인적인 파멸로 치닫게 됩니다.

사람의 질병은 과거의 잘못된 생활 습관과 마음의 상처가 밖으로 드러난 것입니다. 무거운 짐을 내려놓아야 모든 신체 조직이 서서히 정상적으로 작동합니다. 이제는 좀 쉬고, 영양을 보충하고, 건강을 회복해야 합니다. 자연의 시원한 바람이 살갗뿐만 아니라 지치고 상한 마음을 달래 주는 하나님의 숨결이 되었으면 합니다.

가르침을 위한 도구로서의 암

암은 우리 삶에 찾아오는 중대한 위기임이 분명합니다. 그러나 위기는 곧 기회가 될 수 있습니다. 위기 속에 담긴 의미도 그렇습니다. 하나는 위험(危)이며, 위험 다음은 기회(機)입니다. 지혜로운 사람은 이 위기를 기회로 전환시킵니다. 암은 사람에게 깨달음을 주기 위해서 몸으로 깃듭니다. 지금까지의 생활을 반성하고, 건강하고 아름다운 삶을 살게 하려는 가르침입니다. 많은 암 환자가 "암은 나에게 일어난 일 중 가장 귀중한 체험이었다"고 말합니다. 새로워진 목적의식과 감사와, 인생에서 진정으로 기억할 만한 것들에 대한 긍정적인 전망을 가지고 오늘부터 다시 시작하십시오.

하지만 누구에게나 끝이 있습니다. 피한다고 피할 수 있는 것이 절대 아닙니다. 따라서 '어떻게 맞이하느냐?'가 더 중요한 문제입니다. 많은 사람이 끝을 긍정적으로 맞이하는 데는 대단한 용기가 필요하다고 생각합니다. 하지만 이는 '용기'의 문제가 아니라 '인식'의 문제입니다. 하나님을 믿는 자는 저 끝 너머에 있는 세상을 바라봅니다. 또 다른 생에 대한 소망을 가지고 삽니다. 이 세상의 끝을 끝이 아니라 새로운 세상을 맞이할 출입구로 생각합니다. 즉 죽음은 소망의 문이라고 인식합니다. 그래서 끝까지 인생을 포기하지 않고 최선을 다합니다. 믿음의 선진들이 늘 마음에 품고 살았던 말씀을 소개합니다. 모두에게 위로가 되기 바랍니다.

"그들이 이제는 더 나은 본향을 사모하니 곧 하늘에 있는 것이라. 이러므로 하나님이 그들의 하나님이라 일컬음 받으심을 부끄러워하지 아니하시고 그들을 위하여 한 성을 예비하셨느니라(히 11:16)."

2. 나를 살리는
숲으로 가자

겨울이면 천봉산에는 하얗게 눈꽃이 피어납니다. 마치 광야에서 이스라엘 백성에게 매일 아침 만나를 내려 주셨을 때의 모습이 흡사 이러했을까 싶습니다. 차가운 새벽 공기를 마시며 예배당으로 걸어갈 때면 그 상큼함에 행복감이 밀려오곤 합니다.

하지만 지난겨울에는 눈이 너무 많이 내려 요양원이 한동안 고립되고 말았습니다. 밤부터 전기가 끊겨 모든 난방이 멈춰 버렸는데도 차량이 진입하지 못해 어려움을 겪었습니다. 급기야 한전 직원들이 차량을 산 입구에 두고서 장비 가방을 메고 산 위까지 걸어서 올라왔습니다. 얼마나 고맙던지, 속으로 '대한민국 만세!' 하고 외쳤습니다.

그 뒤로도 빙판길이 녹지 않아 불편했지만, 환우들은 매일 두 차례 산책길을 걸었습니다. 산책길 중간에 나무 십자가가 세워진 '아버지 동산'에서 매일 두 번씩 기도하기로 하나님과 약속한 것을 지키기 위해서

였습니다. 눈길을 헤치며 산책에 나서는 환우들의 뒷모습에서 전쟁터에
나가는 군인과 같은 엄숙함을 느꼈습니다. 아버지, 하나님이시여! 자녀
들의 간절한 염원을 들으시옵소서! 추운 겨울, 우리를 광야의 식탁으로
초대하신 하나님의 섭리가 무엇일까, 묵상하는 시간이었습니다.

나를 살리는 숲

1년 넘게 진행된 건축 일과 분주한 사역으로 심신이 지쳐서 저녁이면
파김치가 됩니다. 하지만 아침이면 다시 하루를 시작할 수 있는 기력이
회복됩니다. 내가 건강을 유지하는 이유 가운데 하나는 바로 숲에 살
고 있기 때문입니다. 최근 《나를 살리는 숲, 숲으로 가자》(윤동혁 지음, 거
름)라는 책을 흥미롭게 읽었습니다.

나무에서 뿜어져 나오는 쌉싸래한 향기, 거칠고 투박하지만 기분 좋
게 느껴지는 나무껍질의 촉감, 쫄랑쫄랑 흐르는 시냇물 소리, 이런 것들
을 접할 때 우리는 편안해집니다. 그것은 유전적으로 갖추어진 능력이
며, 우리 직관이 부여하는 능력으로만 인식할 수 있습니다. 일본의 생리
인류학자 사토 마사히코 씨는 이렇게 말합니다.

"인간 역사에서 도시가 출현한 것은 극히 최근 일이다. 아주 먼 옛날
야생의 숲이나 초원에서 살아온 뇌를 가지고 우리는 지금 도시 생활을
영위하고 있다. 인간의 뇌, 신경계, 근육, 폐, 소화기, 간장, 감각계 등 모
든 생리 기능은 자연환경의 지배를 받으며 진화했고 자연 친화적으로
만들어졌다."

지금껏 모든 인류는 99.99퍼센트 이상의 시간을 자연 속에서 살았습

니다. 그런데 지금 우리는 콘크리트에 파묻혀 살고 있습니다. 나무를 기어오르는 대신 엘리베이터를 탑니다. 사냥하기 위해 먼 길도 마다하지 않고 걸어가는 대신 쇼핑을 위해 가까운 거리도 자동차를 몰고 갑니다. 창조주는 우리 뇌를 자연환경에 적응하도록 설계했는데 우리는 도시라는 인공 환경에서 살고 있습니다. 이러니 언제나 긴장을 강요당하고 교감신경 활동이 고조되게 마련입니다. 1984년 미국의 임상심리학자 그레이브 브로우드는 이런 상태를 '테크노 스트레스'라고 명명했습니다.

바이오필리아 가설

에드워드 윌슨은 《바이오필리아》(사이언스북스)라는 그의 책에, 인간은 생명과 다양성이 풍부한 자연환경을 '운명적'으로 사랑하게끔 태어났다고 썼습니다. 인간 유전자 속에는 수백만 년 전부터 비롯된 인류의 기원과 역사가 아로새겨져 있기 때문이라는 것입니다. 그래서 본래 우리 조상의 생활 방식에 가까이 다가갈수록 쾌적하고 행복한 느낌이 든다고 합니다. 예를 들면 콘크리트 벽을 바라보며 러닝머신 위에서 30분 달리는 것과, 같은 시간 동안 숲길을 달리는 것은 그 운동량이 똑같을지라도 신체 각 기관이 받아들이는 정서적인 즐거움과 호르몬의 반응은 결코 동일하지 않다는 것입니다. 이러한 주장을 '윌슨의 바이오필리아 가설'이라고 하는데, 자연생태계나 문화인류학을 전공하는 사람들이 매우 비중 있게 받아들이는 이론입니다.

충북대학교 수의학과 정의배 교수는 우리가 숲 속에서 '기분의 전환'을 느끼는 것은 나무가 뿜어 내는 휘발성 방향 물질 테르펜의 결과라고 이야기합니다. 실험을 통해 이를 알아보았습니다. 실험용 쥐들을 특수한 상자에 담습니다. 가엾게도 쥐들의 발밑에는 전기가 잘 통하는 구리선이 깔렸습니다. 전기 충격을 주고서 스트레스 반응을 검사하는 실험입니다. 전기충격을 받은 쥐는 엄청난 고통 때문에 스트레스 호르몬인 코르티솔의 농도가 급상승합니다. 반면, 거즈에 편백 정유를 살짝 뿌려서 통 속에 넣어 주면 똑같은 고통을 겪었어도, 쥐들의 혈액 속에서 코르티솔 농도가 현저하게 감소합니다. 위의 경우에 비해 코르티솔 농도가 절반에 미쳤습니다.

쓰쿠바에 있는 일본 삼림총합연구소 주관으로 시행한 스트레스에 관한 실험 결과를 하나 더 소개합니다. 숲 속에서 명상에 잠길 때와 도시 호텔에서 하루 일과를 생각하는 사람의 코르티솔 농도를 비교했더니, 놀랍게도 두 배 가량 차이가 났습니다.

사람이 스트레스를 받으면 지방이 혈액으로 대량 유출되어서 콜레스테롤 수치가 높아집니다. 그러면 스트레스 호르몬인 코르티솔의 농도가 짙게 나타납니다. 이와 반대로 숲 속에서는 혈당, 콜레스테롤, 코르티솔 등등 사람에게 나쁜 요소들의 수치가 유의할 만하게 떨어집니다. 바로 이것이 숲이 주는 신비입니다.

독일의 숲 치료

나무와 숲의 신기한 힘을 가장 일찍 국민 건강에 활용하기 시작한 나라가 독일입니다. 온천과 숲을 한데 묶어서 개발한 자연치유를 국가가 권장하는 차원이었습니다. 그중에서 뵈리스호펜은, 1800년대 중반 세바스티안 크나이프라는 신부님이 독일 최고의 건강 휴양지로 바꿔 놓았습니다. 기운이 솟구치는 상쾌한 물 치료, 자연에서 뽑아 낸 의약품, 균형 잡힌 영양식, 내면의 평온한 질서, 육체를 원기 왕성하게 움직이는 것 등은 크나이프 신부의 건강 철칙이었고, 그것들은 주로 숲에서 시행되었습니다.

이곳에서 진행된 수많은 건강 프로그램 중 하나가 '노르딕 워킹'인데, 스키 탈 때 사용하는 폴대 두 개를 양손에 쥐고 숲길을 걷는 것입니다. 참가자들은 유럽 전역에서 모여든 다국적 휴양객들입니다. 놀랍게도 이 신종 산림욕은 독일에서 당당히 의료 행위의 일종으로 인정받는다고 합니다. 심지어 워킹에 참가한 사람이 원한다면 의료보험 회사 서류를 가져오라고 합니다. 지도 강사가 노르딕 워킹 프로그램에 참여했다고 확인해 주면 의료보험료를 할인받을 수 있기 때문입니다. 쉽게 말하자면, 무사고 운전자일수록 매년 자동차 보험료가 내려가는 것과 마찬가지입니다.

그렇다면 산림욕을 포함한 자연요법이 독일 정부로부터 어떤 혜택을 받고 있을까요? 대학 병원이든 시골의 동네 병원이든 의사가 진단서에 '이 사람은 숲 속에서 자연요법으로 치료받는 것이 좋겠다.'라고 써 주기만 하면, 치료받아야 할 당사자는 물론이고 보살핌이 필요한 경우 그 동반자까지 모든 게 무료입니다. 환자는 호텔 유형과 참가할 프로그램을 선택하기만 하면 됩니다. 사무실과 일정을 협의하면 모든 것을 의료보험에서 계산해 줍니다.

뵈리스호펜의 기공수련에도 의료보험 혜택이 적용된다니, 정말 신기

할 따름입니다. 요가나 태극권 같은 동양 전래의 건강법이, 본고장에서는 대체의학의 한 분야로 최소한의 대접만 받고 있는데 이 코 큰 양반들에게는 현대의학과 똑같은 융숭한 대우를 받고 있습니다. 국민의료보험료까지 지급해 주면서 말입니다.

뵈리스호펜의 또 다른 숲 속에 자리 잡은 세바스티아노임 요양병원은 병원이라기보다 호텔에 가깝습니다. 이 요양병원의 원장 에버하르트 폴거 박사는 심장병 전문의이면서 동시에 유럽 대체의학 협의회 회장입니다. 그는 현대의학이 첨단 기술만으로는 문제를 해결할 수 없다고 단언하면서 의사의 역할은 환자 스스로 질병과 싸워 이길 수 있는 면역력을 키우도록 돕는 것이라고 말합니다. "자연요법은 건강을 증진시키고 병을 예방함으로써 인간을 행복하게 해 주는 것입니다. 그 이론을 현대의학에 적용시키는데, 의사가 하는 일 절반은 숲에 맡기는 것입니다."

이제 더 이상 자연요법을 현대의학과 대립하는 개념으로 보는 오류를 범하면 안 됩니다. 오히려 서로 돕는 형제처럼 친밀한 관계로 지내야 합니다. 숲이, 자연이 이를 증명하고 있기 때문입니다.

사진으로 본 세바스티아노임 요양병원의 환자들은 모두 관광지에서나 볼 수 있는 평화로운 얼굴입니다. 이 모습을 보며 우리나라에서 제일 크고 유명한 병원의 풍경을 떠올리지 않을 수 없었습니다. 그곳은 실내공기 나쁜 것으로 따지자면 서울에서 열 손가락 안에 들 것이 틀림없고, 의사들 표정도 어지간히 살벌해서 말도 제대로 못 붙일 형편이다 보니 환자들은 '죽을상'을 하고 있을 수밖에 없습니다.

솔잎 엑기스가 암을 미라로 만든다

최근 우리나라의 곡물이나 약초가 약성이 뛰어난 독특한 이유를 들었습니다. 소나무가 산천을 뒤덮고 있기 때문이랍니다. 소나무가 직접 품어 내는 향은 말할 것도 없고, 머금고 있다가 조금씩 흘려보내는 물을 이용하여 농작물이나 약초가 재배되기 때문입니다. 소나무는 고래로부터 신령한 나무로 여겼으며 '송수천년'(松壽千年)이라 불리는 장수의 상징이기도 했습니다. 예로부터 중국에서는 "신선은 늘 솔잎을 먹었다"는 이야기가 전해져 옵니다. 수도자도 솔잎을 씹으며 험한 봉우리를 넘었습니다. 중국의 한방서《본초강목》에도 "머리카락을 나게 하고, 오장을 편하게 하며, 위를 보호하여 장수하게 한다고 명기되어 있습니다. 일반적인 약효로는 치매, 불면증, 고혈압, 동맥경화, 뇌졸중 예방, 가래, 천식, 신경통 등에 효과를 발휘한다고 보고되고 있습니다. 이런 효과의 의학적 근거는 다음과 같습니다.

클로로필(Chlorophyll)은 혈액을 정화시키고 혈관을 젊게 만든다. **테르펜**(Terpene) 정유는 혈액순환을 원활하게 만든다. **비타민 A, C** 등 다양한 유효 성분은 스테미너 원이 된다. **비타민K**는 혈액응고를 막고, 노화를 방지한다. 색소 성분 **퀘세틴**(Quercetin, **플라보노이드의 일종**)은 혈관 벽을 유연하게 만든다. **항산화 작용**과 활성산소를 제거하는 **SOD 작용**으로 질병 예방, 노화 방지 등의 효과가 있다.

아이치현의 승려 오노 가즈히데 씨는 앞으로 3, 4개월밖에 못 산다고 의사에게 '죽음의 선고'를 받았습니다. 그는 오른쪽 폐 아래쪽에 귤보다 조금 큰 종양이 발견되었고, 상단에도 10원짜리 동전 크기의 암이 흩어져 있었습니다. 오노 씨의 수기를 보면 다음과 같은 글이 있습니다.

"암 중에서 가장 무서운 선암으로 말기 중에서도 말기였다. 종양이 위치한 장소도 나쁘고, 크기도 커서 절제도 할 수 없고, 방사선도 불가능했다. 남은 치료는 항암제 투여뿐이지만, 항암제의 효과가 나타나는 것은 열 명 가운데 한두 명이고, 효과가 있다 해도 생명을 20~30퍼센트 연장할 뿐이었다. 지금 나는 2개월 만에 퇴원해서 입원 전보다 더 건강하고 활동적으로 사찰 업무와 강연, 집필 활동을 지속하고 있다. 왜 이런 효과가 나타날까? 많은 사람이 추천하는 아가리쿠스버섯, 차가버섯, 말굽버섯, 천대오약, 만전효소, 노니쥬스, 바지락 엑기스, 솔잎 엑기스 등을 배가 가득 찰 정도로 마셔 본 결과 나는 솔잎 엑기스의 효능을 가장 신뢰하게 되었다. 솔잎 엑기스가 암을 미라로 만들어 준다. 그렇지 않으면 내가 이렇게 건강하게 살아 있을 리가 없다"

삼천리 금수강산에 소나무를 심어 주신 하나님께 무한 감사드립니다. 복내의 암 환자들이 왜 이렇게 건강을 빨리 회복하는지! 환우들 간에 깊은 사랑을 나누며, 센터를 둘러싼 소나무 숲에서 깊은 호흡을 하는 것만으로도 암세포가 싫어할 만합니다.

요즘에는 웃음치료 효과를 높이기 위해 솔잎 나뭇가지를 입에 물고 산책하니 산속 여기저기서 웃음꽃이 피어납니다. 깨끗한 물, 정성껏 준비한 자연 건강식, 성령 충만한 예배, 규칙적인 운동, 봉사 생활이 어우러져 '생명의 기적'을 낳고 있습니다.

숲으로 돌아가자

'숲'은 지구 위에 사는 모든 사람을 위해 하나님이 심어 주신 나무입니다. 이 나무의 뿌리는 어머니 땅 속으로 깊이 뻗어 내려가고, 가지들은 기도하는 손처럼 아버지 하늘로 올라갑니다. 이 나무의 열매들은 사랑, 자비, 관용, 인내, 지혜, 용기, 존중, 겸손으로 가는 길을 일러주는 가르침들입니다. 인간은 그 나무 아래에서 힘과 지혜를 얻고 치료받고 보호받습니다.

현대인들은 신도시의 새 아파트를 분양받기 위해, 아이들을 좋은 대학교에 보내기 위해, 또 최신 영화와 뮤지컬을 구경하기 위해 이 '숲'을 등지고 살아왔습니다. 이제 우리는 육체의 건강 뿐 아니라 겸손과 사랑과 자비가 넘치는 영혼의 부름에 응답하기 위해 '신성한 나무'를 다시 찾아야 합니다. 그 그늘 아래에서 창조주의 에너지가 몸속을 뚫고 지나가는 찬란하고 신비한 체험을 하시기 바랍니다.

3. 누우면 죽고
   걸으면 산다

날이 따뜻해지면 천봉산에는 생명의 어울림을 위한 향연이 벌어집니다. 뜨락에 있는 자목련은 고귀한 자태를 한껏 뽐내고, 하얗게 피었던 벚꽃은 봄바람을 타고 자유로운 비상(飛翔)을 즐깁니다. 익숙한 것과의 결별은 못내 아쉽지만 이내 새로운 세상을 경험합니다. 연초록 어린 나뭇잎들이 대자연으로 나오라고 손짓을 합니다. 하얀 눈꽃을 맞으며 산책하는 일은 평생 잊을 수 없는 추억입니다.

환우들도 봄기운을 힘입어 하루에도 몇 시간씩 산책과 운동을 즐깁니다. 병원에서 링거를 맞으면서 무기력하게 죽음을 기다리던 이들이 움직입니다. 살아 있다는 것은 곧 움직인다는 것입니다. 몸을 움직이지 않고 사용하지 않으면 쇠약해지고 죽어 가는 것이 자연의 이치입니다. 우리 몸은 적당한 운동을 해야 제 기능을 다하며 건강을 유지할 수 있습니다.

어린 아기는 태어나자마자 잠자는 시간 말고는 계속해서 움직입니다. 이렇게 움직여야 건강하게 자랍니다. 아이가 걷기 시작하면 더욱 운동을 많이 합니다. 건강한 어린이는 내버려 둬도 자기에게 필요한 만큼 적당하게 운동을 합니다. 청소년 초기에 이르면 굳이 운동을 시키지 않아도 스스로 알아서 운동을 합니다. 그러나 대학 시절이 지나면 운동양이 현저하게 줄어들어 전문직이나 사무직에 종사하는 사람들은 거의 운동을 하지 않습니다. 그 결과 근육은 늘어지고 지방이 쌓입니다. 여기서부터 악순환이 시작됩니다. 지방이 축적된 근육은 약해지고 체중은 늘어 움직이기가 더욱 싫고 자꾸 피곤해집니다. 움직이지 않으면 지방은 더욱 많아져 결국 활력을 잃고 병에 대한 저항력마저 약해집니다.

사람의 몸은 호흡하지 않으면 고통스럽고, 음식을 먹지 않으면 배가 고프고, 잠을 자지 않으면 머리가 아파서 견딜 수 없지만 운동 부족에 대해서는 쉽게 이상을 느끼지 못합니다. 그러나 몇 년 지나면 병으로 나타나기 시작합니다. 어깨가 결리고 잠을 잘 이루지 못하며 피곤이 잔뜩 쌓인 느낌이 들고, 정신적인 긴장 등의 자각 증상이 나타납니다.

운동하면 장수합니다

운동의 효과는 대단히 많습니다. 심장을 보다 능률적으로 만들어 줍니다. 심장근육이 강화되고 심장 출력이 증가됩니다. 혈액순환을 보다 원활하게 합니다. 혈액의 흐름은 생명의 강입니다. 피는 산소, 영양분, 기타 신체에 필요한 요소들을 운반합니다. 신진대사를 통해 생긴 노폐물들을 모아서 그것을 처리하는 콩팥, 허파, 피부로 운반합니다. 운동은 혈액의 산소 운반 능력을 증가시켜 신체 각부에 많은 양의 산소를 공급합니다. 그리고 혈압을 정상화시킵니다. 만약 고혈압이면 혈압을 낮춰 주고, 저혈압이면 정상적인 혈압으로 회복시킵니다. 휴식 중의 맥박 수를 낮춰 줍니다.

운동은 반사작용과 화학작용을 통해 복식호흡을 유도합니다. 폐가 확장되면 보다 능률적이 되기 때문에 더 많은 산소가 혈관에 들어가고, 더 많은 이산화탄소가 제거되는 것입니다. 긴장된 근육을 풀어 주고 억압된 감정들을 해방시켜 줍니다. 분노와 좌절을 감소시켜서 기분을 좋게 만듭니다.

운동은 두뇌와 신경세포를 전기력으로 충전시킵니다. 운동은 중추신경과 자율신경 사이의 균형을 잘 맞추게 합니다. 또한 정신력을 예민하게 하고 사고하는 힘을 길러 줍니다. 내분비기관에 생리학적인 균형을 가져다줍니다. 뇌하수체, 췌장, 부신, 생식선 등이 더욱 효율적으로 됩니다. 자연스럽게 소화가 잘 되며, 가스나 변비를 줄이고 장의 활동을 증대시킵니다. 뿐만 아니라 근육, 뼈, 인대를 강하게 합니다. 운동은 뼈의 무기물 손실을 막아 골다공증을 막아 줍니다.

칼로리를 태움으로써 수면 중일지라도 신진대사율을 조절하여 과도한 비만을 막아 줍니다. 체중을 줄이려면 우선 식사 양을 줄여야 합니다. 그리고 운동을 곁들이면 훨씬 쉽습니다. 근육도 탄력 있어지며 몸의 움직임이 가벼워지므로 살이 찌지 않습니다.

어떤 운동을 해야 할까요

일반적으로 10~20대는 스피드에, 30~40대는 힘, 50대 이후는 지구력에 중점을 두는 운동이 좋으며, 여성은 리듬과 율동이 있는 운동이 좋습니다. 일반적으로 권장되는 것이 에어로빅 운동입니다. 에어로빅은 공기라는 뜻으로, 호흡을 많이 해서 산소 흡입을 증가시키는 유산소운동입니다. 에어로빅 운동에는 조깅, 줄넘기, 사이클, 크로스컨트리, 스키, 보트 타기 등이 있으며 축구, 배구, 테니스 등도 이에 포함됩니다.

에어로빅 운동 중에 가장 쉬우면서 안전한 운동은 바로 '걷기'입니다. 남녀노소 누구나 연령에 구애받지 않고, 시간과 장소에도 제한이 없습니다. 전신 운동이 되며 무리할 걱정도 없습니다. 운동량이 부족하다고 생각될 때는 거리를 늘리거나 걷는 속도를 빨리 할 수 있으며, 배낭 같이 무게 있는 것을 등에 지고 걸을 수도 있습니다. 따라서 이 걷기 운동은 체중이 과한 사람이나 노인, 또는 수술 후 회복기에 있는 사람에게 적합하며, 심장 재활 프로그램으로도 이용할 수 있습니다.

걷기를 할 경우 대강 1분에 70미터 정도, 1.5킬로미터를 20분 정도에 걷는 것으로 시작하면 좋습니다. 이때 숨이 차면 조금 걸음을 늦추며 1~2주에 걸쳐 1분에 70미터 속도를 올립니다. 약 1~2개월에 걸쳐 2킬로미터를 20분에 걷도록 합니다. 이 정도가 가능해지면 하루에 40분 내지 1시간을 걸으십시오. 하루에 1만 보를 걷는 것으로 충분한 운동이 된다고 합니다. 보통 사람들은 의외로 조금밖에 걷지 않습니다. 통계에 의하면 하루에 200보도 걷지 않는 직업에 종사하는 사람도 있습니다.

암과 운동

암 재활 휴양 프로그램에 참여하신 부산 지역 목회자 사모님의 이야기입니다. 수년 전에 유방암 진단 후 수술 및 항암 치료를 성공적으로 잘 받았습니다. 재발 방지를 위해 운동과 식이요법을 시도했으나 왠지 사모로서 거룩하지 못하고 믿음이 없는 행동이라고 생각되어 그만두었다고 합니다. '하나님은 나를 사랑하시니 암을 재발시키지 않으실 것'이라는 암시만 매번 반복할 뿐이었습니다. 그러나 최근 재발되어 그 무서운 항암 치료를 다시 시작했답니다. 주변 권유로 복내 프로그램에 참여했는데, 다른 암 환자들이 운동을 통해 활기를 유지하는 것을 보시고 무지했던 자신에 대해 많이 반성했다고 간증하셨습니다.

암 환자도 적절한 그룹 운동과 유산소운동 그리고 근력 운동을 통해 활동적인 생활을 할 수 있습니다. 심폐지구력과 근력을 향상시켜 피로도의 감소를 느낄 수 있습니다. 더욱이 운동을 통해 생리적인 건강뿐 아니라 심리·사회적인 부분까지도 개선되는 효과를 얻을 수 있습니다. 올해 영국 런던 대학교에서 '암 환자의 발병과 사망률이 신체 활동에 끼치는 영향'을 연구한 결과를 보면 주 3회 이상 규칙적으로 운동한 환자는, 하지 않은 환자에 비해 사망 위험이 52퍼센트 감소하였습니다.

미국스포츠의학회(ACSM)가 발간하는 학술저널 〈스포츠 운동 의학 및 과학〉(Medicine&Science in Sports&Exercise) 2003년 11월자에 발표된 연구에 따르면 활발하게 운동하는 그룹은 남녀 모두 대장암과 여성 유방암 발생률이 더 낮다고 합니다. 대장암의 경우는 30~40퍼센트 정도 상대적 위험도가 낮아지는데, 이 연구의 운동 기준은 심혈관질환 연구 기준보다는 조금 높아서 하루 30~60분 정도의 활발한 운동을 전제로 합니다. 여성 유방암의 경우, 같은 정도로 운동하는 그룹은 위험도가 20~40퍼센트 정도 감소한 것으로 알려져 있습니다.

일본의 국립암연구소는 운동이나 직장 생활을 통해 규칙적으로 활동하는 성인들은 여러 가지 암에 걸릴 가능성이 적다고 밝혔습니다. 10년 동안 약 8만 명의 일본인을 대상으로 추적 연구를 한 결과 규칙적으로 활동하는 남녀는 암에 걸릴 위험성이 낮은 것으로 드러난 것입니다. 구체적인 암 유형을 따지자면 운동은 대장암, 간암, 췌장암, 위암에 걸릴 위험성을 낮추는 것으로 밝혀졌습니다.

또한 일본의 국립암연구소 연구진은 45~74세의 남녀 약 8만 명의 암 발생률을 추적, 연구했습니다. 1995~1999년에 이들의 신체 활동 수준과 섭취하는 음식, 기타 생활 습관을 조사했고, 그 후 2004년까지 이들을 추적 연구했는데 그 기간 동안에 4,300명이 암에 걸렸다고 합니다.

전반적으로 신체 활동의 양이 많아질수록 암 발생 위험이 조금씩 감소하는 것으로 드러났습니다. 또 평균적으로 신체 활동이 가장 활발한 남성이 신체 활동이 가장 적은 남성보다 암에 걸릴 가능성이 13퍼센트 낮은 것으로 밝혀졌고, 여성인 경우에 그 비율이 16퍼센트로 밝혀졌습니다. 신체 활동량과 암 발생의 상관관계는 나이, 체중, 흡연 습관, 일일 칼로리 섭취량 같은 여러 가지 다른 요인들을 감안해도 유효했습니다.

이번 연구에서는 여가를 활용한 운동뿐만 아니라 걷는 시간이나 몸을 움직여 일을 하거나 집안일을 하는 데 소비한 시간까지도 신체 활동량에 포함시켰습니다. 매일 어떤 형태로든 몸을 많이 움직일수록 암이 생길 가능성이 낮아진다는 것이 밝혀진 것입니다. 암을 예방하려면 매일 규칙적인 운동을 하는 것이 좋습니다. 암 환자들에게도 매일 규칙적인 운동이 암을 치료하는 데 도움이 됩니다. 운동을 하면 면역체계 활동이 촉진되며 성호르몬이나 인슐린 등 특정 성장 호르몬의 수치가 변해서 암의 가능성을 줄여 줍니다.

미국 암협회에서 암 환자는 흔히 신체적 문제가 발생하는데 다시 말해 심폐지구력, 근력, 근지구력이 감소하고 피로를 쉽게 느끼며 자신의 신체를 조절하는 기능이 저하되어 총체적인 삶의 질이 떨어진다고 말했습니다. 그러므로 암 환자는 규칙적인 운동으로 암 치료 시 발생하는 신체 활동 저하와 이어지는 체력 저하의 악순환에서 벗어나야 한다고 강조했습니다.

미국 암협회가 제시하는 암 환자의 규칙적인 운동 효과

1. 신체 능력을 유지하거나 향상시킨다.

2. 평형성이 향상되어 낙상으로 발생하는 골절의 위험이 감소한다.

3. 비 활동성으로 인한 근육량 감소가 방지된다.

4. 심장 질환 위험이 감소한다.

5. 골다공증 위험이 감소한다.

6. 하지 혈류가 개선되고 혈전 위험이 감소한다.

7. 일상생활에서 신체 활동 의존성이 감소한다.

8. 자아 존중감이 향상된다.

9. 불안과 우울증이 감소한다.

10. 구역감(구토)이 감소한다.

11. 사회성이 향상된다.

12. 피로 증상이 덜해진다.

13. 체중 조절 능력이 향상된다.

14. 삶의 질이 향상된다.

미국 암협회가 제시하는 암 환자의 안전 운동 주의 사항

1. 백혈구 수치가 낮거나 면역력을 약화시키는 약을 복용한다면, 안전한 수준에 도달할 때까지 대중적인 장소를 피해서 운동한다.

2. 빈혈이 있다면, 운동을 삼가고 혈구(백혈구, 적혈구) 검사를 해서 운동에 적절한 시간을 전문가에게 물어야 한다.

3. 소듐(나트륨)과 포타슘(칼륨) 같은 혈액 무기질 수준이 비정상이라면,

운동하지 말아야 한다. 이런 경우 운동을 하면 구역감이나 구토가 있을 수 있으니 혈액 검사 결과를 통해 의사에게 운동 재가를 받고 운동에 참여한다.

4. 피곤하거나 운동할 기분이 나지 않으면, 스트레칭을 10여 분간 매일 한다.

5. 화학요법으로 치료받는 경우, 평형성에 불편감이 있을 수 있다. 바닥이 울퉁불퉁한 곳이나 낙상 위험이 있는 곳에서는 발로 체중을 지지하는 운동은 피한다.

6. 만약 골다공증이 있거나 뼈와 관절에 암이 퍼졌거나 신경 손상, 시각에 문제가 있거나 낮은 평형성과 신체적 허약함이 있는 경우, 골절의 위험이 크기 때문에 뼈에 많은 스트레스가 가해지는 운동이나 높은 중량은 피한다.

7. 만약 발에 감각이 없거나 이상이 있을 때, 균형을 유지하기 어려울 때에는 낙상 위험이 크기 때문에 트레드밀(러닝머신)보다 고정식 자전거 같은 운동이 더 적당할 수 있다.

8. 발목이 붓거나 이유 없이 체중이 증가하거나 조금만 움직여도 호흡이 가빠 온다면, 이런 증상들을 의사에게 알려야 한다.

9. 혈액희석제를 복용하는 경우, 낙상 위험이 큰 활동은 피한다. 만약 부종, 통증, 어지럼증, 번져 보이는 것 등의 증상이 생기면, 의사에게 진료를 받는다.

10. 수영장 같은 곳에서 피부에 염소가 노출되지 않도록 주의하고 피부에 자극이 되는 것을 피한다.

11. 지속적인 통증, 구역감을 비롯한 여러 증상이 있을 때는 운동을 하지 말고 의사에게 의뢰해야 한다.

12. 특별한 의사의 지침 없이는 중간 강도 수준 이상의 운동을 하지 않는다(빠르게 걷기를 초과하지 않는 정도).

13. 만약 현재 삽관되어 있는 상태라면 수중 운동과 감염에 노출될 수 있는 운동을 피하고, 삽관되어 있는 부위 근육을 사용하는 저항 운동(근력 운동)은 피해야 한다.

가장 좋은 운동은 정원 손질이나 밭일, 목공 등 몸 전체를 사용하여 일하는 것입니다. 사람이 동물에 속하는 것은 원래 움직이도록 만들어졌기 때문입니다. 그러나 문명이 발달하면서 자동차로 걷는 것을 대신하며 움직이지 않고도 살 수 있게 되었습니다. 이것을 '편리하다'고 말합니다. 그러나 그 뒤 스트레스가 쌓이고 근육이 단련되지 않고 늘어져서, 허리나 어깨가 아프고 결리며 온몸에 병이 생겼습니다.

현대인들은 좋은 음식을 먹고, 푹신한 침대에서 자고, 몸이 아니라 인터넷으로 쇼핑을 즐기는 것을 성공한 삶이라고 착각하며 살고 있습니다. 돈을 버는 것도 중요하지만 잘 써야 하는 것처럼 몸도 먹는 것도 중요하지만 많이 움직이는 게 중요합니다. 정체된 에너지를 잘 순환해야 건강해집니다. 휴일에는 힘껏 일하고 땀을 흘릴 수 있는 일을 하시기 바랍니다. 취미로든 실제로 이익이 되는 일이든 몸을 마음껏 움직여 보십시오. 바라기는 전국 곳곳에서 암 환자들의 걷기 동호회가 결성되어 운동의 생활화가 이루어지면 좋겠습니다.

식물을 가까이하는 원예치료도 암 환자에게 참 좋습니다. 우선 식물을 키우며 '사랑하며 기르는 마음'을 배울 수 있습니다. 그리고 정원 활동을 통해 운동 효과를 얻을 수 있습니다. 잡초 제거 한 시간은 적당한 속도로 자전거를 타는 것과 동일한 300칼로리를 소비합니다. 수동 잔디 깎기로 한 시간 일하면 테니스를 한 시간 치는 것과 같은 500칼로리를 소비합니다. 정원 가꾸기 45분으로 에어로빅 30분의 효과를 볼 수 있습니다.

우리 센터는 아침에 일어나면 교육장에 모여 몸 깨우기를 합니다. 경쾌한 음악에 맞춰 발목펌프 운동과 경락, 경혈치기를 하면 어느새 몸이 가벼워집니다. 아침식사를 마치고 40여만 평의 산책로를 걸으며 산책 시간을 갖습니다. 산책 중간에 가쁜 숨을 고르며 모두 모여 몸을 깨우는 체조를 합니다. 힘든 정상에 함께 오른 환우들이 서로 포옹하면서 격려합니다. 둘씩 짝지어 마음의 이야기를 주고받으며 내려옵니다. 오후에 체력에 따라 다시 한 번 산책을 합니다. 늦은 오후에는 함께 모여 복내 전인건강 체조를 합니다. 이 체조는 명상과 호흡 그리고 이완 작용을 통해 면역력을 활성화시키는 원리로 구성돼 있습니다. 매일 규칙적으로 서로 격려하며 운동하면서 암 재활에 힘쓰고 있습니다.

4. 나를
   물로 보지 말라

시원스레 비라도 내리면 천봉산은 그 색깔이 더욱 짙어집니다. 생명

에너지가 더욱 충만해집니다. 모처럼 연못 옆에 놓인 벤치에 누워 하늘을 바라보았습니다. 파란 하늘을 배경으로 솜사탕 같은 흰 구름이 신속히 이동합니다. 연못으로 흘러 들어오는 대나무 대롱을 유심히 바라보았습니다. 물이 7미터 되는 긴 대롱을 따라 흐르다가 중간에 떨어지기도 하고, 맨 나중까지 흐르기도 합니다. 어찌 됐든 연못에 잠시 머물렀다가 다시 앞서거니 뒤서거니 시냇가로 빠져나갑니다. 주암호를 통해 바다로 흘러가 햇빛에 증발된 물은 구름이 되어 다시 내가 누운 하늘 위에 떠오를 것입니다. 물은 모든 생명체를 둘러싼 하나님의 숨결입니다.

물과 건강

사람의 몸은 70퍼센트 이상이 물로 구성되어 있습니다. 근육의 70퍼센트, 두뇌의 75퍼센트, 피의 92퍼센트가 물입니다. 장기별로 보면 신장과 폐는 83퍼센트, 심장은 79퍼센트, 비장은 76퍼센트, 뇌는 75퍼센트를 차지합니다. 심지어 딱딱한 뼈도 그 속에 25~50퍼센트의 물을 지니고 있습니다. 체내의 물 1~2퍼센트만 잃어도 우리 몸은 심한 갈증과 괴로움을 느낍니다. 5퍼센트 정도 잃으면 반 혼수상태에 빠지며 12퍼센트를 잃으면 죽고 맙니다. 체내에 물이 모자라면 정신이 혼미해지고 조급해지며 하던 일에 싫증이 나고 싸움의 기질이 발동하는 등 행동에 변화가 일어납니다.

숨 쉬는 공기 다음으로 사람에게 없어서는 안 될 중요한 것이 물입니다. 폐에 습기가 없으면 호흡한 산소를 사용할 수 없습니다. 또한 물은 관절과 장기, 근육 그리고 그 밖의 신체 기관들이 손상을 입지 않도록 윤활 작용을 하며, 우리가 섭취하는 음식물의 영양소를 분해합니다. 또한 흡입한 공기의 산소를 분리시키거나 재합성시켜 여러 가지 조직에 고루 운반하고 그 찌꺼기와 노폐물을 체외로 배출시킵니다. 체온이 너무 높아지면 피부로부터 땀을 증발시켜 열을 식혀 주는 역할을 하기도 합니다.

아기가 감기에 걸려 식욕을 잃었을 때 가장 신경 써야 할 것은 탈수 증상입니다. 물만 제대로 마셔도 열과 바이러스에 대한 저항력이 유지되며 탈수에 의한 쇼크를 방지할 수 있습니다. 감기약을 먹을 때 약보다는 약과 함께 마시는 물 때문에 치료된다는 말이 있을 정도입니다.

체내에서 물이 하는 역할을 간단히 정리하자면, 첫째로 용해 작용입니다. 몸에 필요한 모든 성분은 물에 녹아서 흡수되고 운반되며 작용합니다. 둘째로 희석 작용입니다. 신체에 필요한 각종 물질을 희석시키고 중화시킵니다. 셋째로 세척 작용입니다. 몸속의 독소를 씻어 내거나 용해시켜 점막 세포를 부드럽게 합니다.

물은 정보 덩어리

모든 생명체는 몸에 약 70~80퍼센트의 물을 담고 있으며 그 생명작용을 물에 의존합니다. 유전자 정보를 담은 DNA와 원형질은 물속에 녹아 있거나 떠 있습니다. 물은 생명을 후대에 전해 주는 생명체의 보금자리입니다. 낱알, 씨, 견과류 등은 건조한 곳에서 수십 년간 저장된 후에도 물이 공급되면 싹이 트고 성장합니다. 이렇게 싹이 트고 성장할 수 있는 비밀은 껍질 속에 물을 밀봉하고 있기 때문입니다. 만약 씨앗이 그 안의 수분을 완전히 상실했다면 살아날 희망을 잃은 죽은 물질입니다. 일본의 의학박사 하야시 히데미쯔는 "모든 질병은 물의 비정상적인 상태에서 기인한다"라고 말합니다. 그는 1989년 2월에 열린 '제7회 국제 환경의학 심포지엄'에서 다음과 같은 '질병 치유의 7원칙'을 발표했습니다.

질병 치유의 7원칙

1. 생물은 세포로 구성되어 있습니다.
2. 개개의 구성 세포는 끊임없이 세포 신생을 합니다.
3. 세포 신생을 할 때, 세포는 늘 정상화하려고 노력하는 생득의 기능이 있습니다.
4. 세포 신생은 DNA 대사에 의존합니다.
5. DNA 대사는 세포 내의 물에 의해 지배됩니다.
6. 따라서 질병이란 결국 세포 내의 물의 비정상화로 인해 생긴 DNA-세포-생체의 비정상 상태라고 할 수 있습니다.
7. 그러므로 질병 치료의 근본은 세포의 물을 정상화시킴으로 세포에 타고난 정상화 기능을 자극 계발하는 일입니다.

세포는 끊임없이 세대교체를 합니다. 예를 들면, 췌장 세포는 겨우 24시간, 장 세포는 36시간, 백혈구 세포는 48시간을 살며, 적혈구 세포는 4개월, 뇌세포는 약 60년 이상을 삽니다. 아무리 나빠진 세포라 할

지라도 수개월 이내에 새로운 세포와 바뀌므로 근심하지 않아도 됩니다. 중요한 것은 세포가 바뀔 때마다 정상 세포가 되려고 노력한다는 것입니다. 그때 세포 안에 있는 물의 상태가 절대적 역할을 합니다. 따라서 건강을 회복하는 지름길은 세포 내의 물을 좋은 물로 채우는 것입니다.

멕시코에서 겔슨 박사는 1930년부터 채소와 과일을 많이 먹게 하여 경이적인 치료 효과를 보았습니다. 암 치료에도 무시할 수 없는 효과를 얻었습니다. 노벨상 수상자인 알버트 슈바이처 박사도 겔슨 박사의 실적을 높이 평가하고 신뢰했습니다. 그런데 겔슨 박사의 치료법을 그 친족들이 계승했는데, 어찌된 일인지 치료 효과가 예전 같지 않습니다. 이유는 물에 있습니다. 채소와 과일은 수분이 대부분인데, 1930년대 겔슨 박사 당시와 근래의 과일 속 물이 달라졌다는 것입니다. 복내에서는 일년에 한차례 재래식 된장을 담급니다. 신기하게도, 똑같은 콩으로 만든 메주로 여수에서도 담갔는데 맛이 형편없이 떨어졌습니다. 그 맛의 차이는 결국 물의 차이라고 설명할 수밖에 없습니다.

우리 몸의 대부분을 차지하는 물은 우리가 살아가는 모든 생명체의 활동을 지배하고 다스리므로, 잘 선택하여 먹어야 합니다.

물이 인체에 얼마나 필요할까

육체적으로 심한 노동을 하거나 힘에 겨운 운동을 하면 땀을 많이 흘려 갈증을 느낍니다. 사람들은 대부분 이처럼 갈증을 느낄 때만 물을 마십니다. 그런데 갈증은 인체에 물이 필요하다는 사실을 알려 주는 정확한 신호가 아닙니다. 즉, 체내 수분이 절대적으로 부족한 상태에서도 전혀 갈증을 느끼지 않을 수 있습니다. 그러므로 갈증과 상관없이 물을 규칙적으로 마셔야 합니다.

미항공우주국 인체과학연구소에서 하루 마시는 물과 체력과의 관계를 실험한 적이 있습니다. 물을 하루 2컵 마신 그룹과 하루 10컵의 마신 그룹의 체력을 비교 연구한 것입니다. 그 결과 하루 10컵을 마신 그룹의 체력이 2.2배나 우월했습니다.

1953년 세계 최초로 에베레스트 산을 등정했던 에드먼드 힐러리와 텐징 노르가이는 배터리로 얼음을 녹이는 기계를 준비했습니다. 이것으로 등반 대원들에게 하루 적어도 물을 3리터씩 마시게 했고, 무사히 산을 정복하는 쾌거를 이루었습니다. 그들보다 불과 몇 달 전에 산을 오른 스위스의 등반 대원들은 마지막 3일 동안 물을 0.5리터밖에 마시지 못해 정상 정복에 실패하고 말았습니다. 그렇다면 우리는 물을 얼마나 마셔야 할까요?

우리 몸에 콩팥이 없다면 날마다 4만 컵의 물을 마셔야 합니다. 콩팥은 매일 1,600리터의 물을 여과시키며 불과 5.5컵의 물만 오줌으로 내보냅니다. 이때 몸에서 필요한 물의 양과 섭취되는 물의 균형이 맞지 않으면 몸에 큰 장애를 가져다주므로 적당량의 수분 공급은 생명 유지를 위해 필수적입니다.

물은 땀으로 2.1컵, 폐에서 호흡으로 1.7컵, 대변으로 0.5컵, 소변으로 6.3컵이 체외로 배출됩니다. 반면 체내에서 지방과 탄수화물이 산화될 때 1.5컵, 음식물을 섭취할 때 3.6컵, 배설량에 균형을 맞추기 위해 마시는 물은 5.5컵입니다. 그러므로 매일 마셔야 할 물은 7컵 이상이어야 합니다. 아침에 일어나자마자 2컵, 오전 중에 2컵, 오후에 2~3컵을 마시면 필요량을 채울 수 있습니다.

좋은 물은 어떤 것인가

물에 얽힌 재미있는 말들이 있습니다. 어떤 일에 실패하면 "물먹었다"고 말합니다. 억울한 일이나 무시를 당하면 "네가 나를 물로 보냐!"고도 합니다. 한편, 소를 잡기 전에 물을 잔뜩 먹여 체중을 올리는 양심 없는 사람도 있습니다. 한때 물고문으로 고역을 치르다가 죽은 이도 있었습니다. 좋은 물이지만 악용하거나 잘 모르고 사용하면 큰 화를 당합니다.

우리나라는 옛날부터 산 좋고 물 맑은 곳으로 알려져 있습니다. 미국이나 유럽 여행 중 무심코 물을 마셨다가 배탈이 나서 고생하는 경우가 종종 있습니다. 원래 음료수로 적합한 물을 연수(軟水)라고 합니다. 물 100밀리리터가 함유한 칼슘이나 마그네슘을 산화칼륨으로 환산하여 1밀리그램일 때 그 물의 경도(硬度)를 1도라고 말하며 8도 이하의 물을 연수라고 합니다. 8도 이상이 되면 경수라고 하는데, 맛이 좋지 않고 설사를 하며 임산부의 경우 심지어 유산을 일으키기도 합니다. 유럽 대부분의 물이 이런 경수입니다. 한국의 자연수는 경도가 1.5~4.5도로 낮기 때문에 마시기에 좋습니다.

좋은 식수의 물리적 요건은 우선 맛과 냄새가 없어야 합니다. 맛과 냄새가 느껴지는 물은 하수, 산업 폐수, 약물, 혹은 용해성 가스의 오염이

의심됩니다. 또한 무색투명해야 합니다. 색상을 띠거나 흐린 물은 유해성 물질, 부유성 혹은 수중 생물, 유기물질 혹은 무기물질 그리고 흙이나 모래가 섞여 있는 경우입니다.

화학적 요건으로 식수의 산도는 중성치인 페하(pH)7을 전후하여 페하5.8~8.5를 보편적인 허용치로 삼습니다. 질병의 원인 중 하나인 체질의 산성화를 개선하기 위해 알칼리수를 마시기도 합니다. 물론 효과가 전혀 없는 것은 아니지만 식수의 산도가 약산이나 약알칼리 쪽으로 기울어도 위장에 큰 영향을 주지는 않습니다.

생물학적 요건으로서 좋은 식수는 세균, 바이러스, 원충 혹은 기생충 등의 병원성 미생물을 함유하면 안 됩니다. 이런 것들이 수원에 침입되면 일시에 많은 사람에게 장티푸스, 콜레라, 이질 등의 수인성 전염병을 확산시킵니다. 그러므로 미심쩍은 물은 끓여 먹는 것이 안전합니다. 그러나 순수한 물이라도 너무 뜨겁거나 차면 위에 자극을 주므로 미지근한 물이 좋습니다. 맑은 물 한 잔이 보약보다 낫습니다.

미국의 스탠포드 의과대학 병원 연구팀은 12세 여자 아이의 피부병 원인을 찾지 못해 난감했습니다. 그런데 아이의 머리카락을 검사했더니 다량의 비소가 섞여 있었습니다. 식수로 사용하는 물에 위험할 정도로 많은 양의 비소가 함유되었던 것입니다. 마시는 물은 건강과 직접적인 연관이 있습니다.

복내에서는 지표수(지하 1미터에 흐르는 물)를 연결하여 환우들이 마십니다. 물 전문가들이 이구동성으로 최고의 물로 꼽는 것이 자연에서 흐르는 지표수입니다. 천봉산에는 오염원이 없기 때문에 안심할 수 있습니다. 하루에 2000밀리리터 정도를 식간에 규칙적으로 마시고 있습니다. 천봉산 정상에 올라 흐르는 땀을 닦으며 생수를 나누어 마시는 기쁨은 그 어느 것과도 비길 수 없습니다.

물도 마시는 법이 있다

인체의 소중한 역할을 하는 물이라도 바르게 마시는 습관을 들이지 못한 사람이 있습니다. 어떤 사람은 물을 마시지 않고 견디는 것을 자랑합니다. 물은 마시고 싶든지 않든지 습관적으로 마셔야 합니다.

우리나라 사람의 식습관 중에 좋지 않은 것이 있습니다. 국에 밥을 말아 먹는다든지 식사 후에 입을 헹군다며 물을 마시는 것입니다. 어떤 사람은 식사 중에 꿀꺽꿀꺽 물을 마시는 데 이것은 소화 작용에 지장을 줍니다. 식사 전에 물을 많이 마시면 위액을 희석시켜 소화에 장애를 일으키고 식욕을 떨어뜨리기도 합니다. 또 식사 중에 물을 많이 마시는 습관은 위산 과다와 위하수의 원인이 되기도 합니다. 식사하기 30분 전까지 그리고 식사 후 두 시간 이내에는 물을 마시지 않는 것이 오히려 좋습니다.

더위 혹은 심한 운동이나 노동으로 땀을 많이 흘렸을 때는 물을 마셔야 피로를 예방할 수 있습니다. 물을 마시는 습관이 안 된 사람이나 수돗물에서 나는 냄새 때문에 물을 마시지 못하는 사람은 보리차를 끓여 마셔도 좋습니다. 단, 홍차, 커피 등 카페인이 함유된 것은 순수한 물보다 좋지 않습니다. 청량 음료수와 탄산수가 상쾌한 맛을 내기는 하지만 그 속에 든 첨가물이나 설탕을 생각하면 순수한 물이 가장 좋습니다.

청량 음료수에는 설탕이 많이 들어 있어서 여분의 칼로리를 지닙니다.

심장병이나 신부전 등으로 수분 섭취에 주의를 요할 때는 의사와 상의해서 물을 마셔야 합니다. 몸을 움직이지 않아 물을 마시면 수종(水腫)이 생기는 사람의 경우에는 운동으로 수분을 순환시키는 일이 필요합니다.

예수님도 "누구든지 목마르거든 내게로 와서 마시라. 나를 믿는 자는 성경에 이름과 같이 그 배에서 생수의 강이 흘러나오리라"(요 7:37~38)고 말씀하셨습니다. 이어서 말씀하시길, 이는 그를 믿는 자의 받을 성령을 가리켜 말씀하신 것이라고 설명하셨습니다. 물은 육체를 살리고, 성령은 영혼을 살리는 수단으로 명시하신 것입니다. 인간은 영혼과 육체의 존재이기에 물과 성령을 충분히 공급받아야 합니다. 견디기 힘든 갈증으로 목이 타들어 갈 때 참아 본 적이 있습니까? 한 잔의 물만큼 원기를 회복시키고 기분 좋게 하며 몸과 마음을 편안하게 하는 것이 없습니다.

5. 해독 없이
   치료 없다

오래전 미국 미시간 호수에서 백조 수백 마리가 떼죽음을 당했습니다. 원인은 백조가 잡아먹은 메기에 쌓인 독(毒)으로 밝혀졌습니다. 그 독은 메기가 잡아먹은 작은 물고기에서 더 작은 물고기로 이어졌습니다. 그렇게 먹이사슬을 거슬러 추적한 결과, 수십 년 전부터 미시간 호수에서 물고기를 잡던 낚시꾼들이 모기를 잡기 위해 사용한 살충제가 모기를 거쳐 먹이사슬의 상층 포식자인 메기에게 쌓였던 것입니다. 이런 일은 육식과 어류, 어패류를 먹는 사람들뿐 아니라 채식주의자들에게도 일어납니다.

시대와 환경이 변하고 약물의 반복 복용으로 생긴 내성 때문에 치유되지 않는 질병이 날로 증가합니다. 외상이나 각종 피부 질환 등 독성으로 인한 질병도 기하급수적으로 증가합니다. 감염된 부위에 독성분이나 환경 물질, 내성이 강한 세균과 독성이 있기 때문입니다. 사람이나 동물이나 똑같이 피해를 보고 있습니다. 우리는 과일, 채소, 곡류, 음식 등을 통해 알게 모르게 농약 성분이나 독성분, 환경 물질, 세균 등을 먹고 삽니다. 근래 들어 의학이 비약적으로 발전하였지만 오히려 질병들은 급성에서 만성으로 변질되어 치료가 잘 되지 않습니다.

채소나 과일, 나물은 물론이고 이젠 고기나 어류, 계란 등도 마음대로 먹을 수 없습니다. 3일이면 상하던 달걀이 몇 달을 두어도 상하지 않으니 세상 좋아졌다고 생각합니다. 유통기한이 지난 빵이 상하지 않는데도 좋은 줄로 생각합니다.

달걀이 여러 날이 지나도 상하지 않는 것은 분명 이유가 있습니다. 달걀 속에 항생제와 방부제가 너무 많이 있기 때문입니다. 사료 원료는 수입 과정에서 방부 처리되는 데다, 사료를 제조할 때 항생제, 영양제 등을 혼합합니다. 거기서 생긴 독성들이 육류나 어류로 옮겨지고 자연스럽게 그것을 먹는 사람에게로 옮겨집니다. 무서운 속도로 생활환경이 나쁜 쪽으로 변하여 이젠 물도 마음대로 마실 수 없습니다.

당장 내일 출하하는 채소나 과일에 오늘 농약을 살포하는 경우도 있습니다. 체내에 농약 성분이 들어가면 치명적입니다. 특히 농약 성분은 간에 치명적입니다. 간이나 혈관에 오래 잔류하면 간염이나 간경화가 오고 암이 발병하는 원인이 됩니다. 먹거리가 돈벌이 수단이 되면서 이 같은 재앙이 찾아오고 말았습니다. 손수 텃밭을 가꾸면서 소박한 밥상을 회복하는 것이야말로 건강을 되찾는 지름길입니다. 깨끗한 음식은 혈관을 맑게 하기 때문입니다.

차라리 아이를 굶겨라

생활 여건이 변하고 식품 산업이 발달하면서 오히려 식탁은 각종 해로운 먹거리로 가득해졌습니다. 건강과 안전보다는 아이들의 시각과 미각을 자극하는 첨가물로 뒤범벅된 패스트푸드, 간편하고 빠르게 먹을 수 있도록 화학 포장재에 담긴 인스턴트 가공식품, 항생제를 먹고 자란 육가공품, 방부제와 농약이 들어간 수입 밀가루, 갈수록 농약 강도가 높아지는 빛깔 좋은 과일과 채소, 중금속 오염 위험에 처한 생선들, 유해성 논란이 뜨거운 유전자변형농산물(GMO) 등등.

몇 년 전만 해도 가공식품은 우유, 어묵, 소시지 정도였는데, 최근에는 국거리와 반찬까지 모두 대량 생산되어 나옵니다. 아이들은 김치를 멀리하고 패스트푸드나 인스턴트식품을 찾습니다. 아이들이 즐기는 패스트푸드는 소아 비만의 주범입니다. 소비자보호원이 2010년 5월, 모 패스트푸드점을 대상으로 조사한 결과, 햄버거와 감자튀김과 콜라로 구성된 세트 하나당 열량이 최대 1,065킬로칼로리였습니다. 이는 10~13세 여자아이의 1일 열량 권장량(2,000킬로칼로리)의 53퍼센트를 차지하는 수치입니다. 비만으로 직결되는 지방 함량도 최대 41그램으로 1일 지방 섭취 기준량인 50그램의 82퍼센트나 됐습니다.

소아 고혈압의 원인이 되는 나트륨 함량은 최대 1,693밀리그램으로 1일 나트륨 섭취 기준량 3,500밀리그램의 48퍼센트를 차지했습니다. 소비자원은 패스트푸드를 즐겨 먹는 아이들에게 아주 치명적인 수치라고 말했습니다. 초등학생들의 비만율이 높아지는 것은 이제 어제오늘 일이 아닙니다. 인하대 의대 임종한 교수는 패스트푸드는 칼슘과 비타민이 부족한데 이는 환경호르몬으로 작용하는 납과 카드뮴 등 중금속의 흡수를 증가시켜 중금속에 의한 건강 장애와 면역 기능 약화를 초래, 잦은 발병의 원인이 되기도 한다고 말했습니다.

미국 보건 당국인 미 질병통제예방센터의 보고에 따르면, 뚱뚱한 사람이 신종 인플루엔자에 취약하다고 합니다. 살이 찌면 폐에 가해지는 압박이 심하고 호흡이 가빠져서 기침이 심해질 뿐 아니라 혈액순환에 장애가 생길 수 있기 때문이라고 전문가들은 분석했습니다. 이쯤 되면 차라리 아이를 굶기는 것이 낫지 않을까요?

식품첨가물의 두 얼굴

사회생활로 바쁜 주부들의 손을 덜어 준다는 인스턴트식품과 화학조미료도 경계 대상입니다. 우리나라에서는 화학합성물 381종과 천연첨가물 161종, 혼합제제 7종 등 549종의 식품첨가물이 사용되고 있습니다. 라면 한 봉지에만도 화학조미료가 평균 1.65그램 들어 있습니다. 인스턴트 식품업체들은 기준치와 허용량 등을 내세워 첨가물 사용이 무해하다고 주장합니다. 그러나 첨가물이 체내에 들어가면 30~50퍼센트는 호흡기나 배설기관을 통해 배출되지 않고 몸에 축적됩니다.

화학조미료에 들어 있는 L-글루타민산나트륨은 몸속에서 소화되는 과정에서 많은 양의 비타민B6(피리독신)를 필요로 합니다. 이 때문에 화학조미료의 과다 섭취는 단백질합성과 항체·호르몬·신경전달물질 생성 등 생리작용에 절대적으로 필요한 비타민B6의 결핍을 가져옵니다. 이는 청소년기에 특히 중요한 단백질대사와 생리기능에 문제를 가져옵니다.

비타민B6의 결핍은 일차적으로 무력감과 두통을 유발하고 면역력 저하와 뇌손상 및 암으로 이어집니다. 얼마 전 홍콩 정부는 맥도널드가 사용하는 양념에서 미국 암연구소가 유전자 변형 발암물질로 경고한 감미료 스테비오사이드가 함유된 사실을 적발, 양념을 매장에서 수거하기도 했습니다.

호서대 식품공학과 이기영 교수는 어린이 비만과 아토피성 피부염은 말할 것도 없고, 당뇨병이나 고지혈증, 고혈압, 동맥경화, 심장병 등 어른들이 주로 걸리는 성인병이 요즘 아이들에게 많이 나타나며, 이는 패스트푸드와 각종 합성 식품첨가물이 함유된 가공식품이 식탁을 차지한 결과라고 말했습니다.

해독은 치료의 기본

식문화가 간편한 쪽으로 발전하면서 햄과 소시지만 해도 수백 수천 가지가 세계 시장에 범람합니다. 방부제나 식용색소를 허용치만 넣었다 해도 매일 섭취하면 허용치가 무슨 의미가 있을까요? 체내에 계속 축적 되는데 말입니다. 현대인들은 허용된 유해 물질의 홍수 속에 살고 있습 니다. 무방부제 무색소라고 표시된 고추장과 된장을 개봉한 뒤 여름 내 내 두어도 변하지 않습니다. 전통 된장이나 고추장은 개봉한 뒤 오래 두 면 변합니다. 소비자는 변하지 않는 것을 선호합니다. 소비자단체도 변 하는 것을 불량품이라고 고발합니다. 진실은 정반대입니다. 개봉한 뒤 방치해도 변하지 않는 고추장이나 된장을 고발해야 합니다. 변하는 식 품이 자연에 가까운 식품입니다.

수천 종의 유해물질이 먹거리에 포함되어 체내로 들어와 잔류하고 축 적됩니다. 이를 처리하기 위하여 몸은 에너지의 70퍼센트를 투입합니 다. 체내 에너지는 생명입니다. 이 에너지의 70퍼센트가 소진되고 있습 니다. 이런 물질이 계속 체내로 유입되면 어떻게 될까요? 균형이 깨지고 에너지가 소진되다가 결국 몸이 망가집니다. 체내 에너지를 고르게 사 용해야 하는데, 70퍼센트를 전투용으로 사용하고 30퍼센트로 살림을 하려니 잘 될까요? 하루이틀도 아니고 수십 년 동안 그렇게 하면, 망가 지지 않는 몸이 있을까요?

체내로 유입되는 유해 물질을 제거해야 합니다. 해독만이 유일한 길 입니다. 이제야 양심 있는 의사들이 통합의학을 부르짖는 이유가 바로 여기 있습니다. 통합의학에서 해독은 치료의 중심입니다. 안타깝게도 우리는 해독 없이 치료하는 시대에 살고 있습니다.

질병의 뿌리는 하나

정원사는 식물의 잎이 시들면 먼저 뿌리를 살핍니다. 인체도 마찬가지입니다. 인체에 질병이 나타나면 그 뿌리를 살펴야 합니다. 그렇다면 여러 질병의 뿌리는 무엇일까요? 그 해답은 대장에서 찾을 수 있습니다. 대장은 인체에 필요한 영양을 흡수하는 곳인 동시에 몸에 들어온 독성이 가장 먼저 영향을 받는 곳이기도 합니다. 건강한 대장에는 약 900그램 정도의 유익한 박테리아가 사는데, 이 유익한 세균들은 대부분 대장 주름 안에 살면서 장을 도와 소화를 원활하게 하고 필수영양소가 장벽을 통과하여 순환계에 들어가도록 돕습니다. 그러므로 건강한 장에 유익한 세균이 부족하면 영양 결핍에 걸립니다. 유익한 세균은 장벽을 감싸고 있어 병원성 세균이나 바이러스로부터 감염을 막아 줍니다. 또한 1차 독소 여과 기능을 하면서 독소가 혈류에 들어가기 전에 25퍼센트 정도를 중화시킵니다. 그리고 세균 배설물을 빨리 배출시켜 노폐물이 결장에 오래 머물지 못하게 합니다. 만약 이 노폐물이 장에 오래 머물면 장내 불균형 상태가 생겨 학생은 학습 장애를 받고 운동선수는 잦은 부상을 당합니다.

갓 구워 낸 빵, 술, 항생제, 스트레스 등은 유익한 세균을 괴롭히는 유독 물질을 만듭니다. 갓 구워낸 빵은 맛이 좋지만 장에는 좋지 않습니다. 빵을 발효시킨 이스트가 아직 죽지 않고 장에서 활동하며 독을 만들기 때문입니다. 거기다 이스트가 정제된 설탕이나 유제품으로

부터 영양을 공급받으면 쑥쑥 자라나 몸을 붓게 하고 배를 더부룩하게 하며 염증을 일으키는 노폐물을 배출합니다. 그리고 장벽을 자극하고 약화시켜 알레르기 반응의 발단이 되는 장 누수(Leaky Gut)를 일으킵니다. 거기에 창자연관림프조직(GALT)까지 손상을 주는데 이곳은 면역계의 80퍼센트를 차지할 만큼 중요한 곳입니다. 만약 이곳이 지속적으로 자극을 받으면 결국 자가 면역 기관이 혼란을 일으켜 아군과 적군을 구별하지 못하고 공격해 각종 알레르기, 과민성대장증후군, 관절염 등을 일으킵니다.

항생제는 어떤가요? 한때 항생제는 유독한 병원성 박테리아를 죽이고 많은 생명을 살려 냈습니다. 하지만 시간이 흐르면서 몸에 좋은 세균까지 죽여 장내 방어선을 무너뜨렸습니다. 항생제 남용은 병원성 슈퍼병원균(MRSA) 같은 변종을 만들었습니다. 여기 흥미로운 사실이 하나 밝혀졌습니다. 장과 창자연관림프조직 주변에는 두뇌만큼 많은 신경세포가 존재한다는 것입니다. 즉, 장이 두뇌와 별개로 각기 기능을 조절할 수 있다는 말이 됩니다. 실제로 생사에 관한 중요한 결정을 내려야 할 경우 독자적인 긴급 조치를 합니다. 예를 들면 설사를 들 수 있습니다.

또 장에 신경세포는 뇌의 신경세포처럼 신경전달물질을 통해 서로 정보를 주고받는데 가장 알려진 신경전달물질 중 하나는 만족과 행복의 감정에 관여하는 세로토닌입니다. 지금까지 이 물질은 기분과 감정을 조절하기 때문에 두뇌에서 만들어지는 것으로 알려져 왔습니다. 그런데 최근 연구에 따르면 인체에 있는 세로토닌의 80~90퍼센트가 창자의 신경세포에 의해 만들어지는 것으로 추정되고 있습니다. 그러므로 대장이 고장이 나면 우울증, 과민성대장증후군, 산성체질 및 세로토닌 부족 등이 나타나는데 이런 병들은 서로 별개의 문제처럼 보이지만 대장에 독이 쌓일 때 찾아오는 질병들입니다. 그러면 내 몸의 질병을 키우는 독을 이기는 전략을 어떻게 하는 것이 좋을까요?

해독 작용을 응원하라

똑똑한 인체가 스스로 독을 해독하도록 조건을 만들어 주면 됩니다. 먼저 치워야 할 식품은 유제품과 상업화된 달걀, 치즈, 크림, 날생선, 고기류, 소시지, 통조림, 핫도그, 오염된 조개류, 갑각류, 버터, 쇼트닝, 가공 기름, 마요네즈, 알코올, 커피, 카페인 함유 음료, 청량음료, 정제 설탕, 초콜릿, 케첩, 조미료, 상업화된 소스, 정제된 곡류 들입니다. 그리고 레몬이나 유기농 커피 관장을 통해 변을 배출하고 단식하십시오. 그러면 똑똑한 인체는 소화와 배설에 사용하던 에너지를 미뤄 왔던 해독 시스템을 가동하는 데 사용합니다.

또 혈액 속에 들어갔다가 걸러진 많은 독소와 점액이 창자로 빠져나올 때 재흡수를 막기 위해 아침저녁으로 식이섬유를 충분한 양의 물과 함께 먹습니다. 그러면 인체는 스스로 막힌 곳을 뚫고 연약한 곳을 치료합니다. 그리고 장에 유독한 박테리아균을 죽입니다. 물만 먹거나 과일과 야채 주스만 먹는 단식을 일정 기간 계속하면서 적절하게 관장을 하면 해독과 인체 에너지를 효과적으로 경영하는 데 도움이 됩니다.

더불어 체내 해독 작용을 응원하기 위해 운동을 해야 합니다. 운동은 혈액과 림프의 순환을 증진시키고 땀을 통해 독을 배출시키고 깊은 호흡으로 온몸에 산소를 충분히 공급합니다. 몸을 이완시키고 해독을 돕기 위해 마사지, 스트레칭, 요가 등은 유용한 운동입니다.

독소는 음식과 화학 물질 영역에 국한되지 않습니다. 마음의 독소도 빼내야 합니다. 해로운 생각, 불편한 관계, 내면의 불안과 폭주하는 정보, 무한 경쟁에서 살아남기 위해 받는 압박감, 무리한 스케줄 등은 음식, 물, 공기에 있는 화학 물질 못지않게 해롭습니다. 마음속 독소를 모두 내려놓아야 합니다. 이 보이지 않는 독을 제거하기 위해 좋은 음악, 명상, 건전한 신앙생활 등이 필요합니다.

복내의 해독 프로그램

복내에서는 해독을 위해 친환경 먹거리를 제공합니다. 물을 많이 마셔서 노폐물을 정화시키는 것도 강조합니다. 반신욕과 온열요법을 통해 땀과 노폐물을 제거시킵니다. 풍욕을 해서 피부를 통해 독소가 빠져나가게 합니다. 간과 대장에 쌓인 독소를 제거하기 위해 유기농 커피 관장을 실시합니다. 공기가 좋은 곳에서 생활하는 것은 해독의 기본입니다.

2007년 준공한 본 센터 '평화의 집'은 건축할 때 방바닥과 벽에 황토와 숯을 채워 넣었습니다. 덕분에 그곳에서 생활하는 암 환자 분들은 쾌적하고 온화한 실내에 흡족해하십니다. 새삼 숯이 새집증후군을 방지하는 좋은 촉매제인 것을 확인합니다. 요즘 시대에 숯이 다시 주목받는 이유가 거기 있습니다.

데이비드 쿠니(David O. Cooney) 박사는 《활성탄》(Activated Charcoal)이라는 책에 숯의 효과를 이렇게 적었습니다. "진통 작용, 해열 작용, 공해 물질인 담배의 니코틴 제거, 자동차 배기가스(벤자피린) 제거, 농약 성분(파라티온) 제거에 탁월한 효과가 있고 위염, 위궤양, 간염 치료와 예방에 유효하다."

숯가루는 소화가 되지 않아 장내에서 부패하는 단백질 찌꺼기나 지방 알갱이를 흡착시키고, 채소나 과일에 잔류한 농약 성분이나 중금속들도 흡착시킵니다. 식품 색깔을 좋게 하는 색소나 식품첨가제를 없애고, 인공조미료 등을 흡착시켜 내장을 말끔하게 청소합니다. 그 결과 혈액과 체액이 깨끗해집니다. 또한 병에 대한 저항력을 키워 인체를 건강하게 합니다. 이처럼 체내 독성 성분을 근본적으로 제거해 몸의 독을 처리하는 기관인 간장과 신장 기능을 촉진시킵니다. 예를 들면, 1개 단위의 숯가루는 80개 단위의 암모니아 가스를 흡착할 수 있어서 장내의 독성 가스가 혈액으로 흡수되기 전에 신속하게 흡수하여 배출시킵니다.

숯가루는 먹고 난 뒤 1분 이내에 신속하게 체내의 독성 성분과 불순물을 흡수합니다. 각종 이물질인 농약 성분, 발암물질 등을 체내 소화액의 작용에도 불구하고 숯가루가 흡수시킨다는 사실이 미국의학협회에 보고된 바 있습니다. 숯가루를 피부에 바르거나 복용해도 인체에 전혀 해를 끼치지 않으며, 오히려 발암물질인 벤조피렌을 흡수한다고 보고되었습니다(AMA Archives of Industrial Health 18:511~520, December, 1958). 또한 숯가루는 우리 몸속의 나쁘고 해로운 독성 성분은 잘 흡수하지만 몸에 이로운 영양분은 전혀 흡수하지 않는다는 사실도 의학 잡지에 보고되고 있습니다.

어린양 보혈로 씻어야

우리의 신앙생활에도 회개가 선행되어야 합니다. 죄와 세상의 독소에 찌들어 있는 영혼은 건강할 수 없습니다. 영혼이 병들면 마음과 몸에 질병으로 나타납니다. 예수님의 피로 정결해져서 흠 없는 주님의 자녀로 살아가는 것이야말로 건강의 기본입니다. 거룩하신 하나님께 나아가기 위해 예수님의 보혈로 영혼을 정화해야 합니다. 마음이 깨끗해지면 몸과 혈액도 맑아집니다. 그러면 자연스럽게 성전인 몸을 오염시키는 물질을 삼갑니다. 아울러 창조 질서를 무너뜨렸던 생활 습관을 바꿉니다. 세상 욕망을 쫓았던 생활 방식을 접고 성령을 쫓아 순리대로 살아갑니다.

레위기의 제사법을 보면 제물의 피를 뿌리게 되어 있습니다. 출애굽 당시 장자의 죽음을 피할 수 있는 유일한 길은 문설주에 양의 피를 뿌리는 것이었습니다. 히브리서 기자는 "피 흘림이 없은즉 죄 사함도 없다"고 주장합니다. 어린양이신 예수 그리스도가 십자가에서 흘리신 보혈을 힘입어 우리 영혼이 살고, 더욱 풍성한 삶으로 나아갑니다.

"염소와 황소의 피와 및 암송아지의 재를 부정한 자에게 뿌려 그 육체를 정결하게 하여 거룩하게 하거든 하물며 영원하신 성령으로 말미암아 흠 없는 자기를 하나님께 드린 그리스도의 피가 어찌 너희 양심을 죽은 행실에서 깨끗하게 하고 살아 계신 하나님을 섬기게 하지 못하겠느냐"(히 9:13~14).

6. 비워야만 채워진다

지금 복내에는 중국 선교사이신 백 목사님이 재충전을 위해 장기 금식을 하고 계십니다. 내일이면 작정했던 40일을 마칩니다. 장기 금식을 하신 다른 분들에 비해 수월하게 지나신 것 같습니다. 하루에 예닐곱 시간씩 기도를 해서 무릎과 발등에 옹이가 박혔습니다. 오래전부터 성령님의 조명하심을 사모하는 마음으로 매일 성경을 다섯 장씩 필사까지 합니다. 체력이 많이 소모되었지만 운동 삼아 봄 내음 가득한 쑥을 캐러 들녘을 돌아다니시기도 했습니다.

이곳 센터 가족들은 작년 겨울부터 순서를 정해 금식기도를 하고 있습니다. 알코올중독자, 우울증 환자들도 금식에 참여했습니다. 과정은 힘들었지만 모두 한결같이 깊은 은혜를 체험했습니다. 각 개인뿐 아니라 센터에 하나님의 새 은혜가 부어졌습니다. 동료 간에 서로를 이해할 수 있는 사랑의 마음을 주셨습니다. 뿐만 아니라 치유하시는 성령 하나님의 손길을 직접 보게 하셨습니다. 이는 성령 하나님께서 새 일을 행하겠다고 약속하신 일을 이루어 주신 것입니다. 온 가족이 합심하여 드리는 금식기도를 하나님이 기쁘게 받으신 것 같습니다.

금식을 재평가하는 의료 과학

일반 의료계로부터 무시받던 금식에 대한 인식이 조금씩 바뀌고 있습니다. 유럽에서 금식은 질병 치료법뿐 아니라 예방 조치로서, 젊음을 되찾는 방법으로서 그 효과를 인정받습니다. 독일에서는 금식을 많은 치료법 중 하나로 취급합니다. 오토 버킹거 박사는 환자 9만여 명에게 단식요법을 시행해 성공했습니다. 최근 러시아의 한 보고서에 의하면, 올바른 단식은 정신분열증에 대단히 효과가 좋다고 합니다. 20~30일 동안 단식한 결과 그 증상이 64퍼센트나 경감되었다고 보고되었습니다. 미국에서는 최근 동물 실험을 통해 정기적인 단식이 수명을 연장한다는 결과가 발표되기도 했습니다. 벌레들을 정기적으로 단식시켰더니 평균 수명의 50배나 더 오래 살았다는 연구 결과도 있습니다. 코넬 대학교의 한 연구팀은 쥐를 과식시키지 않고 지속적인 기아 상태로 두었을 때 그 생명이 2배 반 이상 지속되었다고 보고했습니다.

금식이 신체에 미치는 영향

첫째, 단식 기간이 계속되면 인체는 체내에 축적된 물질을 가지고 살아갑니다. 필요한 영양(특히 단백질과 지방)이 공급되지 않으면 몸은 자기 분해, 또는 자기 소화를 시작하여 자신의 조직을 연소합니다. 이때 우선적으로 질병에 걸렸거나 노화되어 쓸모없는 조직과 세포를 분해하여 연소합니다. 즉 죽은 세포, 좋지 못한 축적물, 종기, 지방, 노폐물 등을 소화시킵니다. 그래서 단식을 가리켜 '쓰레기 처리 또는 연소'라고 표현합니다. 다행히 중요한 조직, 두뇌 등은 단식에 의해 손상되거나 소화되지 않습니다.

둘째, 단식 기간 동안 새롭고 건강한 세포의 발육은 촉진됩니다. 외부에서 공급되는 영양이 극히 제한된 상태라 믿기 어렵겠지만, 생리학적 사실입니다. 단백질을 전혀 섭취하지 않아도, 혈액 내 단백질 수준은 항상 일정하고 정상이었습니다. 체내 단백질은 가변적인 상태에 있고 늘 분해되고 재합성되어 필요에 따라 재사용되기 때문입니다. 즉, 몸의 필요에 따라 유전자 기능이 작동한다는 것입니다.

셋째, 단식 기간 동안 폐, 간장, 신장, 피부 등 배설 기관의 배출, 정화하는 능력은 증진되고 축적된 대사 폐기물과 독성 물질은 신속하게 제거됩니다. 예컨대 단식 기간 중 오줌 속의 독소 농도는 보통 때보다 10배나 높습니다. 이것은 간장, 신장 같은 기관과 소화기관이 음식물을 소화시킬 때 생긴 노폐물을 제거하는 평상시 일에서 해방되어, 요산과 푸린 등이 축적된 오래된 폐기물과 독성 물질의 정화 작업에만 집중하기 때문입니다.

넷째, 단식은 소화 계통 기관, 동화 계통 기관, 보호 기관에 생리적인 휴식을 줍니다. 단식을 통해 오히려 소화 능력과 영양물 흡수 능력을 개선하고, 노폐물의 배설 정체와 축적을 예방할 수 있습니다.

다섯째, 단식은 분비선 조직과 호르몬 분비를 자극하며 촉진합니다. 이에 따라 조직의 생화학적인 미네랄의 균형도 평준화됩니다. 이는 신경 기능을 안정시켜 젊게 만드는 효과를 줍니다. 즉 신경 조직은 소생되고 정신력은 개선됩니다.

단식은 이와 같이 건강을 회복하고 젊음을 되찾는 효과적인 방법입니다. 하지만 양날을 가진 칼과 같아서, 잘못 이용하면 돌이킬 수 없는 결과가 오기 때문에 신중해야 합니다. 특히 암 환자의 경우 무리한 단식 때문에 생명을 단축하는 경우를 종종 봅니다. 안전을 위해 반드시 전문가의 적절한 도움을 받아야 합니다.

무엇보다 단식을 통해 자신을 통제하는 능력을 키울 수 있습니다. 세상 많은 책들이 자기 훈련을 강조하는데 이는 당사자 내면에서 시작됩니다. 모든 정신적, 심리적, 도덕적 통제는 내적 통제에서 시작된다는 것입니다. 자신의 위장을 통제할 수 있는 사람은 바로 자기 자신이며, 다른 모든 통제도 바로 이 중심 통제에서 비롯됩니다. 이 중심만 통제할 수 있다면 다른 것들도 보다 쉬워질 것입니다. 적절한 식사로 '위장을 줄일 수 있는 사람'은 식욕을 조절할 수 있으며, 또한 이러한 '식욕을 정복할 수 있는 사람'은 자기 정복에 가장 중요한 첫걸음을 내딛는 것입니다. 더 나아가 하나님의 은총을 받을 수 있는 자리로 나아가게 됩니다. 금식은 자기 안에 있는 세상을 비우고, 세상으로부터 떠나며, 세상을 버리게 하기 때문입니다.

"내가 기뻐하는 금식은 흉악의 결박을 풀어 주며 멍에의 줄을 끌러 주며 압제당하는 자를 자유하게 하며 모든 멍에를 꺾는 것이 아니겠느냐. …… 그리하면 네 빛이 새벽같이 비칠 것이며 네 치유가 급속할 것이며 네 공의가 네 앞에 행하고 여호와의 영광이 네 뒤에 호위하리니 네가 부를 때에는 나 여호와가 응답하겠고 네가 부르짖을 때에는 내가 여기 있다 하리라. 만일 네가 너희 중에서 멍에와 손가락질과 허망한 말을 제하여 버리고"(사 58:6~9).

7. 체온이
면역을 좌우한다

여름이면 콘크리트 도시가 더 시름시름 앓는 것 같습니다. 낮에 작렬하는 태양열을 감당하지 못한 콘크리트가 밤마다 사람들을 괴롭히기 때문입니다. 한여름에 오히려 감기 환자들이 느는 기현상도 볼 수 있습니다. 일명 '냉방병'입니다. 보통 여름이면 에어컨을 가동하여 실내온도 20~25도를 유지합니다. 35도 내외의 바깥 온도와 10도 정도 차이가 납니다. 몸이 자연스럽게 반응하기에는 온도차가 너무 큽니다. 이런 충격에 신진대사 기능이 떨어지고 면역 반응이 약화되면서 각종 질환이 찾아옵니다.

현대인들의 체온이 떨어진 이유

얼마 전 위장염을 앓는 30대 후반 남자 분이 입소했습니다. 암 환자 앞에서 명함을 내밀 수 없다고 했지만 정작 삶의 질은 암 환자보다 더 형편없었습니다. 오심, 구토, 심장 압박, 과민체질, 불면증 등으로 최근 들어 체중이 20킬로그램이나 빠졌습니다. 여러 병원을 다녔지만 별다른 병명을 찾지 못했다고 합니다. 그런데 정작 본인은 죽을 맛이었습니다. 위장염 관련한 약을 처방받았지만 전혀 효과를 얻지 못했습니다.

그는 고속도로 주변에서 편의점을 운영하는데 사업이 잘 되니 분점까지 내서 수익을 많이 올렸습니다. 인건비를 절약하기 위해 혼자 온종일 편의점을 운영했습니다. 식사 시간도 여의치 않아 컵라면으로 끼니를 때

웠습니다. 따뜻한 라면 국물이 들어가니까 시원하다 싶었지만 이내 속이 쓰려왔습니다. 운동해서 땀을 흘리면 몸이 개운하긴 한데, 갈증 때문에 마신 물이 빨리 흡수되지 않아 마음껏 마시지도 못하고 오히려 힘들었습니다. 다만 따뜻한 물로 반신욕을 하거나 따뜻한 물을 마시면 그런대로 컨디션이 유지되었습니다. 그리고 따뜻한 황토 침대에 자면서 굳었던 몸이 풀렸습니다. 그에게 중요한 건 바로 체온 유지였습니다.

지난 50년 사이 인간의 체온은 1도 떨어졌습니다. 이러한 체온 저하가 신진대사를 나쁘게 하고 면역력을 떨어뜨리며 질병을 일으킵니다. 이시하라 유미 박사는 현대인의 체온을 저하시키는 요인을 다음과 같이 지적합니다.

첫째, 근육 운동과 육체 노동을 하지 않는다. 둘째, 소금의 섭취를 지나치게 제한한다. 셋째, 물을 너무 자주 많이 마신다. 넷째, 자주 과식한다. 다섯째, 몸을 차게 하는 음식을 과다하게 먹는다. 여섯째, 일상생활에서 스트레스를 많이 받는다. 일곱째, 화약약품과 화학조미료가 들어간 음식을 즐겨 먹는다. 여덟째, 가볍게 샤워만 하고 입욕하지 않는다. 아홉째, 에어컨 사용이 늘고 있다.

최근 암 환자가 급격히 증가한 배경에도 현대인의 저체온화가 있다고 확신합니다. 암세포는 35.0도에서 가장 많이 증식하며 39.3도 이상이 되면 사멸합니다. 암은 인체의 머리끝에서 발끝까지 부위를 가리지 않고 발생하지만 심장이나 비장, 소장에는 생기지 않습니다. 이들 모두 활발하게 활동하고 온도가 높은 장기라는 공통점이 있습니다. 심장은 체중의 200분의 1밖에 안 되지만 늘 심근을 움직여 활발하게 활동하는 장기입니다. 비장은 적혈구가 밀집해 있어 붉고 온도가 높습니다. 소장은 음식물을 소화하고 흡수하기 위해 연동운동을 하면서 격렬하게 움직입니다.

거꾸로 암에 걸리기 쉬운 장기는 식도, 위, 대장, 자궁, 난소 등 관강 장기입니다. 관의 중앙이 비어 있으므로 세포가 적고 체온보다 낮은 외부 공기와 연결되어 있습니다. 때문에 관강 장기는 온도가 낮습니다. 최근 대장암이 급증하는데, 이는 대장이 배변할 때만 움직이는 장기이므로 '운동부족=저체온'이 하나의 원인일 수 있습니다.

발열과 암 치료

재작년에 유방암이 전이되어 뼈의 전신에 퍼진 한의사 출신 환자가 본원에 입소했습니다. 마흔을 갓 넘긴 나이인데 가족과 함께 복내를 찾은 그는 '죽음을 편안하게 맞이하려고 복내에 들어왔다'고 했습니다. 숙소에서 식당까지도 부축을 받아서 겨우 다닐 정도로 상태가 좋지 않았습니다. 내가 보았을 때도 3개월 정도 살면 생을 마감할 것처럼 위태해 보였습니다. 그런 그가 1년을 훌쩍 넘기고 회복된 몸으로 퇴소했습니다. 조금이라도 건강할 때 가족과 함께 시간을 보내고 싶다고 했습니다. 과연 그녀를 소생시킨 힘은 무엇일까요?

지난 시간을 돌아보았습니다. 하루에 몇 시간씩 소나무 숲 산책을 하고, 퇴소할 즈음엔 배드민턴을 자주 쳤습니다. 쑥뜸, 반신욕, 풍욕, 영성 생활을 꾸준히 했습니다. 이와 같은 생활이 몸과 마음의 온도를 높여 신진대사를 좋게 해 주었을 것입니다.

미국 뉴욕 주, 로웰버스 암연구소의 면역학자인 샤론 에번스 박사는 〈네이처 이뮤놀로지〉 2006년 12월호에 "열과 싸우지 말라"는 제목으로 연구 논문을 발표했습니다. 샤론 에번스 박사는 "병에 걸리면 모든 포유동물은 발열한다. 물고기나 개구리, 도마뱀 등 변온동물조차 감염증에 걸리면 체온을 높이기 위해 따뜻함을 원한다"고 했습니다. 그는 이 사실을 확인하기 위해 건강한 실험용 쥐를 여섯 시간 동안 따뜻한 방에 두어 심부 체온을 39.5도로 올리는 실험을 했습니다. 체온이 올라간 생쥐에게 림프구를 주사한 결과, 림프계 조직으로 이행한 림프구가 보통 체온의 생쥐보다 두 배 많아졌습니다. 림프계 조직은 '림프구가 병원체를 인식하여 병원체와 싸우는 것을 배우는 곳'입니다. 체온 상승은 혈류를 늘려 더 많은 림프구가 조직 내를 흐르도록 돕습니다. 이는 발열이 면역 반응의 속도를 높인다는 말입니다. 결국 "누구나 고열로 고생하기 원치 않지만, 뜨겁다고 느끼는 것이 몸에 이득이 된다"는 것입니다.

열과 암 치료의 상관성은 오래전부터 관심거리였습니다. 1866년 독일의 부시 박사가 "암에 걸렸던 사람이 폐렴이나 단독(피부의 헌데나 다친 곳으로 세균이 들어가서 열이 높아지고 얼굴이 붉어지며 붓게 되어 종창, 동통을 일으키는 전염병)에 걸려 고열이 나면 암이 낫기도 한다"라고 처음으로 발표했습니다. 이후 1900년 미국의 콜리 박사도 '발열과 암의 치료'에 관한 의학 문헌을 섭렵하여 "수술 불능의 암 환자 중 단독에 감염된 38명 가운데 20명이 완치되었다"라는 사실을 발견하는 등 20세기 초부터 발열과 암의 치료에 관한 연구가 활발하게 진행되었습니다.

일본에서도 1978년 국립예방위생연구소에서 "인간의 자궁암 세포를 추출하여 32도에서 43도의 사이에서 온도 변화를 가하여 정상 세포와 비교하니, 39.6도 이상으로 열을 가한 경우 암세포는 10일 만에 전멸했고 정상 세포는 타격을 받지 않았다"라는 실험 결과를 발표했습니다.

동양에서 발전한 뜸 역시 온열 효과를 기대할 수 있습니다. 많은 연구 결과들이 "세포를 먹어치우고 살균하여 몸 안의 노폐물을 없애는 호중구(중성 염료에 염색되는 세포질 입자를 가진 다형 핵 백혈구)도 체온이 상승하면 탐식력과 살균력이 모두 증강된다"라는 것을 증명하고 있습니다.

열이 나면 처음에는 힘들지만 조금만 참고 견디면 황홀해지면서 기분이 좋아지는 경우도 있습니다. 이는 열이 나면 뇌에서 베타 엔도르핀이 분비되어 부교감신경이 활발히 기능하고 혈행이 좋아져 치료가 촉진되기 때문입니다.

하지만 이처럼 중요한 발열에 대해 현대의학은 즉시 해열제를 사용하는 것이 보편화되었습니다. 최근에야 겨우 발열의 유용성과 해열제의 유해성을 지적하는 논문이 발표되고 있습니다.

따라서 열이 나면 무조건 해열제를 사용하기보다 차, 홍차, 당근 주스, 사과 주스 중에서 좋아하는 음료로 수분을 섭취해 탈수를 막고 상태를 살피는 것이 좋습니다. 열이 나는데도 발한이 없을 때는 생강 홍차, 생강탕, 매실 엽차 등으로 땀을 내면 열이 내리는 경우가 많습니다. 그러나 땀을 흘렸는데도 계속 열이 나고 기력과 체력이 떨어지면 의사의 진단이 필요합니다.

데이쿄 대학교 약학부 야마자키 마사토시 교수가 발표한 각종 채소와 과일의 면역 촉진 작용에 대한 연구 결과는 매우 흥미롭습니다. 채소 주스를 실험용 생쥐에게 먹이거나 정맥주사로 주입하면, 마이크로퍼지가 활성화되고 TNF(백혈구 생리활성물질의 일종)의 생산을 촉진해 면역력이 강해진다고 합니다. 실험 결과, 마늘, 양배추, 대파 속에 강한 면역 증강 성분이 있고 시금치, 당근, 파슬리, 오이, 무 등이 그 뒤를 이었습니다. 또한 백혈구의 탐식 및 살균 작용의 주역인 호중구는 바나나, 사과, 키위, 파인애플, 레몬, 딸기 등의 과일과 마늘, 양파, 생강, 양배추 등의 채소를 먹으면 그 수가 늘어나고 면역력도 향상된다고 합니다.

백 살이니까 더 전하고 싶은 것

강렬한 분노나 슬픔, 고통이 있으면 하룻밤 사이에 검은 머리가 하얗게 새기도 합니다. 이 역시 상당한 스트레스가 아드레날린, 코르티솔의 분비를 촉진하여 혈관을 수축시키고 혈행을 악화시켜 몸을 차게 만들기 때문입니다. 냉증의 성질인 음성이 머리카락을 음성 색깔인 '흰색'으로 만드는 것입니다.

슬프거나 괴로울 때는 마음껏 우는 것이 좋습니다. 울면 호흡이 깊어져 혈행이 원활해질 뿐 아니라 눈물이 배출되면서 몸이 따뜻해집니다. 웃음도 마찬가지입니다. 웃으면 횡격막이나 대흉근 등의 근육을 크게 움직여 체온이 올라가고, 날숨량이 많아지면서 폐에서 혈액으로 노폐물이 많이 배출되어 혈액이 맑아집니다. 이처럼 정신 상태는 체온에 큰 영향을 미칩니다.

예술가들이 대부분 오래 사는 것은 '다음에는 이걸 조각해야지, 만들어야지, 글로 써야지' 하면서 늘 열정을 가지고 살기 때문일 것입니다. 복음의 진리를 깨닫고 열정적으로 전도하다가 건강을 회복하는 경우도 종종 있습니다. 열정은 체열을 높여 줍니다. 열정을 갖고 매사에 긍정적으로 생각하고, 남을 위해 헌신하고, 신앙심을 갖고, 늘 감사하는 마음으로 사는 긍정적인 자세는 체온을 높이고 자연 살상세포의 기능을 강화시켜 암을 치료해 줍니다. 이러한 사실은 최근 대두된 정신종양학(Psyco-oncology)에서 과학적으로 증명되었습니다.

스트레스 학설을 발표하여 노벨생리학과 의학상을 수상한 캐나다의 세리에 박사는 만년에 암에 걸렸습니다. 현대의학의 치료를 거부하고 갖가지 치료를 시도했지만 낫지 않았습니다. 그런데 주위 사람들에게나 모든 일에 감사하는 마음을 회복하자 병이 치유되었다고 합니다. 스스로 스트레스 학설을 증명해 낸 것입니다.

도쿄 대학교 의학부의 시오야 노부오 교수는 100세 때 쓴 저서 《백 살이니까 더 전하고 싶은 것》에서 "언제나 밝고 긍정적으로 불평하지 않고 감사하는 마음으로 살면 반드시 뜻하는 바가 이루어진다"는 것을 100년 만에 깨달았다고 밝혔습니다. 먼저 우리 가슴을 주님의 따뜻한 마음으로 채우고, 메마른 영혼에게 뜨거운 생명을 불어넣는 축복의 통로가 되어야겠습니다.

"항상 기뻐하라. 쉬지 말고 기도하라. 범사에 감사하라. 이것이 그리스도 예수 안에서 너희를 향하신 하나님의 뜻이니라"(살전 5:16~18).

8. 햇빛으로
   치료하게 하라

복내에서는 하루에 두 번씩 일광욕을 겸한 산책을 정규적으로 합니다. 복내는 햇볕이 참 좋습니다. 햇볕을 쬐면서 산책을 하면 그렇게 상쾌할 수 없습니다. 햇볕은 여러모로 건강을 증진시키는 사랑의 에너지입니다.

태양은 에너지의 근원

사람을 비롯한 동물, 식물, 심지어는 미생물까지도 태양 에너지로 생명을 유지합니다. 지구에서 사용하는 에너지의 98퍼센트 이상이 태양에서 온 것입니다. 태양 에너지는 대기와 해류를 이동시키고, 바닷물을 증발시켜서 구름을 만들고 땅에 비와 눈을 내리게 합니다. 덕분에 수력 발전도 가능한 것입니다.

우리가 날마다 먹는 음식도 모두 태양 에너지로 이루어진 것입니다. 우리가 숨 쉬며 살아 있는 것도, 이 글을 읽는 것도 모두 태양 에너지를 이용하는 것입니다. 태양은 산소와 이산화탄소를 만들고 온도와 습도를 조절하여 쾌적한 환경을 만듭니다. 하나님이 세상을 창조하실 때 맨 먼저 빛을 창조하신 것은 우연이 아닙니다.

모든 식물은 성장하는 데 사용할 에너지를 태양에서 공급받습니다. 그리고 이렇게 자란 식물이 썩거나 탈 때는 원래 받았던 에너지를 발산하게 됩니다. 기름, 석탄, 가스 등은 바로 이런 에너지가 한데 모여서 엄청난 열을 내며 인간 생활에 이용되고 있습니다. 이 모든 에너지의 근원은 태양입니다.

태양 빛은 오염된 공기를 정화하는 힘이 있습니다. 탄산가스가 많은 공기는 양이온으로 조성되어 두통, 피로, 코와 목구멍의 건조, 현기증, 각종 호흡기 질환을 일으키기 쉽습니다. 태양 빛은 공기 중의 양이온을 음이온으로 바꾸어 상쾌한 공기를 만듭니다. 그래서 심신을 안정시키고 기분 좋게 생활할 수 있게 합니다. 햇볕이 잘 드는 집에 살면 짜증, 우울, 피로, 불안이 해소됩니다. 햇볕은 실제로 사람이 흥분된 상태에 있을 때 증가하는 CAMP라는 물질을 파괴해 신경의 안정을 가져다줍니다. 햇볕은 뇌에서 엔도르핀의 생산을 증가시켜 건강을 촉진합니다. 그래서 생명을 살리는 진리를 빛으로 표현하는지도 모릅니다.

간에 이상이 생기면 피부에 황달이 생기고 호르몬 변화가 오며 여러 가지 합병증이 옵니다. 얼굴이 거칠어지고 검어지면 간에 이상이 생긴 것으로 추정할 수 있습니다. 또한 목이나 어깨에 거미줄 모양의 반점이 생기고 혈관이 확장되어 벌겋게 보이기도 합니다. 간이 해독작용을 잘하지 못하면, 독소가 많은 피가 뇌 기능을 떨어뜨리고 지능과 성격과 정서에 이상 증상을 가져오기도 합니다. 이제 막 태어난 신생아에게 황달 증상이 나타나기도 합니다. 신생아 황달은 빌리루빈이라는 황색소가 체외로 배출되지 못하고 피부에 머물면서 노란 피부로 만드는 증상입니다. 이를 치료하는 데 가장 안전하면서도 경제적인 부담이 없고 치료 효과도 매우 빠른 방법은 바로 햇볕을 이용하는 광선치료입니다. 햇볕은 해독 작용이 뛰어나 간의 해독 작용을 돕고 간의 기능을 원활하게 합니다.

하버드 의대와 공중보건대학원 연구팀은 1992년부터 2000년까지 9년에 걸쳐 폐암 1기와 2기 환자 456명을 대상으로 수술 뒤 생존율을 조사했습니다. 그 결과 햇볕을 충분히 쬔 사람들이 수술 이후에도 살아 있는 확률이 월등히 높았다고 합니다. 햇볕을 쬘 때 환자 몸에서 비타민D가 생성되는데 이 비타민D가 비정상적인 세포의 증식을 막아 주었기 때문이었습니다. 연구팀장인 데이비드 크리스티아니 박사는 체내에 비타민D 수치가 높고 여름에 수술 받은 폐암 환자의 5년 후 생존율과, 체내 비타민D 수치가 낮고 겨울에 수술 받은 환자의 5년 후 생존율을 비교해 보니, 72퍼센트 대 29퍼센트로 극명한 차이를 보였다고 발표했습니다.

태양 빛의 삼총사

태양 빛은 적외선, 가시광선, 자외선으로 구성됩니다. 세 가지 요소는 각기 다른 역할을 합니다. 적외선은 가시광선의 빨간색 바깥쪽 복사선(輻射線)으로 눈에 보이지 않으나 열작용이 있는 광선입니다. 적외선은 피부의 말초혈관이나 세(細)동맥을 확장시켜 혈액 공급을 원활하게 합니다. 햇볕에 노출된 피부는 붉게 변하고 뜨거워집니다. 이때 혈관이 확장되어 열이 발생하는 부분에 혈액이 공급됩니다. 햇볕의 열로 혈액 공급이 많아지면 백혈구도 그곳으로 많이 모여 침입한 세균을 막아 냅니다. 세균이나 암세포와 싸우는 림프구의 수를 증가시켜 주며, 백혈구 중의 하나인 호중성구로 하여금 박테리아를 두 배나 빨리 잡아먹게 하는 등 인체의 저항력을 강화시킵니다. 또한 상처나 고름이 생긴 환부에 햇볕을 쬐면 상처가 쉽게 아뭅니다. 상처가 생겨 진물이 나며 통증이 있을 때 적외선 치료를 하면 좋은 효과를 봅니다. 햇볕의 열은 신진대사를 촉진해 산소와 영양 공급을 증가시키며 빨리 노폐물을 배출하도록 돕습니다. 또한 피부에 퍼진 말초신경에 영향을 주어 통증을 진정시키거나 경감시킵니다.

자외선은 살균 효과가 뛰어납니다. 박테리아, 바이러스, 진균류(곰팡이균)에 대한 살균 효과가 뛰어납니다. 그래서 습기가 많은 장마철에는 햇빛에 이불과 옷가지를 말리는 일이 아주 중요합니다. 얼굴에 햇볕을 15분 정도만 쬐어도 비타민D 하루치가 생깁니다. 이 비타민은 장에서 칼슘과 인을 흡수하도록 돕고 적당한 양을 혈액 속에 저장하여 뼈를 강하게 합니다. 비타민은 매일 먹는 음식물 속에 들어 있는 유기물로서 신진대사 과정의 촉매, 또는 촉진제로 작용합니다. 피부 세포들은 햇볕의 작용으로 콜레스테롤을 이용하여 비타민D를 만듭니다. 하여 고혈압, 동맥경화 등을 일으키는 콜레스테롤 층을 줄여 줍니다. 또한 햇볕을 쬐면 칼슘 흡수율이 15퍼센트 이상 증가하는 것으로 알려졌습니다.

가시광선은 사람 눈에 보이는 색깔을 가진 광선입니다. 이 광선으로 우리는 꽃의 아름다운 색깔을 볼 수 있으며 찬란한 저녁노을이나 푸른 들판의 색깔을 즐길 수 있습니다. 실제로는 더 많은 색깔이 섞여 있지만, 편의상 일곱 가지 색깔로 분류합니다. 하나님은 홍수 심판을 하신 후, 다시는 물로 심판하지 않을 것이라면서 무지개를 그 언약의 징표로 주셨습니다. 가시광선이 있기에 하나님의 약속을 눈으로 볼 수 있었습니다. 홍수로 두려워하는 노아와 자녀들에게 미술치료로 안심시키셨다고 해석하면 지나친 것일까요? 아름다운 광경이나 색깔을 보는 것만으로도 우리는 기분이 좋아집니다. 이는 우리 몸에 좋은 정보가 입력되어 유전자를 자극하기 때문입니다.

시간을 내어 햇볕을 따라 산책을 즐기십시오. 묵은 땀을 흘릴 때 몸에 불필요한 이물질도 함께 빠져나갑니다. 특히 여름에 흘리는 한 방울의 땀은 겨울에 먹는 보약 한 첩과도 같습니다. 게으른 자에게는 건강의 비밀이 숨겨져 있는 것입니다.

9. 잠이
보약이다

작년에 큰딸 다희가 복내에 와서 함께 생활했습니다. 중학교 1학년 때부터 복내를 떠나 여기저기로 학교를 옮겨 다녀서 함께할 시간이 많지 않았습니다. 새삼 딸이 아빠를, 아빠가 딸을 좋아한다는 말이 실감 났습니다. 시간만 나면 내 어깨를 주무르며 건강을 염려해 줍니다. 예배 때 피아노 반주도 하고 열심히 설교를 듣습니다. 예전에는 지루했는데 이제는 귀에 쏙쏙 들어오고 은혜를 받았다나요. 딸이 은혜를 받는다는 것은 아빠로서뿐 아니라 설교가로서도 행복한 일입니다. 엄마 대신 내 속옷도 빨고 넥타이와 와이셔츠 코디도 해 줍니다. 옆에서 지켜보는 환우들이, 아내가 곁에 있을 때보다 내 표정이 밝아졌다고 합니다. 아내가 들으면 조금 섭섭하겠지요.

다희가 복내에 내려온 이유는 다름 아닌 건강 때문입니다. 한 해 동안 고검, 대검, 수능고사를 연이어 치르느라 몸과 마음이 긴장되었나 봅니다. 편도선이 자꾸 붓고 허리가 아프다고 합니다. 광주기독병원에서 진료를 받았더니 면역력이 떨어져서 그렇답니다. 최근 상황을 곰곰이 되돌아보았습니다. 수능 끝나자마자 사회 적응 훈련을 한다고 이화여대 앞 옷가게에서 온종일 서서 일했습니다. 그것도 새벽같이 일어나 미술입시학원에서 한나절 동안 그림을 그리고서 말입니다. 한 달여 가까이 잠을 충분히 자지 못한 자업자득이었습니다.

'밥·쉼·정·숨·잠·꿈'이라는 소중한 가치를 담은 단어들은 하나같이 한 글자로 되어 있습니다. 그중 대표적인 것이 '잠'입니다. 잠을 통해 진정한 쉼을 경험합니다. 하루 8시간 동안 수면을 취한다면 60년을 사는 동안 20년을 수면으로 보내는 것입니다.

성경은 죽음을 '잠을 잔다'고 표현합니다. 죽음은 영원한 안식이며, 치료의 완성입니다. 잠이 드는 순간 내 의지대로 생명이 운행되지 않습니다. 오직 하나님의 생기가 나의 생명을 붙듭니다. 나는 매일 잠자리에 들 때마다 하나님만이 내 생명의 주관자이심을 고백합니다. 나는 잠들지만 하나님은 나를 위해 계속 일하십니다. 잠을 자는 동안 내 몸 안에서는 생명 작업이 계속됩니다. 이토록 잠은 중요한데 우리는 그 가치를 소홀히 합니다.

수면이 부족하면 몸에 어떤 영향을 줄까요? 첫째, 뼈와 근육을 발달시키는 사람의 성장 호르몬은 밤중에 가장 많이 분비됩니다. 특히 청소년기의 수면 부족은 발육과 성숙에 큰 영향을 미칩니다. 둘째, 혈액 중에 존재하는 칼슘을 뼈에 고정, 침착시키는 칼시토닌 호르몬은 밤중에 많이 분비됩니다. 수면 부족은 골다공증을 일으킵니다. 셋째, 임신 중에 유방의 성장을 돕고 출산 후 모유 분비를 촉진하는 프로락틴은 잠든 직후부터 증가하여 이른 아침에 최고조에 달합니다. 수면 부족은 모유 부족으로 이어집니다. 넷째, 생체 시계 기능을 하며 밤에 잠들게 하는 멜라토닌은 한밤중에 가장 많이 분비됩니다. 수면 부족으로 멜라토닌이 잘 생성되지 않으면 암에 걸릴 확률이 높아집니다.

수면 부족은 중추 신경계 기능에 영향을 줍니다. 계속되는 불면은 심적 기능 부전을 가져오며 신경계의 비정상적 활동을 보여 줍니다. 불면 속에서 사람들은 사고의 부진을 보이고 신경과민, 정신이상의 행동을 보이기도 합니다. 불면증은 환자의 신체 활동을 저하시킬 뿐 아니라 가정과 직장생활에도 막대한 지장을 줍니다. 또한 불면증 환자의 상당수가 한두 번쯤 자살을 생각한 적이 있다고 합니다. 그만큼 충분한 잠은 우리 건강을 지키는 중요한 키워드입니다.

우리가 잠자는 동안 몸에서 어떤 생리 작용이 이루어질까요? 교감신경계는 감소하고 부교감 신경계는 증가하여 혈압이 떨어지고 맥박이 감소하며 소화 기능은 항진됩니다. 또한 근육은 이완되며 신체 기초대사율은 10~30퍼센트 감소합니다.

반면, 정신적 휴식이 없으면 신호가 자극을 받는 시상하부로부터 망상계와 척수를 타고 내려가 광범위하게 교감신경이 방출됩니다. 교감신경의 방출은 혈압과 혈당을 상승시키며 신체의 대사율과 혈액 응고율도 증가시킵니다. 이러한 상황을 스트레스 반응 또는 교감신경계의 경고 반응이라 말합니다. 스트레스 호르몬이라고 명하는 호르몬 중 주된 것은 에피네프린입니다. 에피네프린은 스트레스에 반응하여 부신수질에서 분비하는데, 인슐린에 저항성을 갖게 하여 혈당을 오르게 합니다. 쉼이 없는 생활, 불면증에 시달린다든지 정신적 스트레스가 많은 상태에서는 어김없이 혈당이 오릅니다. 당뇨환자에게 식이요법과 함께 중요한 운동 또한 무리하면 오히려 혈당이 오르는 것도 인슐린 저항성으로 설명할 수 있습니다.

술, 커피, 카페인이 든 음료수는 불면증, 비만증의 원인이 됩니다. 라디오나 텔레비전을 밤늦게까지 보는 것도 좋지 않습니다. 어떤 사람은 잠을 자려고 술을 먹는데 이것은 아주 잘못된 방법입니다. 술은 다른 합병증을 유발하고 불면증을 더 악화시킵니다. 죄책감이나 미래에 대한 걱정은 불안과 공포를 초래하여 불면증의 원인이 됩니다. 신체적인 질병, 통증, 열, 두통, 암 등도 불면증의 원인입니다. 질병은 통증을 일으키고 통증은 잠을 못 이루게 합니다. 중추 신경계를 자극하는 모든 약물은 불면증의 원인입니다. 예를 들면 기관지 천식에 사용하는, 기도와 구강에 뿌리는 약은 뇌와 자율신경을 자극하여 수면에 해가 됩니다. 카페인이 든 약과 음료수 또한 그렇습니다. 뇌에 발생하는 많은 병이 수면을 방해합니다. 두통, 편두통, 뇌종양, 고혈압, 열병 등입니다. 환경적 여건도 불면증의 원인 중 하나입니다. 소음과 불빛이 수면을 방해하고, 방안의 온도가 너무 낮거나 높으면 잠을 못 이룹니다. 일하는 시간이 자주 바뀌는 것도 수면을 방해하고, 비행기 여행으로 시차가 바뀌는 나라에

가면 수면이 곤란해집니다.

수면에 유익한 음식과 유해한 음식

피로의 가장 큰 이유 중 하나가 '만성 수면 부족'일 만큼, 잠은 하루 컨디션의 80퍼센트 이상을 좌우합니다. 활기찬 생활을 위해 수면에 도움이 되는 음식과 해가 되는 음식을 정리했습니다.

수면에 도움이 되는 음식은 다음과 같습니다.

첫째, 과일, 푸성귀, 야채를 많이 먹는 게 좋습니다. 특히 저녁식사를 너무 많이 먹으면 소화가 어렵고 밤에 깰 수 있으므로 과식은 금물입니다. 또 자기 전에 너무 배가 고파도 스트레스 호르몬이 유발되어 잠이 드는 데 방해되므로 적당히 먹는 것이 중요합니다.

닭고기 가슴살과 생선, 또는 식물성 단백질로 이루어진 저녁식사는 숙면을 취하는 데 도움이 됩니다. 단백질은 밤 동안의 허기를 막고, 신선한 야채와 샐러드는 잘 소화되므로 숙면에 도움이 됩니다.

둘째, 매 끼니마다 섬유질 빵을 먹으면 숙면을 취하는 데 좋습니다. 야채, 과일, 감자 그리고 샐러드와 함께 먹는 곡식류에서 얻는 복합 탄수화물은 암, 고혈압, 심장 질환, 당뇨병에 걸릴 위험을 절반 이상으로 줄여 줍니다. 또 곡식류와 섬유질은 콜레스테롤의 혈중 농도 감소에도 탁월한 효과를 발휘합니다.

셋째, 칼슘, 마그네슘, 철, 트립토판과 같은 비타민과 무기질 제제는 병을 막고 기분을 좋게 하며 적당한 수면을 돕습니다. 특히 칼슘은 수면 호르몬인 멜라토닌을 만드는 데 많은 도움을 주며, 아미노산인 트립토판을 분비시키는 등 신경계에 꼭 필요한 영양소입니다. 따라서 무기질이 조금만 부족해도 불면증이 생기기 쉽습니다.

칼슘은 모든 종류의 낙농품(유기축산), 뼈째 먹는 식품, 일부 푸른색 야채에 들어 있어 평상시 꾸준히 섭취하면 좋습니다. 철, 구리, 마그네슘 또한 수면 중 다리 움직임을 편안하게 돕고 숙면과 개운한 수면에 도움을 줍니다.

철이 많이 들어 있는 음식으로는 푸성귀, 간, 달걀, 생선, 아보카도, 아몬드 등이 있고, 마그네슘이 풍부한 음식에는 생선, 해산물 등이 있습니다.

넷째, 필수아미노산인 트립토판이 들어 있는 음식을 먹거나 트립토판 보충제를 복용하면 졸음이 오는 것을 어느 정도 막을 수 있습니다. 트립토판 대사가 잠이 오게 하는 물질인 세로토닌이란 신경전달물질을 돕기 때문입니다. 다량의 트립토판을 함유한 음식에는 따뜻한 우유, 칠면조, 참치, 치즈 등이 있습니다.

수면에 해가 되는 음식은 다음과 같습니다.

첫째, 잠자리에 들기 전 당분이 많은 음식을 먹으면 숙면에 방해가 됩니다. 설탕이 많이 든 음식은 처음에는 에너지를 많이 내는 듯하지만 곧이어 혈당의 불균형을 초래합니다. 지나친 당분은 인슐린 분비를 촉진시키고 평소보다 많은 양의 인슐린은 머리를 혼미하게 만들거나 피곤함을 유발합니다. 따라서 잠자기 전 단 음식은 수면 리듬에 혼란을 일으키므로 삼가는 것이 좋습니다.

둘째, 흰 빵은 피하는 것이 좋습니다. 백설탕과 밀가루로 만들어진 흰 빵은 영양가도 없을뿐더러 설탕이 수면을 방해합니다. 견과류가 많이 함유된 빵은 괜찮지만 이때에도 가능하면 구워서 먹는 것이 영양 면에서 좋습니다.

셋째, 카페인이 많은 든 대표적인 기호 식품은 커피입니다. 커피는 몸 안에 12~24시간 가량 남아 있을 만큼 강력한 흥분제 역할을 합니다. 개인차가 있지만 낮에 커피를 마시면 밤중에 자주 깨고 총 수면 시간을 감소시킵니다. 잠드는 데에도 더 많은 시간이 걸립니다. 게다가 심장을 빨리 뛰게 하고 이뇨 효과까지 있어서 밤에 자주 소변을 보는 사람은 멀리해야 합니다.

올바른 수면을 위한 좋은 습관

올바른 수면을 위해서는 좋은 습관을 지녀야 합니다. **좋은 수면 습관 열 가지**를 소개합니다.

첫째, 아침에 깨어나 상쾌함을 느낄 정도로 수면을 취하십시오. 둘째, 규칙적인 시간에 잠을 청하십시오. 셋째, 규칙적인 운동을 하십시오. 넷째, 조용한 침실 분위기를 연출하십시오. 다섯째, 실온을 적당히 유지하십시오. 여섯째, 곡류나 씨앗 류(비타민B)를 섭취하십시오. 일곱째,

오후에는 카페인을 피하십시오. 여덟째, 알코올을 멀리하십시오. 아홉째, 지나치게 수면제에 의존하지 마십시오. 열째, 잠이 안 올 때에 잠들려고 노력하지 말고 다른 일에 몰두하십시오.

무엇보다도 '하나님이 사랑하시는 자에게 잠을 주신다'는 말씀을 기억해야 합니다. 하나님에게 사랑받으면 영혼이 쉼을 얻게 되니 자연히 숙면을 취할 수 있다는 말입니다.

복내에서는 저녁 9시 넘어가면 대 침묵 시간입니다. 충분한 수면이야말로 암 재활 성공의 관건이기 때문입니다. 상쾌한 아침은 이미 저녁 시간에 결정됩니다. 하나님은 당신을 사랑하는 자에게 깊은 수면을 취하게 하시어 새로운 생명을 창조하십니다. 달콤한 잠은 최선의 생명 창조 환경입니다. 하와를 만드실 때도 아담을 잠재워 놓고 일하셨습니다. 잠은 하나님과 피조물이 생명의 교제를 나누는 시간이요, 공간입니다.

"여호와 하나님이 아담을 깊이 잠들게 하시니 잠들매 그가 갈빗대 하나를 취하고 살로 대신 채우시고"(창 2:21).

10. 음악으로
       샤워하라

나는 설교나 강의를 준비할 때 모차르트의 음악을 즐겨 듣습니다. 아인슈타인도 머리를 식힐 때 모차르트 음악을 들었다고 합니다. 복내에서 암 환자들의 식단에 빠트리지 않는 메뉴 중 하나 역시 아날로그 방식의 LP와 진공관 앰프로 듣는 모차르트 피아노곡입니다. 모차르트 음악은 뇌를 활성화시키며 자세 교정에도 도움이 됩니다. 아울러 스트레스를 경감시키고 감수성을 풍부하게 합니다. 그동안 많은 과학자들이 다양한 연구 실험을 통해 '모차르트 음악은 지능지수나 공간 인지력을 증진시키고 기억력을 활성화시킨다'고 밝혔습니다.

음악 샤워

음악은 두뇌 건강에 좋습니다. 심지어 귀가 없는 식물이나 미생물에게까지 영향을 미칩니다. 모든 세포는 75~90퍼센트가 물로 이루어졌는데, 소리에 의한 공기 진동이 그 세포 내의 수분으로 전달되기 때문입니다. 소리는 파동의 형태로 귀를 통해 뇌까지 전달되는데 실제로는 뇌뿐 아니라, 약 60조억 개의 세포로 이루어진 몸 전체가 파동을 통해 무언가를 감지합니다.

음악을 듣는 것은 세포 전체가 음악으로 샤워를 하는 것과 같습니다. 그래서 음악을 들으면 몸과 마음의 기운이 원활하게 순환됩니다. 특히 고주파 음과 파동 효과가 풍부한 모차르트 음악은 부교감신경이 분포한 연수에 효과적으로 작용하기 때문에 생기를 가져다줍니다. 구체적으로 설명하자면, 음악이 연수에 연결된 안면신경이나 설인신경에까지 영향을 미쳐 침이나 눈물의 분비를 촉진케 한다는 것입니다. 이로 인해 침과 눈물 속에 있는 면역 물질 IgA 항체와 병원균을 용해하는 효소 라이소자임(Lysozyme)의 분비량이 증가하고, 눈이나 입으로 침입하는 인플루엔자 바이러스 등의 병원체를 격퇴하는 힘도 커진다는 것입니다.

항암 치료는 세포의 기능을 저하시킵니다. 그때 나타나는 현상 중 하나가 침이 마르는 것입니다. 연수에서 간뇌에 걸친 뇌 간부는 안면신경이나 침샘을 지배하는데 여기에 음악적 자극이 오면 침이나 눈물이 분비됩니다. 그 효과 때문인지 복내에서 요양 중인 암 환자들의 식욕은 매우 높은 편입니다. 일반병원 입원 환자들의 불평 사항 1호는 병원 밥이 맛없다는 것입니다. 식사시간 만이라도 음악을 틀어 주면 음식 불평이 많이 사라질 것입니다. 음악은 삶의 질을 고양시키는 하나님의 선물입니다.

음악치료

21세기는 본능의 시대라고 일컫습니다. 본능이라고 하면 청각, 시각, 후각, 미각, 촉각의 오감을 말합니다. 인간의 오감은 감각신경을 통해 뇌에 자극을 전달합니다. 그중 85퍼센트 이상은 청각 자극에 의한 것입니다. 소리가 보다 직접적으로 대뇌에 영향을 미치기 때문입니다. 간뇌에 있는 사상하부는 체내 균형을 관장하는 호르몬계와 자율신경계의 중추를 이루는데, 청각이 그곳을 직접 자극하므로 파급 효과가 강렬한 것입니다.

현재 음악요법은 현대의학이 해결하지 못하는 부분을 보충하는 도구로, 미국에서는 대체의학의 한 분야로 자리매김하고 있습니다. 미래에는 각 사람의 체질에 따라 음악 처방이 이루어질 것입니다. 음악이 가진 멜로디, 리듬, 주파수, 파동효과, 음색, 음률 등이 종합적으로 망라되어서 말입니다.

음악이 가진 치료 효과는 고대 그리스 시대의 수학자 피타고라스가 이미 주장했습니다. 그는 음악이 도덕성이나 사회성, 신앙심을 풍부하게 할 뿐 아니라 인간의 혼란스러운 정신을 치료할 수 있다는 이론을 폈습니다. 음악이 동물이나 식물에 영향을 미친다는 사실은 여러 경로를 통해 확인됩니다. 실험용 쥐의 미로 실험을 예로 들면, 모차르트 음악을 들려준 쪽이 들려주지 않는 쪽보다 훨씬 빨리 출구를 찾는다는 보고가 있습니다. 일본의 우사에서는 소에게 모차르트 음악을 들려주었더니 우유가 훨씬 수월하게 나왔고, 다른 농장에서는 방울토마토의 단맛이 증가했으며, 양조장에서는 정종의 숙성 기간이 단축되었다는 사례가 이미 보고되었습니다.

위나 십이지장 같은 소화기관의 경우, 연수에서 나온 미주신경(迷走神經, Vagus Nerve) 내 부교감신경이 소리의 자극을 받으면 소화액 분비가 촉진되므로 소화관 면역력이 높아집니다. 또한 교감신경의 과잉 상태를 억제한다면 아드레날린 분비도 줄어들고 그 결과 과립구의 과도한 증가나 암, 아토피 등의 원인이 되는 활성산소의 증가도 막을 수 있습니다. 부교감신경이 자극받으면 아세틸콜린의 분비가 활발해져 침체된 림프구 기능이 회복됩니다.

특히 암세포나 바이러스 감염 세포를 공격하는 내추럴킬러세포(Natural Killer Cells)나 T림프구와 같은 면역 세포도 혈액 속에 동원되어 증가하기 때문에 면역력을 더욱 증강시킬 수 있습니다. 뇌하수체전엽에 작용하여 최종적으로는 림프구 기능이 제약을 받지 않으므로 이물질에 대한 공격력도 회복됩니다.

다양하게 활용되는 음악요법

일본의 사이타마 의과대학에는 노인 치료 병동과 재활의학 분야에 음악요법사가 있습니다. 노인 환자들의 치매증 개선은 물론 집단생활 적응과 효율적인 재활 치료를 위해 음악요법이 활용되고 있습니다. 이외에도 장애 아동 보호시설이나 아토피 클리닉 등에서 음악요법을 적극 도입하고 있습니다.

미국에서는 수술 중 의사가 집중력을 높이기 위해 음악요법을 실시합니다. 또한 수술 받은 환자에게 음악요법을 실행하여 심장박동과 혈액 흐름을 안정시키고 통증을 완화시킵니다. 한 화상 전문 치료센터는 통증을 완화하거나 면역력을 높여 피부 재생을 신속하게 하기 위해 음악요법을 활용한다고 합니다. 플로리다의 빅 벤 호스피스 병원은 음악치료사가 다섯 명이나 상주하면서 임종을 앞둔 환자들을 돕고 있습니다.

유럽에서는 의료 종사자들의 휴게실에 음악요법사가 상주하면서 과도한 노동에 시달리는 사람들에게 음악요법을 제공해 심신에 안정감을 주고 있습니다. 여유로운 마음으로 환자를 대하면 보다 정확한 의료 활동이 가능하고 오진 등의 문제도 줄일 수 있으므로 그 효과가 크지 않을 수 없습니다.

우리나라에서도 음악요법이 다양하게 시도되고 있습니다. 특히 우울증 환자나 아토피 피부염을 앓는 환자에게 시행하여 매우 큰 치료 효과를 거두고 있습니다. 뇌졸중 환자의 언어 회복에도 유용하게 사용됩니다.

내가 자문위원으로 돕는 광주기독병원 내의 암 환자를 위한 전인치유 병동 응접실에는 클래식 음악이나 찬양을 들을 수 있는 오디오 시스템이 갖춰져 있습니다. 최후 통증과 힘든 싸움을 하는 호스피스 환자에게 음악요법은 특유의 완화 작용을 하여 진통제 투여량을 줄이는 효과를 확실히 볼 수 있습니다. 게다가 자원봉사자들이 불러 주는 찬송가는 최고의 음악치료입니다. 음악으로 통증이 완화되면 의식을 또렷하게 유지할 수 있을 뿐 아니라 닫혔던 마음도 조금씩 열려 한결 밝은 마음으로 가족과 의료진과 대화할 수 있습니다. 그렇게 편안하게 인생을 마감할 수 있다면 그것만으로도 음악요법 의의는 충분할 것입니다.

복내에서는 클래식 음악으로 아침 기상을 알립니다. 아침에 모여 발목 펌프 운동을 할 때 역시 고유 리듬에 맞춥니다. 이어 치유센터 주제가에 맞춰 율동을 하면서 몸을 깨웁니다. 식사 시간에는 소화에 도움이 되는 음악을 들려드립니다. 38만평 산책로 어디서나 음악을 들을 수 있습니다. 오후 전인 건강 체조와 명상을 할 때도 음악을 배경으로 합니다. 저녁 예배 때는 찬양으로 우리의 호흡을 그분께 바칩니다. 사랑의 중보기도를 드린 후에 노래로 축복합니다. "너는 시냇가에 심은 나무라." 이렇게 복내에서의 생활은 음악으로 시작해서 음악으로 마감합니다.

생명의 소리, 아날로그

정신과 의사인 존 다이아몬드 박사는 음악이 최고의 치료법이라면서 다음과 같이 말했습니다. "당신의 몸은 거짓말을 하지 않습니다. 분명 디지털 녹음 기술은 몸의 에너지를 떨어뜨리고 스트레스를 줍니다. 디지털 음악은 치료에 전혀 효과가 없습니다. 지난 80년 동안 녹음된 수

천 장의 LP 음반을 실험한 결과, 모두 음악치료에 효과가 있었습니다. 하지만 같은 음악도 디지털 방식으로 녹음되면 부정적인 영향을 끼칩니다. 낮과 밤, 생과 사처럼. 환자들이 보인 부정적인 반응은 모두가 디지털 녹음 음반을 사용했을 때였음을 발견했습니다. 그 때문에 디지털 음악을 치료에 사용한 경우는 한 번도 없었습니다."

과학적 증명을 위해 페스윌라의 피아노곡을 피아노 실연, LP, SACD, 일반 CD로 들려주면서 어깨와 연결된 삼각근육의 근력을 측정했습니다. 결과는 놀랍게도 위의 순서대로 근력이 현저하게 떨어졌습니다. 이 사실이 더욱 심각하게 다가오는 이유는, 요즘 청소년 대부분이 MP3로 음악을 듣기 때문입니다. MP3는 CD보다 소리 전달 과정을 더 생략한 기계음이기 때문에 스트레스를 더욱 가중시킬 것입니다. 아날로그 음악은 감정적인 스트레스를 덜 주어 자율신경계에 좋은 영향을 끼치며 교감신경과 부교감신경의 균형을 이루게 한다는 것입니다.

또한 고등학생들을 대상으로 모차르트 음악을 10일간 들려주고 반응 속도를 측정한 결과, 아날로그 음악을 들은 학생이 디지털 음악을 들은 학생보다 반응이 빨랐습니다. 정교한 작업을 하는 데 디지털 음악은 매우 효율성을 떨어뜨린다는 것입니다. 디지털 음악을 습관적으로 들으며 공부하는 청소년은 두뇌 구조의 퇴화로 탁월한 성적을 거두기 어려울 수도 있습니다.

뿐만 아니라 디지털 음악은 내면적 도덕성의 전도현상(A Reversal of Inner Morality)이 무의식중에 형성될 수 있습니다. '사랑은 좋은 것이고 증오는 나쁜 것이다', '건강은 좋은 것이고, 병은 나쁜 것이다'는 매우 상식적인 가치가 자신도 모르게 전도된다는 것입니다. 한편, 요즘 청소년들의 반사회적 행동에 대한 궁금증이 풀리는 순간입니다.

경북대와 계명대 공동으로 식물을 대상으로 베토벤 교향곡 5번 '황제'를 들려주었습니다. 아날로그 음악을 들은 식물에게서 생장호르몬이 2~3일 정도 빨리 형성되는 것을 확인했습니다. 디지털 음악을 들은 식물군은 꽃눈 분화가 많이 이루어지는 것으로 보아서 스트레스로 인한 종족보존 현상이 두드러져 있음을 알 수 있었습니다.

디지털과 아날로그 방식은 어떤 차이가 있을까요? 그 둘의 차이는 사인파의 다름에 있습니다. LP의 사인파는 끊어짐이 없습니다. 그런데 CD의 사인파는 계단 모양으로 끊어져 있습니다. MP3는 더 끊어져 있습니다. 이는 소리를 적은 용량에 많이 저장하려고 과정을 생략했기 때문입니다. 디지털 음악은 실재를 '0'과 '1'로 부호화한 데이터의 조합이기 때문에 원형에서 멀리 떨어져 있습니다. 얼핏 듣기에 같은 소리로 들리지만 몸의 세포는 기계음과 자연음을 정확하게 구별하여 반응합니다. 따라서 음악치료에 있어서 선곡도 중요하지만 음원 방식이 먼저입니다.

디지털 음악의 폐해를 깨달은 호주의 한 초등학교에서는 수업 중에 CD를 사용하지 않습니다. LP 턴테이블을 대부분의 가정에서 소유하고 있을 정도입니다. 유럽도 아직까지 LP 시장이 활성화 되어 있습니다.

물론 음반 제작자들은 원가 절감을 위해 디지털 녹음 방식을 선호할 수밖에 없습니다. 디지털 문화는 음악의 대중화에 기여했으나 사람의 정신세계를 황폐하게 하고 몸을 망가뜨리는 흉기가 되어 버렸습니다. 자본주의 보편적 가치인 편리성과 상업성의 폐해가 흉물처럼 드러나고 있습니다. 과정을 생략한 채 결과에 급급하다 보니 사회 전반에 부실공사가 이어집니다. 기계 문명이 인간 행복을 보장하리라 낙관했던 시절이 있었습니다. 하지만 이제는 인간이 기계 문명의 노예로 전락하고 말았습니다.

이제라도 불편을 감수하고 생명의 소리가 들리는 자연의 세계로 돌아와야 합니다. 하나님이 창조하신 최초의 에덴동산에는 오직 아날로그 소리만이 존재했습니다. 창조 도구인 '말씀'도 죽은 언어가 아닌 살아 있는 언어, 아날로그였습니다. 말씀이 육신이 되어 이 땅에 오신 예수님도 아날로그적인 방식으로 민중들과 함께 애환을 나누셨습니다. 성령님도 아날로그적인 음성으로 생명의 질서를 운행하십니다. 예수님의 길을 준비한 광야의 외치는 자, 세례 요한의 소리도 아날로그였습니다.

살아 있는 소리만이 생명을 창조하고 충만하게 하는 에너지가 됩니다. 아무리 아름다운 조화(造花)라 하더라도 또 다른 생명을 만들지 못합니다. 자연의 세계로 모두 들어와 살면 좋겠으나 어쩔 수 없이 도시 생활을 해야 하는 이들이 많습니다. 이들을 위해 국가는 아날로그 음악을 만들고 보급하도록 지원책을 마련해야 할 것입니다.

또한 이러한 시대적 흐름을 바꾸기 위해 무엇보다 화려한 외양이나 편리보다는 생명의 본질을 추구하는 가치관을 회복해야 합니다. 그리고 생명에 관심이 없는 천민자본주의적인 삶의 행태에 브레이크를 걸고, 생명의 소리를 소중히 여기는 사람들을 길러내야 합니다. 더 나아가 교회 공동체가 자본주의적인 상업성이나 대중성에 편승하지 말고, 생명을 회복하고 충만케 하는 진리를 사랑하며, 아름다운 전형(典型)을 만들어 삶의 열매로 선교하는 아날로그 목회로 되돌아가야 합니다.

"너희 중에 어떤 사람이 양 백 마리가 있는데 그 중에 하나를 잃으면 아흔아홉 마리를 들에 두고 그 잃은 것을 찾아내기까지 찾아다니지 아니하겠느냐"(눅 15:4).

11. 미술로
   마음에 색칠하라

복내에서는 미술치료 시간을 진행하고 있습니다. 환우들에게 낯선 일이라 처음에는 어색했습니다. 그림 한 장에 자신의 심리와 살아왔던 발자취가 다 드러난다는 미술치료사의 이야기에 자신을 들킬까 하는 두려움도 있었습니다. 하지만 시간이 지나면서 마음이 열리고 자기를 솔직하게 표현하기 시작했습니다. 마지막 시간에는 전체 그림을 쪼개어 색칠한 뒤 조합하는 공동 작업을 하였습니다. 자기는 이해할 수 없는 한 조각의 그림을 그렸지만 전체를 맞춰 보니 훌륭한 조화를 이룬 작품이 되었습니다. 저마다 우리는 한마음과 한 몸인 것을 깨달았다고 이야기했습니다. 미술치료사 선생님은 오히려 복내 암 환자들의 긍정적이고 유쾌한 모습을 통해 살아 계신 하나님의 은혜를 깨달았다고 말씀하셨습니다.

암을 극복하게 하는 표현 예술

천봉산에는 적송이 많아서 겨울에도 나름대로 푸름을 유지합니다.

게다가 각 방마다 아름다운 꽃이 그려진 수채화 그림으로 생명의 기운을 북돋아 주고 있습니다. 복도와 식당에도 분위기에 맞는 그림이 걸려 있습니다. 조성의 대신제재소 류중기 권사님이 평화의집 개원을 기념하여 20여 점을 기증하셨습니다. 그림을 설치하기 전날 밤, 설레는 마음에 잠을 이루지 못하셨답니다. 치유센터의 그림들을 보신 기독병원 송경의 원장님의 요청으로 류 권사님의 대형 그림이 광주기독병원의 로비에 당당하게 걸렸습니다. 짙푸른 시골 풍경이 담긴 그림이 질병으로 지친 이들에게 안식을 줄 것이라는 권사님의 소원이 이루어진 것입니다. 병원 당국도, 류 권사님도, 환우들도 모두 감사한 일입니다. 이렇게 한 폭의 그림은 인간의 마음과 사물을 이어 주는 중요한 매개체입니다.

주디 애스베리는 "미술은 우주와 이어진 나의 감정을 표현한다. 나는 미술 작업이 우리 존재의 근원인 우주와의 연결성으로 예술가를 감싸는 멋진 경험이라고 믿는다. 나는 미술 감상자들에게 이 치유의 경험이 가능하다고 믿는다. 내게 미술 작업은 중단이나 방해 없이 무한히 자유롭게 흘러간다. 즐겁고 평화롭다. 그러한 경험은 자신과 우주 사이를 서로 연결하는 것이다"라고 말했습니다.

오늘날 미술을 활용해 신체와 영혼을 치유하고 변화시키려는 움직임이 널리 일고 있습니다. 지난 수세기 동안 미술가들은 종이나 캔버스에 찰흙이나 여러 미술 재료를 이용해서 시각적 이미지를 창조하는 것이 작가와 감상자 모두에게 육체적, 감정적으로 유익하다는 것을 직감해 왔습니다. 더 나아가 좌우 뇌의 역할과 시각화에 대한 연구나 심리신경면역학 분야에서의 폭넓은 연구 결과, 예술적 재능이 없는 사람의 경우에도 미술이 삶을 변화시키고 심도 있는 치료를 촉진시킨다는 사실이 밝혀졌습니다.

치료자들은 미술, 음악, 춤, 문학의 치료 효과가 높다는 사실을 발견했습니다. 요즘엔 암과 에이즈를 포함한 많은 질병의 치료 과정에서 미술가와 음악가들의 도움을 받습니다. 세계 각지의 병원들은 치료를 위해 자료를 공유하며, 예술가를 초청해 환자와 함께 작업하는 프로그램을 만듭니다. 환자들은 치료를 위해 유쾌한 음악을 듣거나, 아름다운 전시를 보거나, 예술가들과 함께 연주하고 춤을 춥니다. 미술과 음악은 환자들로 하여금 영혼의 즐거움을 찾도록 도와줍니다. 영혼은 몸의 치료를 돕고, 예술은 면역체계의 기능을 극대화하며, 고통을 진정시키고, 영혼의 힘을 강화시킵니다.

예술 매체가 치료에 도움을 준다는 가정은 학문적 검증 없이 상식적으로 받아들여지는 추세입니다. 우리는 현실과의 갈등이나 육체적인 고통을 예술로 극복한 위대한 예술가들을 많이 보았습니다. 또한 심리학자들은 열등감이나 실패감을 극복하고 자신을 사회에 표출하고 이해시키는 과정에서 예술 행위가 하나의 방편이라고 말합니다. 정서가 불안정한 사람들에게 원초적인 창조 경험은 정서와 태도에 바람직한 변화를 일으킬 수 있습니다.

한스 로크마커 교수는 《기독교와 현대예술》(IVP)에서 기독교 미학은 두 가지 전제에서 출발한다고 주장합니다. 첫째, 모든 세계와 실재가 하나님에 의해 창조되었으며, 모든 인간 활동은 근본적으로 종교적이기 때문에 이 세상 모든 예술이 하나님과의 관계에서 벗어날 수 없다는 것입니다. 둘째, 모든 예술은 하나님이 인간에게 부여하신 미(美)에서 출발하기 때문에 모든 아름다움을 추구하는 예술적 노력은 하나님에 대한 반응이며 종교적 표현이라고 했습니다.

감정과 질병의 상관관계

가장 빈번한 질문 중 하나는 '감정이 질병과 무슨 관계가 있는가?'입니다. 지난 몇 년 동안 심리신경면역학 분야에서의 연구, 즉 중추신경체계와 면역체계에 대한 연구는 이 질문에 대해 분명한 대답을 주고 있습니다. 부정적인 사고와 공포가 면역체계에 기능장애를 일으키고 생리적 스트레스의 원인이 된다는 것입니다. 면역체계 기능장애는 비정상적인 세포 성장과 바이러스, 박테리아, 화학오염물질 같은 외부 환경 요인의 유해 작용에서 신체를 보호하지 못하고 질병을 일으킵니다.

1970년대 암 치료 분야에서 시각화와 미술의 사용에 관해 최초로 연구한 칼 시몬튼 박사는 면역체계에 미치는 스트레스의 영향을 증명하는 '암을 일으키는 마음, 신체 모델'(Mind, Body Model of Cancer Development)을 소개했습니다. 다음은 감정과 질병 사이의 관계를 보여주는 방정식입니다.

부정적 사고,
고통 혹은   ⟶   스트레스   ⟶   면역체계   ＋   시간   ＝   질병
공포의 감정   기능 장애

시몬튼 박사에 따르면, 맨 처음 면역체계를 손상시킨 신체의 물리적 스트레스에서 벗어날 때 치료가 시작됩니다. 과거에 언어적 심리치료는 부정적 사고와 공포감을 떨쳐 내기 위해 선택한 방법이었습니다. 그러나 이제는 표현 예술이 더욱 효과적인 것으로 알려지고 있습니다.

우뇌와 좌뇌의 차이에 초점을 둔 뇌기능 연구는, 우리가 경험과 감정을 처음에는 이미지로 나중에는 언어로 생각하고 처리한다는 것을 알려 줍니다. 신체의 감각과 우뇌는 경험과 그에 대응하는 감정을 먼저 이미지로 받아들입니다. 그리고 나서 좌뇌가 그 이미지들을 언어적 사고로 바꿉니다. 뇌기능 연구에 따르면, 이미지는 신체와 마음의 내적 의사소통의 형태입니다. 신체는 생각이나 관념을 묘사하는 언어에 반응하기 전, 생각과 관념의 이미지에 먼저 반응합니다. 또한 언어적 기억들이 좌뇌에 저장되는 반면 경험과 감정에서 연상되는 이미지는 우뇌에 저장됩니다. 만약 억압된 감정이 신체와 마음에 이미지로 남아 있다면, 언어보다 오히려 이미지가 그 고통스러운 감정을 깨닫는 통로가 되며, 미술은 이러한 감정의 이미지를 해방시키는 가장 직접적인 수단입니다.

복내에서도 미술을 통해 과거와 현재의 감정과 정서를 해방시키는 것을 배운 환자들이 감정적으로나 육체적으로 자유를 얻는 효과를 보았습니다. 여러 해 동안 언어적 심리치료를 받았던 환자들은 자신의 감정을 언어가 아닌 예술로 표현하고 매우 놀라워했습니다. 언어적 치료에서 결코 해결할 수 없던 문제들이 그림이나 조각, 춤 또는 음악을 통해 해결되었기 때문입니다.

예술, 미래의 치료약

치료는 의학적으로 '아픈 것을 낫게 하는 것, 건강한 변화를 유도하는 것'입니다. 이를 심리치료에 국한시킨다면 '개인이 자기 생활에 적응하는 문제를 잠재적으로 더 한층 행복하고 건설적이 되도록 개인에게 변화를 주는 것'이라 할 수 있습니다.

신경생리학 연구에 의하면, 예술, 기도, 치료는 모두 신체의 같은 근원에서 나옵니다. 모두 비슷한 뇌파의 패턴을 보이며, 마음·신체 변화와 관련 있습니다. 또한 감정과 의미에서 서로 깊이 연관되어 있습니다.

자연은 다양한 문화 안에서 두 개의 상반된 에너지를 가졌습니다. 남성과 여성, 낮과 밤, 이성과 직관 등입니다. 예술과 치료 또한 이 두 가지 기본적인 에너지로 나타납니다. 이 두 에너지가 목적을 가지고 만났을 때, 치료를 위한 예술과 예술을 위한 치료가 가능해집니다. 예술과 치료는 분리될 수 없습니다.

오늘날, 대체치료 중에서도 특히 표현 미술을 강력한 자가 치료 도구로 여기는 경향이 있습니다. 암 재활 분야에서 모범적인 독일의 병원을 살펴보면 미술치료사들의 도움으로 유쾌하게 요양 생활을 하는 환자들을 흔히 볼 수 있습니다. 환자를 음악이나 미술 등 다른 세계로 인도할 누군가가 방문하여 예술 작업을 함께하며 환자가 자신의 감정을 자유롭게 표현할 때 치료가 시작됩니다. 사랑 앞에서 사람의 마음이 열립니다. 그들 사이를 이어 주는 것은 사랑의 언어인 예술입니다.

플로리다 대학의 메리 리사 키타키스는 치료에서 예술의 존재 이유는 매우 간단하다고 말합니다. "당신이 아프고 낙심하고 우울할 때, 집

이나 병원에 누워 있을 수도 있지만, 멋진 그림을 그리거나 춤추고 노래
하며 음악을 들을 수도 있다. 어떤 것을 선택하겠는가?"

예술치료는 미래의 예술이자 미래의 치료약입니다. 비싼 그림이 아니
라도 마음이 가는 그림 한 폭 정도 눈길 가는 곳에 걸어 두십시오. 숨
가쁘게 살아가는 생의 악보에 연극의 주인공이 되어 쉼표를 그려 넣으
시기 바랍니다.

12. 웃음은
   내적 조깅

매서운 꽃샘추위가 지나갔습니다. 멋모르고 고개 내민 새싹들이 화
들짝 놀라 다시 움츠러들었습니다. 복내 가족 중에도 일교차 때문에 감
기가 들어 고생한 분들이 꽤 있습니다. 꽃샘추위가 있으려니 예상했지
만 막상 추위를 견디다 보면 자연의 짓궂음을 원망하게 됩니다. 그러나
이 또한 봄을 소중하게 맞으라는 조물주의 섭리겠지요. 그저 봄이 왔다
고 봄은 아닙니다. 그 안에서 생명을 볼 수 있을 때만 진정한 봄입니다.
마음의 동토가 녹을 때 비로소 볼 수 있는 신비이지요. 대개의 경우, 예
기치 않는 시련을 통과하면서 비로소 생명의 소중함을 깨닫습니다. 암
투병하면서 오히려 참된 인생의 의미를 재발견하는 이들이 있습니다.
유한한 육체 너머에 있는 영원한 생명을 발견하는 겁니다. 그래서 고통
이 늘 불행한 것만은 아닙니다. 세상에 대한 집착이 덧없음을 깨우쳐 주

며, 모든 것을 수용하도록 도량을 넓혀 주기 때문입니다.

웃음은 내적 조깅

"스트레스 호르몬이 줄어듭니다. 엔도르핀이나 엔케팔린 같은 자연 진통제가 생성됩니다. 얼굴, 목, 어깨 근육이 적당히 이완됩니다. 동맥이 이완되어 혈압이 낮아집니다. 뇌졸중의 원인이 되는 순환계의 질환을 예방합니다. 갈비뼈 사이의 근육, 복근, 횡격막 등을 자극해 호흡기가 좋아집니다. 부신에서 염증을 낮게 하는 화학물질이 나옵니다. 신체의 전 기관의 긴장을 완화시켜 줍니다."

이렇게 대단한 신약이 언제 개발되었느냐고 궁금하신가요? 단 15초간 마음껏 웃었을 때 신체에 일어나는 현상을 나열한 것입니다. 하나님이 우리 몸을 창조하실 때 이미 처방하신 '웃음'의 약효입니다. 웃음은 하나님이 인간에게만 허락하신 선물입니다. 동물들에게는 웃음이라는 감정이 없다고 합니다. 만물의 영장에게 웃음이 중요한 가치가 있다는 뜻입니다.

영국 옥스퍼드 대학 연구팀에 따르면, 아기들은 생후 2개월부터 웃기 시작하고 6세 어린이들은 하루 300회 정도 웃는다고 합니다. 반면 성인들은 하루에 14회 정도만 웃습니다. 0회인 사람들도 꽤 될 겁니다. 우리는 세상살이에 치여 웃음을 잃어 가고, 인간미를 상실해 갑니다. 그러다 중한 병에 걸려 죽음의 그림자가 찾아들면 얼굴에서 웃음이 사라집니다.

이제는 먹고사는 게 큰 문제가 아닌 시대입니다. 그러나 정신 건강은 더 피폐해졌습니다. 요즘 웃음치료사들까지 등장했습니다. 우리 삶을 풍요롭게 하고 정신을 건강하게 하는 데 웃음만큼 좋은 것이 없기 때문입니다. 미국의 심리학자 윌리엄 제임스 박사는 "우리가 행복해서 웃는 것이 아니라 웃기 때문에 행복하다"라는 유명한 말을 남겼습니다.

미국 하버드 의대 연구팀에 다르면, 1~5분 동안 웃었을 때 면역세포인 NK세포가 5~6시간 동안 지속적으로 증가합니다. 이런 과학적인 사실이 웃음요법의 붐을 가속시켰습니다. 인도는 봄베이에만 300개가 넘는 '웃음 클럽'이 활동 중입니다. 이 웃음 클럽은 정기적으로 모여 웃음을 나누고 키우면서 스트레스 해소와 질병 치료에 효과를 보이며 인도 사회를 건강하게 만들고 있습니다. 우리나라 의학계도 조금씩 수용하여 서울대병원, 신촌세브란스병원, 성바오로병원 등이 웃음치료 프로그램을 적극 도입하는 분위기입니다. 영국은 이미 1991년에 웃음을 '질병 치료법'으로 인정했습니다.

미국 존스홉킨스 병원의 연구 결과, 웃음은 '내적 조깅'이라고 불릴 만큼 신체 각 기관을 자극해서 혈액순환을 증가시키고 활력을 강화해 불안이나 걱정 근심을 가라앉히는 효과가 있음이 의학적으로 밝혀졌습니다. 잘 웃는 암 환자들이 호전되거나 치료 효과가 빠른 이유도 웃음이 '암 세포'를 죽이는 '자연살상세포'(NK세포)를 많이 배출하기 때문입니다.

미국 내슈빌 밴더빌트 대학교 연구에 따르면, 산모가 하루 10~15분 웃으면 작은 초콜릿 한 개에 해당하는 열량을 소모한다고 합니다. 움직이기 어려운 산모나 환우들에게 웃음은 대단히 높은 운동 효과를 줍니다.

과연 '웃음보'는 있는가?

웃음은 신체적인 행위요 동시에 심리적인 행위입니다. 웃음은 호흡의 일종입니다. 평범한 숨쉬기처럼 웃음도 들이마시고 내뱉는 호흡이 반복되지만, 다른 점이 있다면 숨을 내쉬는 시간이 길다는 것입니다. 실컷 웃고 나면 몸속에 있던 공기는 바깥으로 배출되고, 신선한 공기가 대량 몸속으로 들어옵니다. 폐에 남아 있으면 균으로 증식될 수 있는 유해 물질들이 동시에 몸 밖으로 빠져나옵니다.

그런데 왜 웃음보가 터지는 것일까요? 사람은 신경 에너지가 흐르면서 새로운 생각이나 감정을 느끼는데, 갑자기 신경 에너지가 멈추고 이전과 다른 방향으로 흐를 때 '웃음'이라는 경련성 운동이 나타납니다. 이때 이 신경 에너지는 여러 근육에 전달됩니다. 우리가 신체 일부를 간지럽게 했을 때 나타나는 웃음은 반사 행동의 일종입니다.

그렇다면 웃음이 왜 치료 효과가 있을까요? 웃을 때 터지는 웃음소리는 가슴, 특히 횡격막의 짧고 간헐적인 경련과 수축과 깊은 호흡을 통해 발생합니다. 흔히 '웃음보가 터졌다'라고 이야기하는데, '웃음보'는 왼쪽 대사의 사지통제 신경조직 바로 앞에 있습니다. 웃음보는 이성적 판단을 주관하는 이마엽과 감정을 맡는 변연계가 만나는 'A10영역'이라 불리며, '도파민'이라는 신경전달물질이 많은 신경세포들로 가득 차 있는 것으로 밝혀졌습니다. 뇌의 중심부에 있는 감정 자율신경과 면역력을 담당하는 간뇌의 기능을 강화해 주는 것이 바로 웃음입니다.

복내에서는 아침에 일어나자마자 예배당에 모여 '하하 송'에 맞추어 큰소리로 웃으며 하루를 시작합니다. 오후 체조 시간에도 온몸을 기울여서 박장대소하며 웃음보를 터트립니다. 여럿이 함께 웃으면 33배의 효과가 있답니다. 억지로 웃어도 95퍼센트의 웃음 효과가 있습니다. 한 사람이 시작한 웃음이 어느새 모두에게 전염되어 웃음바다가 됩니다. 처음에는 굳은 표정으로 참석한 말기 암 환자도 얼떨결에 따라서 웃습니다. 한참 웃고 나면 모두들 얼굴에 홍조를 띱니다. 산책하는 중에도 웃음이 끊이지 않습니다. 식사 시간에도 여기저기서 웃음이 터져 나옵니다. 참으로 유쾌한 투병 생활이 아닐 수 없습니다. 정신병동이라고 오해받을 수 있으니 웃음을 자제하자는 농담이 오갈 정도입니다.

로빈 윌리엄스가 주인공으로 나온 〈페치 아담스〉라는 영화가 있습니다. 유머와 사랑으로 불치병을 치료하는 의사 이야기입니다. 나는 사역에 지치고 힘들 때 그 영화를 다시 찾아 보곤 합니다. 복내에서 꿈꾸는 암 재활 요양병원이 바로 그런 모습이기를 간절히 소망하는 마음으로 말입니다.

"주께서 생명의 길을 내게 보이시리니 주의 앞에는 충만한 기쁨이 있고 주의 오른쪽에는 영원한 즐거움이 있나이다"(시 16:11).

13. 이야기가
   암을 이긴다

오늘은 피로를 떨치기 위해 마음먹고 산책길을 나섰습니다. 햇살의 사랑을 독차지하려는 듯 나무들이 하늘을 향해 경쟁적으로 나뭇잎들을 뻗고 있습니다. 연녹색 건강한 빛깔의 나뭇잎이 저마다 생명의 찬가를 부릅니다. 산책로를 따라 갖가지 풀과 들꽃들이 피어 있습니다. 갑자기 눈에 들어온 은행나무가 무척 커 보입니다. 눈여겨보니 12년 전 천봉산 기슭에 자리를 잡을 때 옮겨 온 아기 나무였는데 이제는 제법 덩치 있는 청년 나무가 되었습니다. 나는 그저 옮겨 심기만 했는데 하나님이 정성껏 키우셨습니다. 나무 그늘에 앉아 복내를 바라봅니다. 어느덧 복내는 질병으로 지친 영혼들이 찾아와 쉬고 싶어 하는 나무 그늘이 되었습니다.

고통의 꼭짓점에 있는 외로움

복내에서 생활하는 암 환자들이 안고 사는 고통의 꼭짓점에는 외로움이 자리 잡고 있습니다. 대개의 경우, 고독한 투병 생활, 이혼이나 사별 등으로 인한 가족 간 대화의 부재에서 출발한 외로움입니다. 가슴 깊이 응어리진 그 슬픔을 나눌 길이 없어 눈에는 슬픔이 가득합니다. 인생들이 진정 갈구하는 것은 돈이나 명예, 권세가 아니라 자신의 이야기를 들어 줄 누군가가 아닐까 합니다. 사실, 자신의 깊은 아픔과 고통을 사랑으로 품고 들어주는 사람을 만나기란 하늘의 별 따기입니다. 외로운 인생들이 만나 고통을 서로 나눌 수 있다는 것만으로도 얼마나 행복한지 모릅니다. 자신의 이야기를 들어줄 수 있는 이가 곁에 있을 때 이미 치유는 시작됩니다.

지나온 사연을 들노라면 가슴이 저며 옵니다. 그들의 상처를 보듬고 기도할 때면 영혼 깊은 곳에서 흐느끼는 소리가 들립니다. 고통스런 기억이 어디에 고여 있었는지 하염없이 눈물은 흐릅니다. 끌어안고 위로하며 십자가 앞에 함께 나아갈 때 새 힘을 공급받습니다. 그때야 비로소 마음을 열고 주님과 대화를 합니다. "주님! 사랑해요. 사랑해요. 사랑해요." 다른 말이 필요 없습니다. 오직 사랑한다는 말뿐입니다. 주님과 진정한 대화가 회복되면 또다시 눈물이 주르륵 흐릅니다. "오, 주님! 감사합니다." 그분이 내 안에, 내가 그분 안에 거함으로 하나되어 사랑의 영광을 경험합니다. 사랑은 함께 있고 싶은 열망에 휩싸이게 합니다. 그리고 사랑의 이야기를 계속 만들어 갑니다. 그 기쁨! 환희! 말할 수 없는 감격입니다.

이야기 심리학

천일야화라고 불리는 《아라비안나이트》가 쓰인 배경은 이렇습니다. 페르시아의 샤푸리 야르 왕은 아내에게 배신당한 후 세상의 모든 여성을 증오합니다. 그래서 결혼한 다음 날 아침에는 어김없이 신부를 죽입니다. 마침 그 나라 대신에게 세헤라자데라는 지혜롭고 착한 딸이 있었는데, 그녀는 자진해서 왕을 섬기겠다고 합니다. 그리고 매일 밤 재미있는 이야기를 들려줍니다. 왕은 이야기를 계속 듣고 싶은 나머지 그녀를 죽이지 않는데, 이야기는 천 하루 동안이나 계속됩니다. 결국 왕은 세헤라자데를 통해 과거의 상처에서 벗어나 그녀와 행복한 여생을 즐깁니다. 세헤라자데는 밤마다 이야기가 성공적이면 살고 그렇지 못하면 죽을 처지에 놓입니다. 여기서 이야기란 삶의 조건인 것입니다. 삶이 결국 이야기이며, 이야기의 중단이나 부재는 곧 죽음입니다. 결국 샤푸리 야르 왕은 천 하루 동안 이야기를 듣고는 지혜와 깨달음을 얻습니다. 세헤라자데는 죽음 대신 사랑받는 왕비의 영화를 누립니다.

우리나라 옛이야기에 '이야기 좋아하는 호랑이' 이야기가 있습니다. 호랑이가 사람을 물어 놓고 이야기 하나 해 주면 안 잡아먹겠다고 제안합니다. 호랑이에게 잡아먹히지 않기 위해 이야기하는 사람의 운명에서 '이야기와 삶의 관계'를 유추하는 것도 흥미롭습니다.

이처럼 사람 사는 곳에 이야기가 있습니다. 삶은 이야기로 이루어져 있으며, 그 속에 사는 사람은 이야기적 존재입니다. 태어나서 성장하고, 사랑하고, 갈등을 겪고, 성공하거나 실패하기도 하는 우리네 인생은 한 편의 드라마입니다.

인간의 유한성에 깃든 삶의 정체성에 대한 질문은 기독교 상담학의 중요한 과제입니다. 이야기 심리학은 시간적 연속성의 흐름 위에 펼쳐지는 인간 이야기에 관심을 두며, 시간의 틀 속에 펼쳐진 인간 이야기의 중심 주제를 이룹니다. 과거·현재·미래의 시간 위에 펼쳐지는 이야기를 듣고 깊이 이해할 때, 상담자는 한 인간을 보다 총체적으로 도울 수 있습니다.

말하는 치료

이야기는 치료하는 힘이 있습니다. 이야기할 때, 구속된 감정이나 억압된 사건에서 자유로움을 얻습니다. 마틴 부버는 이야기의 치료 능력을 다음과 같이 말했습니다.

"바알셈의 제자였던 한 랍비가 어떤 이야기를 해 달라고 부탁받았다.

그가 말하기를, 나의 할아버지는 절름발이였다. 어느 날 할아버지는 그의 스승에 대해 이야기해 줄 것을 요청받았다. 할아버지는 그의 거룩한 스승이 기도하는 도중에, 그가 어떻게 뛰며, 춤을 추었는지 이야기했다. 나의 할아버지는 이야기하면서 일어섰고, 이야기에 너무 푹 빠져서 자신의 스승이 어떤 식으로 뛰고 춤추었는지를 보여 주기 위해 자신이 뛰고 춤추기 시작했다. 그 시간부터 그는 절름발이에서 치유되었다."

나 역시 몸이 아프다가도 설교하고 나면 씻은 듯이 그 증상이 사라지는 것을 여러 차례 경험했습니다. 프로이트는 자신이 치료할 때, 환자에게 그의 삶의 이야기와 아픔을 먼저 물었습니다. 프로이트의 첫 환자였던 안나 역시 이야기하면서 치료의 힘을 경험했습니다. 그녀는 자신의 마음을 상하고 아프게 한 정신적 외상에 대해 이야기하면서 도움을 받았기 때문에 정신분석을 '말하는 치료'(talking cure)라고 명명했습니다.

사람들은 자신에 대해 이야기하고자 하는 욕구가 있습니다. 이야기를 싫어하거나 이야기를 꺼내지 못하는 사람은 지금까지 살아온 삶의 어느 한 부분, 또는 어떤 한 주제에 병적으로 고착된 경우가 많습니다. 상담자는 내담자가 자신의 이야기를 언어로 표현하도록 도와야 합니다.

내 삶의 과거, 현재, 미래는 이야기에 담겨 있습니다. 이야기할 수 없으면 인간은 병들고 맙니다. 자신의 삶을 이야기할 수 없을 때, 우리는 더 이상 삶의 의미를 찾지 못합니다. 삶의 목적과 의미를 상실합니다. 우리는 삶의 이야기를 재구성할 필요가 있습니다. 그 치료 과정이 없으면 사람들은 그 혼돈을 이기지 못하고 쉽게 대용물에 빠져듭니다. 술, 마약, 사랑 없는 섹스, 돈, 권력 등 다양한 다른 대상을 선택하는 것입니다. 하나님도 죄 사함과 상처 치유의 방법으로 이야기를 즐겨 사용하셨습니다.

"여호와께서 말씀하시되 오라 우리가 서로 변론하자 너희 죄가 주홍 같을지라도 눈과 같이 희어질 것이요 진홍같이 붉을지라도 양털같이 되리라"(사 1:18).

우리 기독교는 이 세상에서 가장 아름다운 이야깃거리를 소유했습니다. 예수님이 나 같은 죄인을 위해 십자가에 달려 생명을 아끼지 않고 내주신 사랑의 이야기입니다. 이 이야기를 통해 죄로 죽었던 우리 영혼이 살아나고, 소외받고 고독한 영혼의 상처가 치유됩니다. 예수님은 인간 방식으로 이야기를 듣고 이야기를 하시기 위해 성육신하셨습니다. 니고데모, 사마리아 여인 등과 대화를 통해 구원의 비밀을 가르치셨습니다. 제자들에게도 이야기라는 방식을 통해 하나님 나라의 이치를 일깨우셨습니다. 구약의 모세오경, 역사서, 예언서 역시 하나님과 백성들 사이에 일어났던 일들을 이야기로 풀어 낸 것입니다. 하늘의 이야기는 땅의 이야기에 갇힌 인간에게 시간과 공간을 초월해 새로운 존재의 가능성을 열어 줍니다. 그래서 성경 이야기를 들으면서 현존하시는 하나님을 만나고 이 땅에서 받은 상처와 아픔을 치유받는 것입니다. 앞으로도 예수님의 이야기에 매료된 성도들이 사랑의 이야기를 풀어 나갈 때 세상은 치유될 것입니다.

"모든 눈물을 그 눈에서 닦아 주시니 다시는 사망이 없고 애통하는 것이나 곡하는 것이나 아픈 것이 다시 있지 아니하리니 처음 것들이 다 지나갔음이러라"(계 21:4).

14. 기적을 원하십니까

영성과 과학의 만남

최근 질병의 원인이 유전자의 변이로 인한 자생 능력의 저하로 밝혀지면서 기존 의학계에 혁명이 요구되고 있습니다. 약이나 수술만으로는 변이된 유전자의 설계를 원상으로 회복시키기 어렵다는 것입니다. 그렇다면 무엇이 이를 가능하게 할까요?

지난 10여 년 사이에 미국에서는 믿음이 병세를 호전시킨다는 것이 여러 차례 과학적으로 증명되었습니다. 이제 동양의 빛과 서양의 이성이 만나 새로운 의학을 창출하는 통합의료의 시대가 열렸습니다. 아울러 영성 치료를 접목한 전인치유(Wholistic Healing)가 시행되고 있습니다. 이미 하버드 의과대학 내에는 '몸과 마음 의학연구소'가 설립되어 의료인들에게 교육과 정보를 제공하고 있습니다.

여기서 가장 신비로운 것은 단순한 물질인 DNA가 믿음에 반응한다는 것입니다. 결국 제3의 존재를 감지하고 인정하지 않을 수 없습니다. 우주에 존재하는 두 가지 에너지 법칙 중 하나인 열역학 제2법칙에 따르면, 세상 모든 만물은 자연적으로 질서에서 무질서로 변합니다. 무질서를 질서화하려면 반드시 에너지가 투입되어야 합니다. 어떻게 태초에 이러한 완전한 질서체가 존재했을까요? 완전한 질서체가 존재하려면 엄청난 에너지의 개입이 있어야 합니다. 이 에너지를 개입시킨 분이 바로 창조주 하나님이십니다. 그 사랑의 힘으로 모든 만물이 창조되었고 보존되고 있습니다. 태초에 말씀으로 창조된 빛이 혼돈을 질서로 이끌어 가는 빛의 전자로 시작하여 양성자, 중성자, 그리고 수소, 그 다음은 세상의 모든 물질의 순서로 된 것같이 우리 몸의 구조도 창조주의 계획이며 그 계획은 유전자 속에 입력되어 있습니다.

결국 몸의 유전자를 만드신 창조주 하나님께 믿음으로 나아가 영적 치유를 통해 근본적인 관계를 회복해야 합니다. 그리고 인간을 만드셨을 때의 자연환경과 생활 방식으로 돌아가야 합니다. 거기에 현대의학의 적절한 도움이 뒷받침될 때 효과적으로 질병을 극복할 수 있습니다.

사람이 마음대로 바꾼 생활환경을 창조주가 만든 에덴과 같이 회복해야 합니다. 자생력을 회복하여 건강을 유지하며, 병에서 회복하려면 생명을 창조하고 유전자를 만드신 하나님께 나아가야 합니다. 예수님은 이 세상에 오셔서 "수고하고 무거운 짐진 자들아 다 내게로 오라"고 하셨습니다. 이를 위해 진리를 가르치고 복음을 전파하고 질병을 치유하셨습니다(마 4:24, 9:35). 예수님을 통해 하나님께로 돌아올 수 있는 길을 열어 주신 것입니다.

결국 영성치유는 창조와 사랑의 근본이신 하나님께로 돌아가는 신앙 개혁 운동입니다. 이는 자연스럽게 치유의 기적을 경험하게 합니다. 그러려면 기도와 말씀으로 하나님 사랑에 대한 '믿음'이 견고해야 합니다.

뇌, 과학과 기적

사람 몸 가운데 가장 신비하고 미개척 분야로 남은 곳은 바로 '뇌'입니다. 최근 분자생물학의 발달과 첨단 영상 장치 개발로 뇌 과학 연구가 많이 진척되면서, 마음과 몸을 중간에서 연결하는 기관이 바로 뇌라는 사실이 밝혀졌습니다. 마음-뇌-몸의 신경 간 연결 관계를 밝히는 학문이 심리신경면역학입니다.

캐나다의 뇌신경 학자 폴 매클린은 위치상 전뇌, 중뇌, 후뇌로 나누던 종전의 뇌 분류를 중심핵, 번연계, 대뇌의 기능적 구조로 바꾸어 분류했습니다. 중심핵은 생존에 필요한 연수, 소뇌, 시상, 시상하부, 망상체가 있는 곳으로, 호흡과 생명을 관장하는 가장 중요한 부위입니다. 흔히 중심핵을 뇌간 혹은 '파충류 뇌'로 부르는데, 대부분 파충류 뇌에는 이 부위만 존재하기 때문입니다. 다음으로 번연계는 구피질의 뇌입니다. 이 부위에는 해마와 편도체가 있는데 대개 공포와 두려움 같은 정서를 관장합니다. 흔히 이 부분을 '포유류 뇌'로 부르기도 하는데, 개나 말과 같은 포유류에게만 존재하기 때문입니다.

그러나 사람은 이들의 뇌와는 비교할 수 없을 만큼 큰 뇌(남자 1,400그램, 여자 1,200그램 정도) 신피질을 가지고 있습니다. 여기서는 기억, 사고, 언어와 같은 고등한 지적 과정을 수행하는데, 이를 흔히 '인간의 뇌'라고 부릅니다.

인간의 뇌에는 강력한 힘이 숨겨져 있습니다. 아인슈타인은 10퍼센트, 일반 사람은 5퍼센트도 제대로 사용하지 못한다고 합니다. 이 말은 뇌의 뉴런은 100퍼센트 작동하지만 뇌 안, 특히 중심핵 안에 숨겨진 강력한 힘은 5퍼센트도 제대로 발휘하지 못한다는 것을 의미합니다. 왜 인간이 가진 이러한 엄청난 힘이 깨어나지 못하는 것일까요? 이는 감정을 관장하는 구피질의 '두려움'이라는 장애물과 신피질의 '의심'이라는 장애물이 생명 에너지를 막고 있기 때문입니다. 두려움과 의심을 제거할 때 인간의 내면에 숨겨진 강력한 힘은 비로소 밖으로 드러날 것입니다.

예수님은 제자들이 병을 고치지 못할 때마다 그 원인을 '믿음 없음'이라고 지적하셨습니다. 풍랑을 만나 아우성을 칠 때도 마찬가지로 '두려움'의 문제를 짚으셨습니다. 신피질에 대한 처방은 '믿음'이고 구피질은 '내가 너와 함께 함이니 담대하라'는 처방입니다. 예수님은 조물주이시기에 기적을 경험할 수 있는 뇌의 비밀을 이미 아셨던 것입니다. 하나님은 이미 구약에서 좌절에 빠진 이스라엘을 향해 두려움과 의심을 극복하도록 말씀하셨습니다.

"두려워하지 말라. 내가 너와 함께함이라. 놀라지 말라. 나는 네 하나님이 됨이라. 내가 너를 굳세게 하리라. 참으로 너를 도와주리라. 참으로 나의 의로운 오른손으로 너를 붙들리라"(사 41:10).

기도와 기적

불교의 영성이 과학의 옷을 입을 즈음, 기독교 영성은 그보다 조금 앞서 과학의 옷을 입고 의료 현장에 도움을 주었습니다. 미국 보스턴에는 이 두 방면을 대표하는 세계적인 의학자가 있습니다. 불교적 영성을 과학화한 사람은 매사추세츠 대학교 의과대학의 카밧진 박사이고, 기독교적 영성을 과학화한 사람은 하버드 대학교 의과대학의 허버트 벤슨 박사입니다. 두 영성은 서로 연관된 부분이 많지만, 그 특징을 살펴보면 뚜렷하게 차이가 납니다. 불교적 명상으로 만든 것이 'MBSR(Mindfulness Based Stress Reduction) 프로그램'이라면, 기독교적 기도로 만든 것이 '브레이크아웃의 원리'(The Break-out Principle)입니다. 그러면 기독교적 영성은 과연 어떤 것일까요? 기도 중에 또는 살아가면서 난관에 봉착했을 때 갑자기 찾아오는 체험입니다.

생각할 때는 뇌의 뉴런과 뉴런 사이에서 뇌파라는 미약한 전자 파동이 일어납니다. 이러한 아날로그 전파를 디지털 방식으로 증폭해 모니터에 그림으로 나타낸 것이 뉴로피드백입니다. 사람이 어떤 생각을 하느냐에 따라서 뇌파 모양은 달라집니다. 깨어 있는 정상적 상태에서는 뇌파가 1초에 8~12파(알파파)로 나타나고, 긴장과 불안, 고도의 스트레스 상황에서는 13~36파(델타파)까지 높게 나타납니다. 편안한 상태로 명상하거나 깊은 기도 상태에 빠질 때는 뇌파가 4~7파(세타파)로 나타나고, 더 이완되면 0.5~4파에 해당하는 수면 상황에 빠지게 됩니다. 8알파파는 의식의 끝이고, 7세타파는 수면과 같은 무의식의 시작입니다.

놀랍게도, 명상이나 깊은 기도를 할 때 정신은 하늘의 별처럼 깨어 있으나 뇌파는 7 이하의 무의식 수준으로 떨어지는 특별한 경험을 합니다. 깨어 있으면서 무의식의 세계를 경험하는 이율배반적인 놀라운 경험, 이를 '브레이크아웃의 원리'라고 합니다. 그 순간 사람은 모든 세상과의 일체감을 경험하며, 때로는 빛을 보거나 천사나 예수님을 만나기도 합니다.

벤슨 박사는 기능성 단층 촬영술(FMRA)을 통해 브레이크아웃을 경험하는 순간, 반딧불이의 몸에서 나오는 산화질소(NO)가 몸에서 터져 나온다는 사실을 확인했습니다. 더욱 놀라운 것은 뇌에서 신경전달물질이 방출되는데, 이 물질이 건강을 회복시키는 강력한 호르몬을 작동시킨다는 것입니다. 이것이 명상과 기도를 할 때 나타나는 치유의 효과입니다. 마음의 평화를 찾고, 더 높은 힘에 자신을 맡기는 신앙요법은 모든 집착을 버리고, 믿음과 희망으로 질병에서 벗어나는 참된 열쇠입니다.

말씀과 기적

하와이 대학교 의과대학의 폴 피어설 박사 팀은 인간의 영혼이 뇌뿐만 아니라 심장과도 깊이 연결되어 있다는 것을 처음 증명했습니다. 심장에도 기억하는 뉴런이 있는데, 이 기억 세포는 뇌의 세포들보다 약 50배 이상 강력하다는 것입니다. 그래서 감동이 가장 훌륭한 교육이라는 명제가 나온 것 같습니다.

피어설 박사 팀은 심장 이식을 받은 여러 사람과 가족, 친척들을 연구실로 초청했습니다. 대부분이 수술 후 성격이 변했다고 말했습니다. 알아보니 변한 성격은 심장을 기부하고 죽은 사람의 성격과 흡사했습니다. 이후 많은 실험 연구를 통해서 기억 장치가 있는 심장이야말로 성격의 핵심임을 알게 되었습니다. 이와 같은 과학적 사실을 증명할 만한 사건을 소개합니다.

미국 ABC방송 토크쇼에 심장을 이식받고 어느 정도 회복한 어린아이와 수술을 성공시킨 의료진이 출연했습니다. 수술 받은 아이는 얼마 전 교통사고로 뇌사 상태에 빠진 아이의 심장을 이식받았습니다. 너무 어린 아이의 심장이라 윤리적·사회적 논란이 제기되었습니다. 그러나 수술은 성공했습니다.

이날 토크쇼 방청석에는 죽어 가면서 심장을 제공한 아이의 엄마가 앉아 있었습니다. 엄마는 수술받은 아이와는 전혀 접촉한 적이 없었습니다. 그런데 토크쇼가 한창 진행되는 도중, 갑자기 아이가 무대 중앙으로 나오더니 순간적으로 "엄마"라고 외쳤습니다. 생방송 도중이었으니, 현장 사람들이 얼마나 큰 충격에 빠졌는지 능히 짐작하고도 남을 만합니다.

어떻게 심장을 준 아이의 엄마를 알아보았을까요? 심장의 기억하는 뉴런으로 인해 "엄마!"라고 부르도록 하는 직관과 관련이 있음을 알 수 있습니다. 최근에는 심장파와 뇌파의 파동이 공명 현상을 일으킬 때 신체에 놀라운 치유 효과가 일어난다는 연구도 진행되고 있습니다. 특히 암세포 때문에 몸에서 불균형 파동이 일어날 때, 건강하고 강력한 공명 파동으로 약하고 불균형한 암세포만을 골라 표적 치료할 수 있다는 새로운 이론이 전개되고 있습니다.

하나님 말씀이야말로 살아 있고 운동력이 있어 생명을 살리는 강력한 에너지입니다. 하나님 말씀을 머리로만 이해하는 사람은 치료받을 수 없습니다. 심장이 말씀을 듣고 기억할 때 말씀은 비로소 생명의 언어로 역사합니다. 어쩌면 예수님도 영원한 사랑의 언어를 전달하시기 위해 제자 요한을 가슴 가까이 있게 하셨을 것입니다. 예수님은 십자가에서 창에 찔려 심장이 파열되면서 하나님의 영원한 사랑을 온 세상에 쏟으셨습니다. 다시 한 번 예수님의 심장에서 흘러나온 물로 메마른 나의 마음을 적실 수 있다면 얼마나 좋을까요?

사랑과 기적

치유 사역의 궁극적 목적은 생명 회복에 있습니다. 그 일을 이루는 것에서 가장 중요한 것은 사랑입니다. 사랑 때문에 존재했기에 사랑받고 사랑할 때 가장 큰 행복을 느끼고 의미를 발견합니다. 인간은 서로 사랑하며 살게 창조된 사회적 존재입니다. 본래 인간은 모두 연결된 한 가족이었습니다. 그러므로 우리는 서로 긴밀한 관계를 유지해야 합니다.

긴밀한 관계는 사랑받는 사람에게 긍정적인 영향을 미칩니다. 의학박사 케스린 쿤트라프는 약물 예방 훈련 프로그램 담당자로서 '사랑은 건강에 중요한 영향을 끼친다'는 것을 증명하기 위해 미국의학저널에 게재된 케이스 웨스턴 리저브 대학의 연구 보고를 인용했습니다.

협심증을 앓은 적이 없는 1천 명 기혼 남자들을 대상으로 했습니다. 이들은 콜레스테롤의 수치가 높고 고혈압과 당뇨가 있었으며 중년에다 심전도 역시 비정상적이었습니다. 이들은 앞으로 5년 내내 협심증으로 발전될 가능성이 20배 이상 많은 사람들이었습니다. 흥미로운 결과가 나타났습니다. "당신의 아내는 당신에게 사랑한다는 표현을 자주 합니까?"라는 질문에 "아니오."라고 대답한 사람들은 협심증이 2배나 더 많이 나타났습니다. 콜레스테롤과 혈압의 수치가 높을수록, 걱정과 스트레스가 많을수록 배우자의 사랑은 더욱 중요한 완충제 역할을 합니다.

〈미국역학저널〉(American Journal of Epidemiology)에 게재된 한 연구에서 연구자들은 십이지장 궤양을 앓은 적이 없고 증상도 보이지 않는 8천5백 명의 남자들을 추적하여 5년 후 궤양의 증상을 살폈습니다. 현대의학은 궤양이 헬리코박터 파이로리라는 박테리아에 감염되어 나타난다고 합니다. 그럼에도 불구하고 "내 아내는 나를 사랑하지 않는다"고 대답한 남자들이 아내의 사랑과 지지를 받는 남자보다 3배 이상 많이 궤양이 나타났습니다. 즉 배우자의 사랑이 흡연, 나이, 혈압, 일에 대한 스트레스 혹은 다른 요인보다 더욱 강하게 궤양 증상에 영향력이 있다는 것입니다.

다른 사람에게 사랑을 베푸는 것은 우리 건강에 긍정적인 영향을 끼칩니다. 대표적인 예로 데이비드 맥클레랜드 박사와 그를 도와 연구에 참여한 두 그룹의 학생들이 연구한 내용을 살펴봅시다. 한 그룹은 테레사 수녀가 캘커타 빈민가에서 병들고 죽어 가는 사람들을 위해 헌신적으로 봉사하는 내용의 영화를 보았습니다. 상영 시간은 50분이었으며 보는 사람들로 하여금 다른 사람들을 돌보고 싶은 마음이 생기게 특별히 제작했습니다. 또 다른 그룹은 제2차 세계대전에 대한 다큐멘터리 형식의 영화를 보여 줘, 분노와 같은 감정을 유발했습니다. 그 결과, 앞의 학생들은 바이러스에 대항하는 항체인 면역 글로불린A가 타액에서 현저하게 증가한 반면, 뒤의 학생들은 어떠한 변화도 보이지 않았습니다. 이 연구는 동정어린 마음으로 남을 돌보는 것이 사랑을 주는 사람의 면역체계에 강한 영향을 미친다는 것을 명확하게 보여 줍니다.

사랑과 애정을 받으면 신체에 어떤 변화가 일어날까요? 또한 스트레스를 받으면 어떤 변화가 일어날까요? 충북대 수의학과 교수팀이 토끼를 5주간에 걸쳐 실험한 결과, 애정을 준 실험군 토끼는 정상인데 반해 스트레스를 받은 실험군 토끼는 콜레스테롤이 높아져 혈관이 막히면서 눈에 변성이 왔습니다. 사랑을 받으면 콜레스테롤이 줄어듭니다.

몸으로 나타나는 병은 우리 마음의 상처와 아픔의 반영일 뿐입니다. 몸이 아닌 병든 마음을 따뜻한 애정으로 어루만져 줄 때 마음과 몸에 변화를 가져올 수 있습니다. 몸만 고치는 것은 치료(treatment)이고, 몸과 마음을 함께 고치는 것은 치유(healing)입니다. 대증적인 대처가 아닌 근원적으로 도와주어야 합니다. 병의 근원에는 대부분 사랑의 결핍이 자리 잡고 있습니다.

사랑받는 세포는 암을 이긴다

진실로 우리는 사랑의 하나님이 명하신 '서로 사랑하라'는 계명에 순종할 때 건강한 삶을 누릴 수 있습니다. 모두가 하나님과는 수직적으로 긴밀한 관계를 형성하고 수평적으로는 어떠한 배경과도 상관없이 서로 긴밀한 관계를 형성하는 것이 아름답습니다. 우리는 포도나무에 가지가 연결된 것처럼 서로 사랑하고 격려하며 힘을 주고 용서하고 서로를 위해 기도하는 열매가 자동적으로 맺힐 것이기 때문에 무슨 말을 해야 할지, 무엇을 해야 할 지에 대해 걱정할 필요가 없습니다. 사랑 안에 있으면 반드시 풍성한 생명의 결실을 맺습니다. 사랑은 우리를 하나 되어 하나님의 거룩함에 이르게 하는 신비한 축복입니다.

복내에서는 매일 아침과 저녁마다 예배를 통해 말씀과 기도로 하나님 나라를 구하며 살아갑니다. 사랑할 시간이 많지 않다는 절박함으로 최선의 삶을 삽니다. 천봉산 희년교회의 강대상 뒤에 걸려 있는 '사랑받는 세포는 암을 이긴다'라는 휘장이 암 환자들의 마음을 녹여 줍니다. 그 사랑은 위로부터 내려오는 하나님의 사랑입니다. 예수님이 십자가에 달리셔서 그 사랑을 확증하셨습니다. 성령님은 그 사랑을 깨닫도록 도와주십니다. 사랑은 기적을 낳습니다. 하나님 약속의 말씀 안에서 승리하길 바랍니다.

"또 새 영을 너희 속에 두고 새 마음을 너희에게 주되 너희 육신에서 굳은 마음을 제거하고 부드러운 마음을 줄 것이며"(겔 36:26).

15. 새로운 지평을 향하여

치유에 대한 관심은 인간 역사와 함께 존재해 왔습니다. 타락한 인간에게 고통과 죽음이라는 징계가 내려졌을 때부터 이 고통에서 구원받고자 하는 열망이 있었습니다. 인간은 고통에서의 나음, 즉 '치유'를 원했고 하나님은 자기 백성을 치유하시는 역사를 행하셨습니다.

치유에 대한 시대적 요청

최근 들어 교단과 교파를 초월하여 '전인치유'가 교회의 관심사로 대두되었는데, 그 이유가 무엇일까요?

첫째, 현대사회가 강력히 추구하는 정보화와 과학화로 인한 급격한 비인간화 경향에 대응하여 손상된 인간성을 치유할 필요가 절실히 요구되기 때문입니다. 둘째, 인간의 전인성에 대한 관심이 높아졌기 때문입니다. 이런 흐름은 신학만이 아니라 행동과학 및 의학 분야에서도 뚜렷이 나타납니다. 셋째, 예수님의 사역과 초대교회의 사역 유형이었던, 복음을 가르치고 선포하고 치유하는 것을 본받아야 할 필요성을 재인식하기 때문입니다. 넷째, 사회와 자연환경의 상태가 바로 인간의 생명과 직결되었음을 깨닫고 개인 영혼뿐 아니라 총체적 회복에 관심을 두게 되었기 때문입니다. 지금 이 시대의 문화와 종교 다원화는 가치관 혼돈을 가져왔고 이에 따라 총체적 치유목회의 전문화가 절실히 요구되고 있습니다.

인간, 전인적인 존재

성경에서 보여 주는 인간의 모습은 어떤가요? 사실 성경에서 인간에 대한 정확한 묘사를 찾기란 그리 간단하지 않습니다. 성경은 인간을 표현할 때, 몸·정신·혼·영혼·영·마음과 같은 단어를 번갈아 사용합니다. 그러나 분명한 것은 인간은 몸과 영혼이 분리될 수 없으며 완전히 서로 연관되어 있고 의존적이며 혼합된 전인적(全人的)인 존재라는 것입니다. 이 차원들을 서로 분리하는 선을 그어서는 안 됩니다. 정신과 감정의 변화가 몸의 기능에 영향을 주는 것을 우리는 종종 경험합니다. 갑작스러운 두려움은 심장 박동의 증가, 가쁜 호흡, 동공의 확장이나 손의 땀과 같은 즉각적인 신체 변화를 일으킵니다. 분노, 질투, 원한과 같은 강한 감정들은 혈압과 위액 분비, 장운동 등에 변화를 줄 수 있습니다. 심지어 혈액의 콜레스테롤 수치도 긴장과 내적 갈등을 반영합니다. 감정과 느낌은 뇌, 호르몬, 순환계, 면역체계 그리고 몸과 관련되어 있습니다. 이와 반대로 몸의 변화도 감정, 느낌이나 생각의 과정에 영향을 줍니다. 통증은 두려움을, 열은 정신착란을, 흉터로 남은 상처는 인간성 전체에 영향을 미칩니다.

현대의학은 인간의 전체성을 망각하고 있습니다. 이는 현대의학이 과학적인 방법에 지나치게 의존한 대가입니다. 사실 과학이란 연구 대상물을 계속 분석하고 분해함으로써 이루어지는 것입니다. 하지만 인간은 분석에 의해 깨달을 수 있는 부분적이고 분리되는 존재가 아닙니다. 거듭 강조하지만 인간은 유기체적인 존재, 즉 서로 분리할 수 없는 전인(Whole Person)입니다. 그러므로 현대의학의 전문화, 세분화, 분업화 현상은 전인치유의 맥락에서 볼 때 시정해야 할 중요한 문제입니다. 의사는 질병이 번져 가는 신체적 여건만을 관찰하면 안 되며 인간을 '전인'으로 이해하고 치료 영역을 '전체성'의 원리로 설정해야 합니다. 질병은 총체적 원인을 배경으로 하고 있으므로 치료 대책 역시 총체적이어야 할 것입니다. 그래서 요즘의 신학, 생명과학, 사회과학 등 모든 분야의 관심사는 '생명의 본질'로 집중됩니다. 도전과 응전의 법칙이 적용됩니다.

나는 질병의 위기에 신음하는 영혼과 교회들을 위해 하나님이 '전인치유' 사역으로 응전하셨다고 믿습니다. 이는 질병이 창궐할 때에 오히려 치유 선교를 통한 복음 전도의 기회가 많아지는 것을 의미합니다. 위기(危機)가 기회(機會)인 셈입니다.

한편, 치유 기도는 치유 과정에서 신체 의학적인 돌봄이나 심리학적 상담의 필요성을 부정하지 않습니다. 영적 치유를 하거나 신체적인 치유와 상담을 하는 과정에서, 때때로 우리는 이들의 상호 의존적이고 보완적인 형태를 발견합니다. 우리는 성경적 인간에 대해 폭넓게 이해하지 못하여 인간 내면의 상처가 다소 소홀히 다뤄지는 한계를 극복해야 합니다. 즉, 최근 심리학적으로 밝혀진 마음에 대한 정보들을 성경의 틀 안에서 받아들여 건전한 치유 사역을 이루고 전문성을 추구해야 합니다.

전인적인 쉼과 건강

노동과 휴식, 이것은 창조주가 사람을 지으실 때부터 생명과 건강을 지속하여 행복한 삶을 영위하도록 주신 인체의 생리적 순환 리듬입니다. 7일에서 하루의 휴식 그리고 7년에서 1년의 쉼이 그것입니다. 이것이 깨어질 때 생기는 것이 피로이고, 이 피로가 계속 쌓일 때 발생하는 것이 질병입니다. 과로 때문에 생기는 스트레스가 각종 질병의 원인 중 하나라는 것은 이미 널리 알려진 사실입니다.

직장인들이 앓는 소위 월요병 역시 7일을 주기로 하는 생리적 리듬이 깨졌을 때 더욱 두드러집니다. 즉 주말 휴식이 결여되었을 때 8일째 되는 날에는 스트레스 호르몬이 최고치를 나타내어 9일째에 휴식을 취한다 해도 그 수치가 내려가지 않는다는 사실이 밝혀졌습니다. 피곤을 달고 사는 것은 인간의 욕심과 이기심으로 천연계의 법칙을 무시한 결과인 것입니다. 그러므로 적당한 피로감을 느끼게 해 주신 하나님께 감사해야 합니다. 그분이 우리 인체에 자체 방어 기능인 피곤이라는 안전 경보 장치를 넣어 주셨기 때문입니다.

요즘 우리나라도 경제생활과 인식이 향상되면서 사회 일각에서는 안식년제를 도입 시행하려는 경향을 보입니다. 참으로 반갑고 바람직한 일입니다. 천부께서 베푸신 행복하고 건강한 삶을 누릴 권리를 어떤 명분으로도 박탈하면 안 될 것입니다.

그러나 쉼이 육체적 영역에서만 끝나면 안 됩니다. 코끼리도 쉬고 박쥐도 휴식을 취합니다. 사람도 쉬어야 하는 것은 당연합니다. 그러나 짐승의 쉼과 똑같진 않습니다. 짐승은 아무리 자연법칙을 따라서 쉼을 얻어도 예배하지는 않습니다. 사람은 아무리 원시적이라 해도 어떤 형태로든지 예배를 드려왔습니다. 영적인 존재이기 때문입니다. 그렇기 때문에 영적 세계와의 교감, 그 안에서의 쉼이 있어야 비로소 참 쉼을 누리는 것입니다.

우리 몸이 휴식을 취하고 마음이 안식을 얻고 영적 평온을 누린다면 신체적, 사회적, 영적 건강은 우리 것이 될 수 있습니다. 전인적인 쉼에 전인적인 건강이 있습니다.

치유와 하나님의 왕국

질병은 죄로 인한 하나님과의 관계 단절을 일차적 요인으로 하여 육체·정신·사회 모든 부분과 관련되어 있습니다. 인간은 상호 작용하고 보완하는 존재임을 생각할 때 질병은 전인적이고 전환경적인 원인에 의해 발생합니다. 식수 오염에서 오는 콜레라는 상수원을 형성하는 주위 환경을 근본적으로 깨끗하게 해야 사라집니다. 그와 마찬가지로 질병을 일으키는 생활환경, 자연환경, 사회적 구조, 병든 인간관계 등 환경을 개선해야 질병이 치료됩니다. 질병들이 상호 연관되어 있듯이 질병의 요인들도 서로 연관되어 작용합니다. 미국 성공회에 속한 프란시스 맥너트 박사는 다음과 같이 강조합니다.

"대개 질병의 요인은 개인이 어찌할 수 없는 것으로 병든 관계에서 살기 때문에 생긴다. 질병은 가족이나 혹은 그보다 더 큰 공동체 안의 병든 관계에서 생겨나는 것이므로 좋은 건강을 유지하는 궁극적인 요인은 건강한 크리스천 공동체에서 사는 것이다."

치유는 단순히 병들기 이전 상태로의 회복만이 아닙니다. 전인적 그리고 그가 처한 환경 전체적인 회복과 치유를 통해 삶의 모든 영역에서 성장 가능성을 향해 나아갈 수 있는 정상적인 상태로의 회복을 의미합니다. 우리는 모든 차원의 치유를 위해서 일할 필요가 있고, 이를 위해 가능한 모든 방법(정치·경제·문화·의료·가정·영적인 도구)을 동원해야 합니다.

먼저 교회는 치유의 의미를 실현할 수 있는 가장 적절한 곳입니다. 따라서 교회는 질병 중에 있는 성도들을 전인적으로 치유하고, 좀더 성숙한 영성적 존재로 훈련시켜 그리스도의 장성함에 이르도록 도와주어야 합니다.

한편 종교개혁자 칼빈은 "의료는 하나님이 주신 선물"이라고 했습니다. 병원은 신체적 정신적 결핍으로 고통받는 자들을 향해 사랑의 인술을 펼쳐 긍휼과 자비를 베풀어야 합니다. 이를 위해 의료인들부터 생명을 중시하는 의료윤리를 회복해야 합니다. 뿐만 아니라 건강 증진을 위해 지역 보건 개념을 도입하여 일반 사람들이 건강한 삶을 누리도록 하는 정책적 배려가 뒤따라야 합니다.

더 나아가 정부와 NGO들은 안녕한 사회를 이루기 위해 공법이 물 같이, 정의가 하수 같이 흐르도록 하는 일에 최선을 다해야 합니다. 전체 구조가 병들면 개인의 삶도 고통스러워지며 결과적으로 공동체 전체가 병리 상태로 들어갑니다. 결국 효과적 치유를 위해 가정과 교회와 병원 그리고 정부 및 사회단체가 하나님이 주신 치유의 은사를 따라 유기적으로 연합해야 합니다. 치유는 창조 당시의 전인적이고 전환경적인 관계의 회복입니다. 그러므로 치유는 인간 구원과 환경을 포함한 사회

구원으로 정의될 수 있습니다.

핵가족화 추세로 오늘날 가정은 가족의 임종을 살필 겨를이 없는 비인간화된 가정으로 변하고 있습니다. 뿐만 아니라 병원 의료진들은 육체적 죽음의 순간을 지연시키려고만 합니다. 다른 어느 때보다 고통과 죽음에 대한 호스피스 교육이 죽음을 앞둔 당사자나 그를 돕고자 하는 사람에게 필요합니다. 특히 교회를 중심으로 하는 호스피스 사역은 영적 간호에 비중을 많이 둡니다. 죽어 가는 이들에게 가장 큰 소망은 다시 태어난다는 것입니다. 여기에 기독교 신앙의 위대함이 있습니다.

인간에게 과연 죽음은 영원한 종말일까요? 성경은 그것으로 끝이 아니라고 말합니다. 예수 그리스도가 돌아가시고 부활하심으로써 우리에게 영원한 생명을 주셨기 때문입니다. 이제 죽음은 전혀 새로운 의미가 있습니다. 죽음은 생의 마지막 성장 단계입니다. 죽어야 부활이 있고, 영원한 삶을 바라볼 수 있기 때문입니다.

일과를 마치고서 잠자리에 들기 전에 '매일 나는 죽는다'고 생각해 보십시오. 하나님 품 안에서 누릴 영원한 안식을 소망하면서 말입니다. 그때 자신의 욕망을 비우고 영원한 나라를 위해 지금 할 수 있는 일이 무엇인지 쉽게 깨달을 수 있습니다. 하나님을 사랑하며 이웃을 사랑하며 사는 진리를 말입니다.

3부

습관이
바뀌면
몸도 바뀐다

1. 습관에 따른
   몸의 변화

생활 습관과 건강

건강에 대한 요즘 사람들의 관심을 반영하듯 온갖 매체에 건강에 관한 기사가 넘쳐 납니다. 도대체 건강이란 무엇일까요? 세계보건기구는 건강을 '육체적, 정신적, 사회적으로 건전한 상태'로 정의합니다. 전인적으로 균형 잡히고 안정된 상태를 말합니다. 단지 병 증세나 결함이 없다는 것만으로는 정말 건강하다고 말할 수 없습니다.

약에 기대지 않아도 불편이나 고통 없이 활기차게 일하고 운동하는 삶, 가족이나 이웃과 부담 없이 원만하게 어울리는 삶, 더 나아가 확실한 삶의 목표를 향해 가는 균형 잡힌 삶이야말로 진정 건강한 삶이라고 말할 수 있습니다. 사람은 당연히 그런 건강을 누리며 살도록 창조되었습니다. 생활 습관만 올바르면 틀림없이 건강하게 살 수 있습니다.

생활 습관과 건강은 떼려야 뗄 수 없는 관계입니다. 브레슬로우와 벨록은 미국 캘리포니아 주에 사는 7,000명의 중년을 상대로 조사한 결과 일곱 가지 장수 원칙을 발견했습니다.

일곱 가지 장수 원칙

첫째, 평생 동안 담배를 피우지 않는다. 둘째, 규칙적으로 운동한다. 셋째, 음주를 아주 적게 한다. 넷째, 매일 7~8시간 충분히 잔다. 다섯째, 정상적인 체중을 유지한다. 여섯째, 아침 식사를 잘한다. 일곱째, 간식은 하지 않는다.

건강 정도로 구별하는 생리적 나이가 45세인 사람이 이 원칙을 따르면 그렇지 않은 사람보다 남자는 11년, 여자는 7년 정도 더 젊거나 오래 사는 것으로 나타났습니다.

바쁜 현대인들의 현실은 어떻습니까? 아침식사를 거르는 것은 기본이요, 커피로 쓰린 속을 달래고, 뿌연 담배 연기에 위로를 받으며, 소주에 삼겹살로 스트레스를 풉니다. 늦은 시간까지 텔레비전을 시청하며 야식을 즐기는 사람들도 많습니다. 이런 생활이 반복된다는 것은 날마다 한 발자국씩 병을 향해 걸어가는 것과 같습니다.

병들어 가는 자녀들

얼마 전에 어린 조카들과 함께 생활했는데, 아침부터 고기반찬이 없다고 투정을 부렸습니다. 평소에도 고기가 없으면 밥을 먹지 않는다고 합니다. 요즘 대다수의 아이들이 인스턴트나 정크푸드에 길들여져 신선한 채소나 과일을 가까이 하지 않아 걱정입니다. 게임기나 컴퓨터 앞에 앉아 과자와 청량음료를 입에 달고 사는 아이도 보았습니다. 덕분에 덩치는 커지고 체중은 늘었지만 체력은 형편없습니다. 미래의 생활 습관병 후보자들일 뿐입니다.

초등학생 때부터 학교 수업으로도 모자라 학원을 서너 개나 다녀야 하니 아이들이 느끼는 스트레스도 이만저만이 아닌 듯합니다. 영어에 수학, 논술, 피아노, 미술 등등 하루 종일 무언가를 배우느라 바쁩니다. 엄마들은 '아이를 위해서'라는 핑계로 온통 아이 교육에만 정신이 쏠려 있습니다. 전인격적인 교육이면 좋겠지만, 보통은 좋은 대학에 가기 위해 어떤 학원, 어떤 학습지, 어떤 선생님이 효과적인지만 따집니다. 이대로 아이들을 방치하면 심각하게 병들 것입니다. 마음이 피폐해져서 행복과는 거리가 먼 삶을 살지도 모릅니다.

씨앗이 땅에 심겨 싹을 틔우고 자라서 꽃을 피우고 열매를 맺는 데는 몇 가지 요소가 필요합니다. 중요한 몇 가지를 꼽으라면 좋은 영양소, 공기, 물, 햇볕 등입니다. 그중에 하나라도 부족하면 잘 자랄 수 없습니다. 아이들도 마찬가지입니다. 건강에 좋은 음식과 운동, 깨끗한 물, 햇볕, 그리고 절제와 신선한 공기, 휴식, 사랑이 필수적입니다.

사람은 생물 중에서도 가장 고차원적 존재입니다. 알맞은 생물학적 환경이야 말할 것도 없고 거기에 덧붙여 관심 어린 사랑이 필요합니다. 학원, 성적, 일류 대학보다 더 중요한 것이 건강과 행복입니다. 건강과 행복은 상호작용을 합니다. 건강해야 행복하기 쉽고, 행복해야 건강하기 쉽습니다.

요즘 아이들에겐 '인격 존중'이라는 사랑의 양분이 필요해 보입니다. 무조건 부모 의견을 강압하면, 어리거나 내성적인 아이는 잘 따라가는 것 같습니다. 그러나 내면에는 분노가 자리를 잡습니다. 그런 일이 반복 될수록 분노는 더욱 쌓입니다. 그러다가 반항할 힘이 생기는 사춘기에 폭발하고 맙니다. 외부로 표출하는 아이는 극단적인 행동으로까지 갈 수 있습니다. 안으로 꽁꽁 앓는 아이는 병으로 나타납니다. 모두 사랑에 대한 갈망을 표현한 것입니다. 부모에게 투정을 부려서라도 자기 정체성을 확인받고 싶은 것입니다. 몸이 아픈 것도 사랑의 관계를 확인하고 싶다는 웅변적인 외침인 셈입니다.

안타깝게도 많은 부모가 맞벌이를 하기 때문에 건강한 생활 지도를 하는 데 한계를 느낍니다. 아니 엄밀히 말하자면, 부모가 건강한 삶의 기준대로 살지 못하는 게 문제의 원인입니다. 부모가 사회적으로 명망 이 높을수록 자녀들은 방치되고 좋지 못한 생활 습관에 노출됩니다. 아 이들에게 진정 필요한 것은 의사 존중, 자유, 합리성, 부모의 언행일치, 부부 간의 사랑, 진선미, 관심, 칭찬, 믿음, 격려, 따뜻한 신체 접촉 등입 니다. 이런 것들이 충족되지 않으면 아이 마음 그릇에 아무도 모르게 분 노가 쌓입니다.

부모의 잘못된 생각과 가치관, 잘못된 생활 습관은 자녀에게 그대로 전수되어 고통의 고리를 늘립니다. 어디에 문제가 있는지 찾아 반드시 잘라 내고 바꾸어 부모 인생과 자녀 인생에서 회복과 행복을 경험한다면 그 고통의 고리는 끊어질 것입니다.

생활의학의 재발견

생활의 변화는 심장 질환뿐 아니라 암세포에도 지대한 영향을 미칩니다. 이미 2005년에 샌프란시스코의 한 대학 연구에서 이 같은 사실이 증명되었습니다. 연구팀은 전립선암 환자들을 두 그룹으로 나눠 1년간 연구했습니다. 자원한 환자 45명은 생활 방식과 음식을 바꿨습니다. 우선 채식으로 식단을 바꾸었습니다. 신선한 채소, 과일, 정제되지 않은 곡류(현미, 통밀 빵 등), 콩 종류, 견과류, 생선에서 추출한 오메가3 등을 섭취했습니다. 둘째, 운동은 하루에 30분씩 일주일에 6회 걷는 운동을 규칙적으로 했습니다. 셋째, 스트레스 관리를 위해 매일 요가를 통한 명상 또는 스트레칭을 했습니다. 넷째, 일주일에 한 시간씩 그룹으로 모여 의사들과 함께 문제를 논의하고 교제하는 시간을 가졌습니다. 나머지 48명은 비교 그룹으로 아무 변화 없이 지금까지 살던 방식 그대로 살았습니다.

1년 후 전립선암의 진행 정도를 나타내는 전립선 특이항원(PSA)을 검사한 결과, 생활을 바꾼 그룹은 4퍼센트 낮아졌고 대조군은 6퍼센트 올랐습니다. 더 놀라운 일은, 생활을 바꾼 그룹의 70퍼센트는 암세포 성장이 정지한 반면 다른 그룹은 9퍼센트만 암세포 성장이 정지한 것입니다.

미국 시카고 대학교 마이클 로이젠 교수는 건강과 수명은 유전적인 것보다 후천적인 생활 습관과 관계가 있음을 그의 유명한 책《당신 몸의 실제 나이는 몇 살인가》에서 강조했습니다. 그가 지적한 생명 단축 습관은 흡연(8년), 스트레스(30~32년), 과도한 약물 사용(8년), 심한 정신적 충격(8년~12년), 음주(3년) 등입니다. 반면 건강을 향상시키고 수명을 연장시키는 좋은 생활 습관을 흥미로운 통계로 보여 줍니다. 정상인은 고혈압 환자보다(25년), 운동을 규칙적으로 하면(9년), 하루에 20분씩만 걸어도(5년), 건강 상태를 규칙적으로 점검하면(12년), 안전벨트를 착용하고 운전하면(3.4년), 평생 공부하는 자세로 살면(2.4년), 치실을 사용하면(6.4년), 적당한 일광욕을 하면(1.7년), 적당한 성행위를 하면(1.7년), 규칙적인 수면을 하면(3년), 사교 모임을 하면(20~30년), 금연을 하면(7.8년) 더 장수할 수 있다는 것입니다.

유전인자와 환경적 요인의 상관성

땀구멍 숫자에 대한 매우 재미있는 연구 결과가 있습니다. 태어난 뒤 3년 동안 더운 곳에 산 아이가 추운 곳에 산 아이보다 땀구멍 숫자가 훨씬 더 많다는 것입니다. 더운 곳에서 온도를 조절하면서 많은 땀구멍으로 수분을 증발시킬 필요가 있었기 때문입니다. 온도라는 외부적인 환경이 땀구멍 숫자를 결정하는 유전인자를 지배하는 것입니다. 이를 미국 로마린다 의대의 이준원 박사는 "환경이 좌우하는 유전인자의 단계적 결정"이라고 표현합니다. 유전인자는 한순간에 생명체의 모든 구조와 기능을 결정하는 게 아닙니다. 또한, 유전인자가 홀로 사람의 구조와 기능을 결정하는 것이 아닙니다. 환경의 영향을 절대적으로 받습니다.

한 통계에 의하면 국내 직업별 평균 수명은, 종교인이 80세로 제일 장수하였고, 그 다음이 정치인(72세), 교수(70세), 사업가(69세), 체육인(65세), 언론인(62세) 순으로 나타났습니다. 이 결과는 일본에서도 비슷했습니다. 삶의 양식이 수명에 미치는 영향을 단적으로 보여 주는 예입니다.

또한 흡연을 이른 나이에 시작할수록 DNA 손상이 많이 일어납니다. 흡연 시작 연령이 16.6~18.5세는 45퍼센트, 16.5세 이하인 경우에는 DNA 손상이 70퍼센트 일어난다고 합니다.

이러한 여러 연구 결과를 볼 때, 결국 만성 퇴행성 질환은 수십조 개의 유전자와 생활 습관이나 환경적 요인의 복합적인 상호 작용으로 결정된다는 것을 알 수 있습니다. 어느 한 요인만으로는 만성 질환 발생이 어렵습니다. 따라서 그 효과가 아직 미비한 유전자 치료보다는 개인의 생활 습관과 마음을 잘 관리하는 것이 질병 치료에 우선되어야 합니다.

금연과 식습관 개선으로 암 발생을 줄이는 미국

"미국의 암 발생은 이제 정점을 지나 내리막길로 들어섰습니다. 아직 갈 길이 멀지만, 암 정복의 희망이 살며시 보입니다."

2011년 12월, 보스턴에서 암 발생 억제를 연구하는 의사와 과학자들이 대거 모여 제10회 미(美) 암 예방 학회를 열었습니다. '암 예방 30년, 도전과 진보'라는 주제로 특강을 한 하버드 의대 공중보건대학원 월터 윌레트 교수는 "매년 늘기만 하던 미국의 암 발생률이 지난 2008년부터 처음 줄어들었다"며 "이는 대대적인 금연 캠페인, 올바른 식습관과 운동의 중요성을 지속적으로 강조해서 얻은 성과"라고 말했습니다. 2000년대 들어 이미 암에 걸린 사람들의 사망률은 점차 감소하고 있습니다. 암 조기 발견과 암 치료 기술의 발달 덕입니다. 하지만 암 발생 자체가 줄어드는 것은 별개의 문제입니다. 암 발생은 나이가 들수록 늘어납니다. 암 유발 요인이 우리 몸에 수십 년간 축적돼 오다가 끝내 암을 유발하고, 노화된 세포가 암세포로 변이될 확률이 더 높기 때문입니다. 그런데 미국은 고령 사회로 들어감에도 대장암·유방암·폐암 등 대표적인 '미국인 암' 발생 자체가 최근 꺾인 것입니다.

반면 우리나라의 암 발생률은 하염없이 상승하고 있습니다. 2008년 기준으로 한해 18만여 명이 새로이 암에 걸렸습니다(2010년 보건복지부 발표). 10년 전인 1999년 신규 암환자 10만 명에 비해 1.8배 늘어난 수치입니다. 이런 추세라면 2020년에는 현재의 두 배가 될 전망입니다. 암 발생에 한·미 역전 현상도 벌어질 판입니다. 대장암의 경우, 1998년 미국 백인 남성은 인구 10만 명당 68명꼴로 걸렸습니다. 당시 한국 남성은 27명꼴로 대장암에 걸렸습니다. 그러다 2008년 미국과 한국이 47명 수준으로 같아졌습니다. 불과 11년 동안 한국인 대장암 발생은 74퍼센트 늘고, 미국인은 30퍼센트 줄어든 결과입니다. 앞으로 2~3년 후면 미국인이 원조인 대장암이 한국인에게 더 많을 상황입니다. 암 치료를 아무리 잘한다 해도 암 발생 자체가 늘면 밑 빠진 독에 물 붓기입니다.

미 암예방학회 창립회장인 텍사스 대학 MD 앤더슨 암센터 종양내과 홍완기 교수는 "정상 세포가 암세포로 바뀌어 몸속에 자리 잡기 전에 암세포를 가로채기 하는 것이 가장 효과적인 암 정복 전략"이라며 "그런 효과를 내는 다양한 암 예방 생활 수칙과 가이드라인을 널리 전파하고 누구나 실천하도록 해야 한다"고 말했습니다.

2. 음식 먹는 습관부터 바꾸라

서울에 있는 가족들과 모처럼 오붓한 식사시간을 가진 적이 있습니다. 아내는 서울로 올라오는 나를 위해 노량진 시장까지 가서 싱싱한 해물을 사서 요리를 했습니다. 사실은 아내가 몸이 불편하다 해서 간호하기 위해 올라간 발걸음인데 되레 융숭한 대접을 받아 염치가 없었습니다. 아내는 남편이 자신을 위해 서울까지 온다는 소식을 듣는 순간, 병이 다 나은 것처럼 몸이 가벼워졌다고 합니다. 남편 사랑하는 마음에 상을 차리느라고 무리해서 다시 아프고 말았지만 말입니다.

가족이나 친구들이 다정스럽게 둘러앉아 식사하는 것만큼 행복하고 즐거운 일도 없습니다. 먹음직스런 음식은 생각만 해도 입안에 군침이 돕니다. 곡식을 기르고 수확하고 요리해서 먹는 일은 우리 생활에서 가장 긴 시간과 가장 많은 노력이 드는 일입니다. 먹는 일이 그만큼 중요하기 때문입니다. 하버드 대학의 공중위생학과 교수 프레드릭 스테어 박사는 "영양은 건강에 있어서 가장 중요한 환경 인자다"라고 말합니다.

우리가 먹는 푸른 채소, 붉은 과일, 흰밥이 어떻게 우리 몸의 피부나 혈액, 힘을 내는 에너지로 변할까요? 소화기관은 음식물을 작게 부수고 또 부수어서 화학적 구조 단위로 만드는 중요한 일을 합니다. 여러 가지 성분이 들어 있는 음식물이 분자 단위까지 쪼개지면 혈액 속으로 흡수되어 신체 각 부분에 운반됩니다. 이렇게 음식물의 분자가 에너지가 되고 몸의 조직이 되는 화학적 과정을 신진대사라고 합니다.

소화는 입에서부터 시작됩니다. 음식을 이로 잘 씹어서 갈고 쪼개고 으깹니다. 앞니로 자르고 어금니로 잘게 부수는 일을 합니다. 입에서 나오는 침은 음식물 중 전분을 분해하기 시작합니다. 침 속의 효소가 전분의 분자를 더 작은 단당류 분자로 분해하는 것입니다. 그렇기 때문에 음식물을 씹어서 천천히 먹는 습관이 중요합니다.

몇 년 전, 본원의 정화조를 청소하던 미화원이 참 희한한 정화조를 보았다며 나를 불렀습니다. 달려가 보았더니 현미밥이 둥둥 떠 있었습니다. 현미는 껍질에 단단히 쌓여 있기에 대충 씹어 넘기면 으깨어지지 않습니다. 현미식을 열심히 한다면서도 급한 성격 때문에 몇 번 씹지 않고 넘겨 버리면 영양분이 제대로 체내에 흡수되지 않습니다. 현대인들의 식사 습관을 보면 무언가 쫓기듯이 입에다 음식물을 쓸어 넣습니다. 하나님이 주신 음식물을 감사하는 마음으로 즐겁게 대화하면서 즐겨야 건강에 유익이 됩니다. 불쾌한 생각을 하면서 식사를 하다 보면 위뇌가 경직되어 소화효소를 제대로 공급하지 못합니다. 생각하는 대로 몸에서 물질이 엮어지기 때문입니다. 어떤 일을 힘써서 이루려고 할 때 흔히 쓰는 말 중에 '마음먹기' 나름이라는 것이 있습니다. 마음을 단단히 무장하면 못 이룰 일이 없다는 것입니다. 마음의 생각과 육체를 이루는 요소에는 긴밀한 상관관계가 있습니다. 건강하려거든 먼저 천천히 느긋하게 식사하는 습관을 기르십시오.

음식물의 여행

음식물은 입에서 식도를 타고 위에 이릅니다. 위는 어른의 경우 약 25센티미터 정도 되는 J자 모양의 근육 주머니입니다. 위는 근육으로 되어 있기 때문에 충분히 씹어 잘게 부서지지 않은 음식은 더 이상 부수기가 어렵습니다. 위장 속에는 소화를 위해 피부를 상하게 할 만큼 강한 염산이 나옵니다. 다행히 위벽이 상하는 것을 막기 위해 점액이라는 보호 물질이 나옵니다. 위벽에 있는 선(腺)에서 만들어지는 점액과 적당한 양의 혈액 공급으로 위 자체가 소화되지 않도록 보호합니다.

위가 정상 상태에 있을 때는 어지간한 자극은 견뎌 냅니다. 그러나 뜨거운 음식이나 찬 것, 맵거나 짠 음식으로 계속 자극하면 위벽 표면의 작은 신경이 화끈화끈 달아오릅니다. 눈에 고춧가루가 들어가면 눈물이 철철 흘러서 매운 것을 씻어 내듯 위도 자극이 심한 음식을 먹으면 그것을 씻어 내려고 산(酸)이 많이 분비됩니다. 자극성 음식은 될 수 있는 대로 피하는 것이 좋습니다.

위는 감정의 변화에도 영향을 받습니다. 감정의 종류에 따라 다른 현상이 나타납니다. 분노는 위에 심한 파장을 일으키고 위벽을 빨갛게 충혈시킵니다. 분노가 너무 격하거나 오래 가면 충혈된 부분이 출혈될 수가 있습니다. 무서운 생각이 들면 위는 정지 상태로 있으며 위벽이 창백해집니다. 긴장, 두려움, 분노, 욕구 불만 등은 산의 분비를 늘리고 혈관을 수축시켜 혈액 공급이 감소됩니다. 그 결과 위벽 자체가 소화되어 소화성궤양이 생깁니다. 그래서 식사 시간을 넉넉하게 그리고 즐겁게 가지는 것이 매우 중요합니다.

음식이 위 속에 머무는 시간은 음식의 종류나 양에 따라 다릅니다. 죽처럼 되어 있는 유동식은 대체로 빨리 통과합니다. 전분이 많은 음식도 2시간 전후면 통과합니다. 그러나 단백질은 시간이 더 걸리며, 지방이 많이 든 음식은 한층 더 오랜 시간이 걸립니다. 개인적인 차이가 있기는 하지만 음식은 평균적으로 4~5시간 위에 머물러 있습니다. 정해진 시간에 규칙적으로 식사하면 소화기 계통 전체가 효과적으로 활동합니다. 간식은 위와 장에 피로를 가져오는 나쁜 습관입니다.

음식이 위를 다 통과할 무렵에는 어지간한 액체의 상태가 됩니다. 죽처럼 된 음식이 이제 소장으로 들어가면 보다 소화력을 가진 효소를 가진 소화액이 나옵니다. 이 소화액은 음식을 더욱 잘게 부수어 분자 형태로 흡수될 준비를 갖추게 합니다. 음식물은 소장에서 손가락 모양으로 솟아 나온 융모(絨毛)라 불리는 돌기(突起)로 흡수됩니다. 올록볼록하기 때문에 소장은 표면적이 매우 넓으며 얇은 막으로 되어 있어 흡수 전 곧바로 가는 모세 혈관 속에 들어갑니다. 음식이 소장 끝부분에 이르렀을 때는 물과 찌꺼기만 남습니다. 이제 대장에 들어가서 물은 흡수되고 찌꺼기는 반고체의 변이 되어 직장과 항문을 통해 배설됩니다. 그러므로 잘 먹고 잘 싸기만 해도 건강은 유지되는 것입니다.

건강, 음식 선택에서 시작된다

뇌의 섭식 중추에서는 배가 고플 때 뭔가 먹고 싶다는 생각을 하게 합니다. 그러나 무엇을 먹으면 좋은지에 대해서는 가르쳐 주지 않습니다. 평소에 단 것을 좋아하는 사람도 배가 몹시 고프면 달지 않아도 잘 먹습니다.

배가 고프기 때문에 먹는 것과 맛을 즐기며 먹는 것과는 차이가 있습니다. 요새는 생활이 풍부해져서 그렇게 심하게 굶주리는 경우는 많지 않습니다. 오히려 너무 풍부해서 좋아하는 음식만 골라 먹다 보니 편식 등의 나쁜 습관이 생기기도 합니다. 영양가를 고려하여 잘 선택해서 먹지 않고 식욕이나 구미만 따라가면 안 됩니다. 쏟아져 나오는 음식, 가공식품과 고칼로리 식품을 무분별하게 먹다가는 건강을 크게 해치는 경우가 많습니다. 세상에는 음식의 종류도 많고 가지가지 음식을 맛보는 기쁨 또한 없어서는 안 될 소중한 것입니다. 그러나 오늘날 질병의 첫째 원인은 부적절한 식사에서 시작된다는 것을 기억하십시오. 음식 선택을 잘못해서 질병을 초래하는 것입니다.

사람의 몸은 잘 관리하면 70~80년 동안 견딜 수 있도록 정교하게 만들어진 기계와 같습니다. 그러나 성장이나 기능을 위해 제대로 영양을 공급하지 않으면 비참한 결과가 옵니다. 그러므로 음식을 먹기 위해 숟가락을 움직일 때마다 장차 건강을 좌우하는 매우 중대한 결정을 내리는 셈입니다. 음식 한 그릇이 몸을 튼튼하고 활력 있게도 하며 쇠약하고 병들게도 합니다.

그렇다면 **제대로 먹는다는 게 무엇일까요?** 누구나 할 수 있는 두 가지 기본 원칙이 있습니다.

첫째, 충분히 먹되 과식하지 말아야 합니다. 누구나 적당히 먹었을 때와 과식했을 때의 차이를 알고 있을 것입니다. 적당히 먹으면 편안하고 기분이 좋고 행복감을 느낍니다. 그러나 과식하면 숨이 가빠지고 편하지 않고 위에 장애를 초래합니다. 과식은 위장뿐 아니라 뇌에도 영향을 끼치며 간장 등 다른 기관에도 연쇄적으로 부담을 줍니다. 비만은 심리적인 원인이나 소화기관 또는 호르몬 등의 문제에서 비롯되는 경우도 있지만 대부분 과식에서 비롯됩니다. 스트레스를 과식으로 풀거나 단 음식을 많이 먹는 습관이 있는지 살펴보아야 합니다.

둘째, 과도하게 정제되거나 식품첨가물을 사용하지 않은 자연 그대로의 식품을 골고루 섭취해야 합니다. 건강을 증진시키고 유지하기 위해서는 특별한 음식을 한꺼번에 많이 먹는 것이 바람직하지 않습니다. 골고루 다양한 식품군과 여러 가지 조리법으로 조리하여 식사가 즐겁도록 해야 합니다. 요즘 유기농 생산물에 관심이 많은데, 유기농이라고 모두 좋은 먹거리는 아닙니다. 음식을 먹는 사람이 사는 땅에서 제철에 재배한 작물이 가장 좋습니다. 또한 하우스 재배가 아닌 노지 재배를 한 농산물이 약효를 지닙니다. 유통되는 유기농산물에 더욱 세심한 관찰이 필요합니다. 약효를 누릴 수 있는 가장 확실한 방법은 역시 직접 땀을 흘려 경작한 소출을 먹는 것입니다.

채식이 좋아요

건강과 장수를 바란다면 채식에 대해 보다 진지하게 생각해야 합니다. 이제는 동물성 식품을 통해 간접적으로 영양을 섭취하는 것보다 식물에서 직접 섭취하는 편이 훨씬 좋다는 것을 많은 분들이 알고 있습니다.

스웨덴의 과학자들이 운동선수 아홉 명을 대상으로 자전거 페달을 돌리는 실험을 했습니다. 첫 3일 동안은 야채, 과일, 고기, 곡류 등 보통 혼합식을 먹게 했습니다. 선수들은 평균 114분 동안 페달을 밟았습니다. 그 다음 3일 동안은 고기와 생선, 계란 등 고지방, 고단백 식사를 주었습니다. 놀랍게도 평균 57분간 페달을 돌린 뒤 모두들 지쳐 쓰러졌습니다. 마지막 3일 동안 곡류, 견과류, 야채, 과일 등 순수 채식을 먹었습니다. 이번에는 평균 167분간이나 페달을 돌릴 수 있었습니다. 다량의 육류를 섭취했을 때보다 무려 3배의 힘을 낸 것입니다.

채식하는 사람들은 일반적으로 고혈압에 걸릴 비율이 낮고, 콜레스테롤도 낮아 심장병에 걸릴 가능성도 적고, 변비로 고생할 일도 없습니다. 흔히들 건강을 생각해서 고기를 먹는다고 하지만, 속내를 들여다보면 결국 입맛이 육류에 맞춰져 버렸기 때문입니다. 조금씩 고기 먹는 양을 줄이십시오. 꼭 먹고 싶을 때는 지방이나 콜레스테롤이 비교적 적은 생선이나 닭고기를 택하십시오. 구수한 곡식, 신선한 채소, 먹음직스런 과일은 건강에 최선의 식품입니다. 지금은 입맛을 따라 살 것이 아니라 우리 조상들이 즐겨했던 단순한 식탁으로 되돌아가야 할 때입니다.

생선도 참 좋아요

CNN 의학전문기자 겸 뉴욕타임스 베스트셀러 1위 저자인 진 카퍼는

《기적의 두뇌》(학원사)라는 책 서문에 정신질환에 대한 흥미로운 이야기를 전합니다. 복내에 요양하는 분들 중에 몇몇 분이 정신적으로 힘들어하고 있는 터라 그 부분을 읽으며 흥분이 되었습니다. 우리 삶에 적용할 만한 내용들을 나름대로 정리해 보았습니다.

음식물에서 어떤 유형의 지방을 섭취하느냐는 실제로 뇌 세포의 기능과 모양을 바꿀 수 있습니다. 이는 캐나다 토론토 대학의 캐럴 그린우드 박사가 진행한 쥐 실험을 통해 입증되었습니다. 포화 라드유를 먹은 실험실 쥐는 고도 불포화 유지인 대두유를 먹인 쥐에 비해 학습 속도가 느리고 미로 찾기 같은 기억력 테스트에서 낮은 점수를 받았습니다. 포화 지방이 뇌에 미치는 유해한 영향은 누적됩니다. 동물성 고지방 식품을 많이 먹을수록 더 '멍청해질' 위험이 높다는 뜻입니다.

과학자들은 고도 포화 지방이 파킨슨씨 병과 같은 퇴행성 뇌질환과도 관련 있다고 말합니다. 미국 콜럼비아 대학의 리처드 메이요 박사는 65세 이상 노인들 가운데 동물성 지방을 많이 먹은 사람은 그렇지 않은 사람에 비해 파킨슨씨병에 걸릴 확률이 5배나 더 높다고 보고했습니다.

최근에는 생선을 먹으면 세로토닌을 더 많이 만들어 낸다는 것이 밝혀졌다. 우리 몸이 DHA를 사용해 시냅스를 더 많이 만들고, 그것이 세로토닌을 더 많이 만들기 때문입니다. 우울하고, 자살 충동을 느끼고, 충동적이며, 폭력적인 사람들은 세로토닌 수치가 낮은 경우가 많습니다.

한 통계 자료에 따르면, 세계에서 생선을 가장 많이 먹는 것으로 알려진 일본인들(1인당 연간 소비량 약 70킬로그램)은 우울증 발병률이 세계 최저

수준으로 0.12퍼센트에 불과합니다. 반면에 세계에서 생선을 가장 적게 먹는 뉴질랜드인(1인당 연간 소비량 12킬로그램)은 우울증 발병률이 5.8퍼센트로, 일본인들에 비해 50배나 높습니다. 미국인들의 1인당 연간 생선 소비량은 약 25킬로그램, 우울증 발병률은 3퍼센트입니다.

미국 국립보건원 정신과 의사 조셉 히벨린 박사는 생선 소비량이 적은 나라와 우울증 발병률이 높은 나라 간에는 완벽한 상관관계가 있다는 사실을 알아냈습니다. 또한 후속 연구를 통해 여성의 산후 우울증도 생선 소비량과 관계 있다는 사실을 입증했습니다.

우울증 환자의 혈액을 검사하면 생선을 많이 먹지 않았다는 생물학적 증거가 나타납니다. 우울증 환자들은 혈액 세포에 오메가3형 지방을 적게 가지는 경향이 있습니다. 또한 혈액 속의 오메가3의 수치가 낮을수록 우울증은 더 심해집니다. 다시 말해 우울증 환자가 오메가3를 많이 섭취하면 병이 나을 수도 있다는 뜻입니다.

어류가 실제로 조울증 치료에 도움이 된다는 사실은 이미 1998년 하버드 의대 정신약물학자인 앤드류 스톨 박사의 실험을 통해 입증되었습니다. 조울증 환자에게 EPA와 DHA 복합체로 만들어진 어유를 하루에 10그램씩을 복용시켰더니 65퍼센트가 증세에 호전을 보였습니다. 일단 호전된 다음에도 대부분 그 상태를 그대로 유지했습니다. 참고로 뇌 세포에 직접적인 영향을 미치는 지방을 소개합니다.

뇌에 좋은 지방

• DHA: 오메가3 유형의 뇌에 가장 좋은 지방. 해산물이나 보조식품

을 통해 섭취.

- EPA: 또 다른 강력한 오메가3 유형의 지방. 생선이나 어유를 통해 섭취.
- 리놀레산: 오메가3 유형의 지방. 푸른 잎채소, 견과류, 아마씨를 섭취.
- 단불포화 지방: 올리브유에 들어 있음. 항산화제가 풍부해 혈관계 질병을 예방하고 기억력에 도움이 되는 것으로 확인됨.

뇌에 나쁜 지방

- 동물성 포화 지방: 육류, 우유, 버터, 치즈.
- 경화 식물성 기름: 마가린, 마요네즈, 가공식품.
- 전이 지방산: 마가린. 가공식품, 튀김.
- 오메가6 식물성 기름: 가공식품, 옥수수 기름, 홍화씨 기름, 해바라기씨 기름

이제부터 아이들과 함께 햄버거나 밀크셰이크, 감자튀김, 지방분이 많은 치즈가 듬뿍 들어 있는 피자를 먹을 때 꼭 기억해야 합니다. 이들 음식에 들어 있는 포화 지방이 아이들 뇌 세포의 성장을 방해할지도 모른다는 사실입니다. 우리나라에서도 영양과 뇌세포의 상관성을 규명하는 연구가 활발해져, 하루라도 빨리 진료 현장에 적용되길 바랍니다.

3. 당신 아이의 뇌가
   죽어 가고 있다

대학 시절 합창단 동아리에서 함께 활동했던 친구들을 아주 오랜만에 만났습니다. 30여 년 전 교정의 추억을 나누며 즐거운 시간을 보냈습니다. 친구들 대부분이 현직 교사여서 자연스럽게 요즘 중고등학교 학생들을 지도하는 고충에 대해 이야기를 나눴습니다. 많은 학생들이 수업 집중도가 떨어져 학습 성과를 기대할 수 없다고 합니다. 20퍼센트 정도는 주의력결핍 과잉행동장애(ADHD)를 앓고 있다고 합니다. 지속적으로 주의력이 부족하여 산만하고 과다 활동, 충동성을 보이는 상태를 말합니다. 이러한 증상을 치료하지 않고 방치할 경우 아동기 내내 여러 방면에서 어려움이 지속되고, 일부는 청소년기와 성인기까지 그 영향이 미칩니다.

이 증상을 최초로 발견한 사람은 미국의 벤 페인골드라는 의사입니다. 그는 1974년 《왜 당신의 자녀가 지나치게 활동적인가?》라는 책을 출판했습니다. 그는 가공식품에 첨가되는 인공 색소와 향신료, 방부제 등이 아이의 두뇌 작용을 교란시키는 것이라고 말합니다. 《먹는 것이 아이들을 변화시킨다》의 저자 스즈끼 교수는 봉지만 뜯으면 곧 먹을 수 있는 과자, 빵, 음료수 같은 인스턴트식품에 첨가되는 방부제, 인공색소와 향신료들이 어린아이들의 극미 뇌신경을 손상시켜 아이들이 인내심과 침착성이 없고 쉴 새 없이 지껄이고 움직이는 과행동아가 된다고 언급했습니다.

학교 수업 시간에 집중하지 못하고 붕 떠 있는 아이들과 설치는 아이들의 가정과 식생활 및 학교 생활 실태를 조사했더니 다음과 같았습니다.

아침 식사를 하지 않거나 커피와 달걀 또는 빵과 음료수를 먹는다. 두뇌 작용에 필요한 에너지 부족으로 등교 후 1, 2교시 수업이 끝나면 허기가 진다. 두뇌 작용이 비실비실하면서 붕 떠 있는 상태가 되며, 정서가 불안하여 자꾸 움직이고 해찰이 심해지고 수업을 망친다.

점심 식사나 간식으로 단맛이 강한 빵류, 과자류, 아이스크림, 초콜릿, 음료수 등을 먹는다. 이런 먹거리에는 몸 안에서 힘과 열을 낼 때 필요한 비타민B군과 무기질들이 없기 때문에 두뇌 작용에 큰 차질을 빚는다.

맞벌이 부모님과 늦은 시간에 저녁 식사를 하다 보니, 위장에 음식이 남아 있는 상태에서 잠자리에 든다. 잠자는 사이에도 소화기관은 활동하기 때문에 몸 전체가 쉬지 못한다. 당연히 두뇌 활동을 저하시킨다.

특히 청소년들이 즐겨 마시는 콜라에는 카페인이 다량 함유되어 있습니다. 일시적으로 기분을 좋게 하지만 흥분 상태를 뇌가 기억하고 있어서 결국 중독으로 이어집니다. 청소년이나 어린이는 카페인에 대한 해독력이 약하기 때문에 더욱 좋지 않습니다. 음료 안에는 당을 분해시키는 무기질이나 비타민이 없어서 오히려 쉽게 피로해지고 식욕이 부진해집니다. 콜라 250밀리리터에는 당이 20~32그램 정도 함유되어 있습니다. 청소년들의 하루 당 권장량은 20그램인데 이를 초과하면 남은 당은 칼슘을 빼앗아 골다공증을 유발합니다. 비만의 원인이 되기도 합니다. 게다가 음료가 산성이기 때문에 치아의 에나멜 층을 부식시켜 치아 관련 질병을 유발시킵니다.

뇌와 영양소

인체에 필요한 영양소를 균형 섭취했을 때는 온몸의 대사와 생리 작용이 차질 없이 이루어져 두뇌도 최대한 명석하고 이지적이며 안정적인 상태가 됩니다. 그러나 그 반대일 경우에는 두뇌 작동 능력의 최대치를 기대할 수 없습니다.

뇌신경과 정신 작용에 관여하는 영양소와 결핍시 생기는 증상의 상관관계를 들여다볼 필요가 있습니다. 비타민B1(티아민) 결핍은 건망증, 불면증, 우울증, 다발성 신경염을 일으킵니다. 비타민B6(피리독신) 결핍은 신경장애, 불면증, 신경과민, 흥분, 보행 곤란 등의 증세가 나타납니다. 칼슘은 신경이 신경섬유를 통해 자극을 전달하는 것에 중요한 역할을 합니다. 두 신경섬유를 연결하는 마디에 있는 아세틸콜린이 칼슘에 의해 조절됩니다. 칼슘이 부족하면 근육이 경련, 수축, 강직되고 정신이 붕 뜬 상태가 되며 정서가 불안해집니다. 마그네슘은 칼슘과 함께 신경 전달에 관여합니다. 칼슘이 신경을 흥분시키면 마그네슘은 신경을 안정시키면서 서로 협동 보조합니다. 마그네슘이 부족하면 신경과민과 경련이 일어납니다. 습관적 음주는 마그네슘 부족을 초래합니다.

칼륨과 나트륨도 매우 중요한 역할을 합니다. 나트륨은 세포 외액으로, 칼륨은 세포 내액으로 있으면서 세포의 반투막을 통해 서로 들락거리면서 신경 자극을 전달합니다. 둘 중 하나만 결핍되어도 신경 전달이 이루어지지 못합니다. 반대로 과잉 상태가 되어도 항상성이 깨어져서 위험을 초래합니다. 구리가 부족하면 빈혈이 오는데 이는 결국 두뇌가 최대 능력을 발휘하지 못하게 합니다.

기초 영양학 교과서에 따르면 열두 가지 비타민B군 중에 한 가지만 빠져도 두뇌는 비정상적인 생각이나 행동을 하게 된다는 것입니다. 마치 김치를 담글 때 그 재료가 되는 배추, 파, 생강, 마늘, 소금, 고춧가루 중 하나만 빠져도 김치 맛이 제대로 안 나는 것과 같습니다. 사람의 두뇌도 필수 영양소들이 골고루 공급되어야 제 기능을 할 수 있습니다.

영양과 정신 건강

이제는 국내 대형 마트에 가면 전 세계의 식재료를 어렵지 않게 구할 수 있습니다. 그런데 아이러니하게도 제대로 된 먹거리를 구하지 못해 아우성이고, 한편에서는 영양의 불균형이 더욱 심각해지고 있습니다.

우리는 날마다 식사를 합니다. 그런데 필수 영양소가 불충분한 식사가 우리 몸에 어떤 영향을 주는지에 대해서는 전혀 인식하지 못합니다. 우리는 음식물을 통해 당질과 단백질, 지질, 비타민과 미네랄을 섭취하는 것입니다. 걷거나 달리는 운동 기능이나 체내에서 혈액과 뼈를 만드는 기능에도 영양소가 필요하지만 생각과 행동하는 뇌의 기능에도 반드시 영양소가 채워져야 합니다. 뇌와 영양은 깊은 관계가 있습니다.

한 청년이 있었습니다. 부모 밑에서 평범하게 자란 20대 청년은 요즘 사람들과 어울리기를 꺼리며 혼자 방에 틀어박혀 지냅니다. 벌써 1년째 그러고 있습니다. 그전까지 패스트푸드점에서 아르바이트를 했던 이 청년에게 도대체 무슨 일이 있었던 걸까요?

사랑하는 사람에게 시련을 당했거나 심리적으로 큰 충격을 받았을 수도 있습니다. 그런데 정작 원인은 영양 부족에 있었다고 합니다. 소당류(올리고당)나 카페인의 과잉 섭취, 양질의 단백질 부족, 비타민과 미네랄 부족 등으로 자율신경이 균형을 잃고 심신의 기능을 저하시킨 겁니다. 그런데 현재 은둔형 외톨이의 사회 거부 증후군이나 부등교 문제 등을 영양 부족의 관점에서 도와주려는 노력은 거의 없습니다.

젊은 여성들의 다이어트도 문제입니다. 필요 이상으로 마른 몸매를 선호하는 여성들에게서 점점 건강미가 사라지고 있습니다. 육체뿐 아니라 정신 건강까지 좀먹어 간다는 사실을 깨닫지 못하고 있으니 참으로 안타깝습니다. 과도한 다이어트는 정신 건강에 해롭습니다.

'회전문 식' 정신의학

1977년 6월, 미국 상원에서 조지 맥거번을 위원장으로 하는 영양문제 특별위원회의 공청회가 개최되었습니다. 주제는 '정신 건강과 발달에 관한 영양의 영향에 대해서'였습니다. 여기에서 리드 여사와 마이클 레서 박사가 증언한 기록의 일부를 소개합니다.

"알코올이나 약물 중독자들은 소년소녀기의 식사에 설탕, 청량음료 등을 많이 섭취했다고 말했습니다. 그들에게 설탕과 전분을 적게 섭취할 것을 권하고 동시에 모든 정크푸드를 금하도록 했습니다. 그 후 인격 변화가 빠르고 극적으로 나타난 예가 종종 있었습니다. 영양이 좋은 식사를 한 사람 중에 재판소로 돌아온 사람은 한 사람도 없었습니다."

여기서 최근 부각되는 분자교정의학에 대해 말하고자 합니다. '분자교정의학'이란 폴링 박사가 1968년에 만든 단어로, '올바른 분자를 올바른 양으로'라는 의미입니다. 건강을 유지하고 질병을 고치기 위해 체내에 존재하는 물질을 최적의 농도로 제공한다는 것입니다.

이 개념이 생긴 것은 이 분야에서 최초의 업적이 나오고 20년이 지나서였습니다. 그 최초의 업적은 캐나다의 호퍼 박사와 오스몬드 박사가 이룬 것입니다. 그들은 근무하는 정신병원에서 비타민을 이용해 환자들을 치료하기 시작했습니다. 그러자 놀라운 결과가 나왔습니다. 나이아신, 비타민C, 고단백질, 탄수화물 제한 등의 식사로 입원 중인 정신분열증 환자 82퍼센트가 증상이 개선된 것입니다. 하지만 유감스럽게도 같은 시기에 정신병 치료에 신경안정제가 도입되면서 그들의 업적은 주목받지 못했습니다.

신경안정제는 처음에는 매우 효과적인 것으로 생각되었습니다. 환자가 이전보다 훨씬 빨리 퇴원할 수 있었기 때문입니다. 그러나 불행히도 시간이 지날수록 신경안정제가 생각했던 것처럼 뛰어난 효과를 갖고 있지는 않다는 걸 알게 되었습니다. 지금은 환자가 그 문으로 다시 들어온다는 의미로 '회전식 문' 정신의학이라고 부릅니다.

정신병원에 장기간 입원한 환자가 적어진 것은 사실이지만 또한 동시에 신경안정제의 출현 이후 정신병원에 입원하는 환자는 늘고 있습니다. 신경안정제가 정신분열증 등 정신질환을 치료하지 못하게 하는 것입니다. 그것은 환자를 일시적으로 조용하게 만드는 '화학적인 구속복'입니다. 영양에 눈을 돌려야 합니다. 병원과 기도원에서 약이나 기도에만 의존할 것이 아니라 영양요법을 반드시 병행해야 합니다. 그래야 증상이 쉽게 호전될 것입니다.

약물 오·남용을 주의하라

요즘 아이들이 많이 앓는다는 주의력결핍 과잉행동장애(ADHD) 증상에 대해서도 의료인들은 신경안정 작용이 있는 약을 처방해 왔습니다. 그러나 효과보다 부작용이 우려된다고 전문가들은 언급합니다.

최근에도 특정 비타민을 장기간 복용했을 때 오히려 발암 요인이 된다는 실험이 보고됐습니다. 예를 들어, 비타민 E를 과다하게 섭취하면 혈중 중성지방과 갑상선 호르몬이 증가하고, 심한 설사와 구토, 두통과 피로감에 시달리며, 근육이 약화되고, 발한과 맥박이 증가되며 지혈이 지연됩니다. 그래서 특정 약물이나 영양소를 집중 투입하는 것은 현명한 방법이 아닙니다. 질병을 치료하기 위해 특정 영양소나 약물만을 의존하는 것에는 빛과 그림자가 있습니다.

예를 들어 1995년에 개발돼 2000년대 초반 부작용이 없는 진통소염제로 선풍적인 인기를 끌었던 바이옥스가 대표적입니다. 속 쓰림이나 위궤양 등이 생기지 않는 효과가 있었는지 몰라도, 심장 발작 등 심장 질환 발생을 높여 2004년부터 퇴출되었습니다. 관절염 증상을 줄이려다가 심장 질환으로 죽을 수도 있다는 연구 결과에 관절염 환자들은 기겁했을 것입니다. 의학 분야에서 유행에 민감하다가는 오히려 건강을 해치고 수명을 단축시킬 수 있습니다. 그 때문에 신기술이나 신약에 자신의 생명을 함부로 맡겨서는 안 됩니다.

그 대신 이미 알고 있고 새롭지도 않지만 규칙적인 운동, 균형 잡힌 식사, 적절한 스트레스 해소, 건강한 환경 만들기 등은 꼭 실천해야 합니다. 이를 위해 먼저 부모님들이 인스턴트 음식을 멀리하고 손수 정성껏 음식을 만들어 자녀들에게 주어야 합니다. 학교에서도 건강에 좋지 않는 먹거리를 퇴출시키고 친환경 영양 관리를 포함해 전인적인 교육을 강화해야 합니다. 교회에서도 창조의 원리로 되돌아가는 생명 운동을 전개해야 합니다. 우선 주일학교 간식부터 친환경 먹거리로 바꿔야 하지 않을까요?

근본적으로는 농촌에서 흙을 다시 살리는 자연 농업을 살려야 합니다. 흙의 성분이 먹거리 내용 그 자체이기 때문입니다. 하지만 지금의 농촌은 이런 이야기를 할 정도로 한가하지 않습니다. 급격한 도시화와 이농 현상으로 회복하기 어려울 정도로 피폐해졌습니다. 한미 FTA 체결 이후에는 더욱 어려워질 것입니다. 경제 논리 때문에 생명을 살리는 먹거리가 죽어 갑니다. 어른들의 상술 때문에 우리 자녀들의 정신(뇌)이 죽어 갑니다. 기본이 무너지고 있는데 무슨 건축물을 쌓아 올리겠습니까? 이 때문에 농촌 교회 역할이 매우 중요한 것입니다. 도시와 농촌 교회가 일란성 쌍둥이처럼 운명을 같이 해야 합니다. 이 문제는 그 어떤 것보다 시급하고 중대합니다. 지금 자녀들의 모습이 우리의 미래이기 때문입니다. 주님이시여! 이 땅의 어린 생명들을 불쌍히 여기소서!

4. 햄과 소시지
그리고 과자를 멀리하라

밥을 다시 먹어야 합니다

농촌에 기현상이 생긴 지 오랩니다. 옛날에는 흉년이 들면 걱정이었는데, 이제는 풍년이 들면 걱정합니다. 농민들은 수매가가 생산 원가에도 못 미친다고 울상입니다. 정부에서는 무한정 농민들을 지원할 수 없다고 곤혹스러워합니다. 하나님은 우리를 사랑하셔서 풍년을 주셨는데 왜 우리는 행복하지 못할까요? 수요와 공급이 맞지 않기 때문입니다. 화학비료와 농약 덕택에 쌀 수확은 증가했으나 사람들의 입맛은 쌀을 멀리하고 있습니다.

쌀은 동양인의 주식입니다. 쌀에는 에너지원이 되는 당질, 비타민B군, 비타민E가 풍부합니다. 그런데 쌀의 소비는 해마다 줄어듭니다. 패스트 푸드점과 패밀리 레스토랑 등 외식 산업이 발전하면서 집에서 식사하는 비율이 감소하는 것이 현실입니다.

밥, 두부가 든 된장국, 생선구이는 대표적인 아침식사 메뉴였습니다. 아침식사에서 이런 메뉴들이 점점 사라져 갑니다. 요즘은 아침식사를 하지 않는 사람들도 많습니다. 빵과 커피만으로 끝내거나 직장 근처에서 토스트로 때우는 사람들도 있습니다. 물론 이렇게 먹는 것이 굶는 것보다는 낫겠지만 매일 이런 식으로 아침을 해결한다면 영양 부족이 될 것이 뻔합니다.

'기'(氣)라는 글자의 가운데는 쌀을 뜻하는 '미'(米)가 들어갑니다. 즉,

기의 중심은 쌀입니다. '병은 기에서부터'라는 말에서 **'쌀을 제대로 먹지 않으면 병에 걸린다'는 가설을 세웠더니 다음과 같은 결론**을 얻었습니다.

무기력(無氣力)한 사람은 쌀을 제대로 먹지 않는다.

→ 육체 쇠약으로 의욕 상실.

사기(士氣)가 부족한 사람은 쌀을 제대로 먹지 않는다.

→ 정신 쇠약으로 의기소침.

살기(殺氣)가 등등한 사람은 쌀을 제대로 먹지 않는다.

→ 도덕적 해이 현상이 일어남.

광기(狂氣)가 있는 사람은 쌀을 제대로 먹지 않는다.

→ 건전한 신앙생활이 깨어짐.

일본 월간지 〈톱저널〉에 '음식은 인생을 바꾼다?'라는 특집기사(2002년 4월호)에 다음과 같은 내용이 소개되었습니다. 현미정식 지도단체 '창현'의 회장 간토 히로에는 젊을 때 한 정신병원의 관리영양사로 일했습니다. 당시 간토는 현미식에 대해 연구했고, 형편없는 병원 급식 때문에 속상했습니다. 그러다가 원장의 허락을 받아 현미식에 의한 식사요법을 실시했습니다. 입원 환자를 30명씩 두 그룹으로 나누어 한쪽에는 현미식을, 다른 한 쪽에는 기존의 병원 급식을 하게 했습니다. 결과는 어땠을까요? 현미식으로 식사한 그룹은 전원 증상이 호전되었습니다. 분열증이나 우울증이었던 환자도 모두 증상이 크게 좋아졌습니다.

차라리 독을 마시라

인간에게 먹는다는 것은 아주 당연하고도 중요한 일입니다. 살아가기 위해 음식으로 필요한 영양소를 섭취해야 합니다. 그러나 이렇게 당연한 일이 제대로 이루어지지 않고 있습니다. 사람들이 몸에 필요한 음식이 아니라 입에 좋은 것만 먹기 때문입니다. 좋아하는 음식이 된장국, 주먹밥, 감자처럼 영양소가 풍부한 것이면 상관없는데, 햄이나 소시지를 즐겨 찾으니 문제입니다.

2005년 식품의약품 안전청이 발표한 '한국인의 식품첨가물 1일 섭취량 조사 연구'에 따르면, 시중에 유통되는 햄, 소시지 등 육가공품, 어묵, 젓갈 등 129개 식품 중 94퍼센트에 이르는 121개 품목에서 아질산염이 검출되었습니다. 아질산염은 햄이나 소시지의 붉은색을 내기 위해 쓰이는 발색제로 이를 과다 섭취할 경우 혈관 확장, 헤모글로빈 기능 저하 같은 증세를 일으킬 수 있으며 체내 화합물과 결합해 니트로조아민이라는 발암 물질을 생성하기도 합니다.

습관적인 군것질도 매우 위험합니다. 주된 군것질거리인 각종 과자에는 나트륨이 과다하게 들어 있습니다. 2004년 한국보건산업 진흥원에서 시판 중인 일곱 개 스낵 과자류 20종에 들어 있는 나트륨 함량을 분석한 결과, 13개 제품에서 나트륨이 1백그램당 0.5그램 이상 검출되었습니다. 영국 식품표준청(FSA)은 만 4~6세, 7~10세, 11~14세 어린이의 하루 나트륨 섭취량을 각각 1.2그램, 2.0그램, 2.4그램 이하로 잡고 있습니다. 하지만 우리나라 국민의 하루 나트륨 섭취량은 평균 4.6그램이며 성인의 경우 5.0그램을 웃돕니다. 소금(염화나트륨), 조미료(글루타민산나트륨)

등을' 통해 주로 섭취되는 나트륨은 우리 몸에 필요한 영양소지만 과다 섭취하면 신장에 부담을 주고 고혈압, 심장마비 등의 원인이 됩니다.

좋은 음식을 먹는 습관을 들여야 합니다. 좋은 음식과 습관을 이야기 할 때, '일물전체식'이라는 말이 있습니다. 식품은 한 부분만을 먹는 것이 아니라 그 전체를 먹는 것이 중요하다는 의미입니다. 쌀은 백미가 아닌 현미나 배아미(胚芽米)를 먹는 것이 좋고, 무는 잎을, 생선은 머리와 뼈를 함께 먹는 것이 좋다는 말입니다.

미국에서 발전하고 있는 분자교정의학도 영양보조제만 권하는 것이 아니라 그와 병행하여 식사도 개선할 것을 조언합니다. 가령 미정백 곡물을 섭취하고, 설탕과 우유를 섭취하지 않는다는 식입니다. 마이클 레서는 《영양·비타민요법》이라는 책에서 12세기의 철학자 마이모니데스의 말을 소개합니다.

"식사로 치료할 수 있는 것을 다른 수단으로 치료하려 하지 말라."

영양요법은 동서고금을 막론하고 인간의 몸과 마음의 병을 치료하는 길을 진지하게 연구한 사람들이 공통으로 주장하는 기본 처방법입니다. 복내에서 요양하는 많은 환자분들도 기도와 적절한 운동과 봉사활동, 그리고 현미식을 중심으로 하는 생채식으로 병의 증상을 개선하고 있습니다.

다시 밥 먹는 운동을 시작해야겠습니다. 이것이 농민들의 신음을 덜어 주어 애국하는 길이요, 더불어 자신과 가족이 신체적·정신적·영적으로 건강해지는 지름길입니다.

5. 엔자임,
건강의 열쇠

신야 히로미가 쓴 《병 안 걸리고 사는 법》을 매우 감명 깊게 읽었습니다. 이 책은 일본에서 120만 부 이상 판매되어 35주 연속 베스트셀러의 자리를 지킬 정도로 주목받았습니다. 신야 히로미는 소화기내과 전문의로서 세계 최초로 내시경으로 대장의 폴립(용종)을 제거한 의사입니다. 그는 세계적인 리더들의 주치의이며, 세계 최고 권위의 위장 전문가입니다. 이 책에는 최신 의학과 30만 명에 달하는 방대한 진료 데이터를 토대로 한 신야 건강법이 소개되었습니다. 그는 여러 가지 임상 데이터를 수집하면서 한 가지 키워드를 발견했습니다. 바로 효소입니다. 영어로 '엔자임'(Enzyme)입니다. 엔자임이란 과학적으로 말하면 '생물의 세포 내에서 만들어지는 단백질성 촉매의 총칭'이라 할 수 있습니다. 쉽게 표현하면 생물의 모든 행위를 가능하게 하는 것입니다.

동물이든 식물이든 생명이 있는 곳에는 반드시 엔자임이 존재합니다. 예를 들어 식물의 씨앗에서 싹이 나오는 것도 엔자임이 작용하기 때문입니다. 이 싹이 잎으로 성장하고 커다란 줄기로 자랄 때도 엔자임이 작용합니다. 우리 인간의 생명 활동도 수많은 엔자임에 의해 이루어집니다. 소화 흡수는 물론, 세포가 새로운 것으로 교체되는 신진대사도, 체내에 들어온 독소를 분해해 해독하는 것도 엔자임의 작용입니다. 따라서 엔자임의 양과 활성도가 건강 상태에 큰 영향을 미칩니다.

그는 수십 만 건의 사례를 통해 위상, 장상이 좋은 사람의 특징을 발견했는데, 엔자임을 다량 함유한 식품을 섭취하고 있다는 것입니다. 한 편, 위장과 장상이 나쁜 사람들의 공통점은 엔자임을 소비하는 생활 습관에 있었습니다. 습관적인 음주나 흡연, 과식이나 대식, 식품첨가물을 함유한 식사, 스트레스가 많은 생활 환경, 의약품 의존, 특히 항암제 등은 모두 엔자임을 대량으로 소비하는 행위입니다. 이외에도 나쁜 식사에 의해 장내에서 만들어진 독소, 자외선이나 X선, 전자파 등에 접촉했을 때 대량으로 생기는 세포 노화 물질인 프리 래디컬의 해독에도 다량의 엔자임이 소비됩니다. 따라서 우리는 건강을 유지하기 위해 체내의 엔자임을 증가시키는 식생활을 하고, 동시에 체내의 엔자임을 소비하는 생활 습관을 가질 필요가 있습니다.

영양교과서를 바꿔야

잘 알다시피 3대 영양소는 탄수화물, 단백질, 지방입니다. 여기에 비타민, 미네랄을 더해 5대 영양소라 하고 식이섬유소와 물을 더해 7대 영양소라고도 합니다. 그런데 가장 중요한 영양소가 빠져 있습니다. 바로 효소입니다. 비타민과 미네랄은 영어로 코엔자임(Coenzyme)이라고 합니다. 코엔자임은 엔자임을 보조하는 역할을 수행합니다. 그래서 코엔자임(보효소[補酵素])입니다. 그런데 주역인 효소를 빼고 7대 영양소만 강조하는 것은 잘못입니다.

탄수화물과 지방은 에너지의 원료이며 단백질은 세포를 만드는 원료입니다. 탄수화물과 지방, 단백질을 에너지와 세포로 변환하는 일꾼이 효소이며, 효소를 도와서 함께 일을 하는 일꾼이 보효소인 비타민이고 미네랄입니다.

아무리 많은 양의 탄수화물과 지방, 단백질을 섭취해도 효소에 의해 분자 크기로 분해되어 인체에 흡수되지 않으면 인체는 그것을 에너지로, 또 세포를 만드는 원료로 사용하지 못합니다. 즉 탄수화물과 지방, 단백질은 충분한 양의 효소, 미네랄, 비타민과 함께 섭취해야만 분해, 흡수되어 에너지원이나 체세포의 원료로 사용될 수 있습니다.

그런데 비타민과 미네랄 섭취는 강조하면서 왜 효소는 먹어야 한다고 가르치지 않았을까요? 비타민과 미네랄은 체내에서 합성되지 않는 반면, 효소는 체내에서 생성되기 때문입니다. 그런데 문제는 여기서 발생합니다. 체내에서 생성되는 효소의 절대량이 부족한 점을 간과한 것입니다. 전설적인 효소의 권위자인 에드워드 하웰 박사(1898~1986)는 인체가 일생 동안 생산하는 효소는 무한하지 않으며 그 절대량은 제한적이라고 말했습니다.

우리 체내 효소는 소화와 대사 그리고 면역 활동을 잠시도 쉬지 않고 수행합니다. 하지만 체내에서 생성되는 효소만으로는 소화 활동과 대사 활동, 인체의 면역 기능을 정상적으로 영위하기가 힘듭니다.

그런데 놀랍게도 음식물을 모두 생식으로 섭취하면, 씹는 순간 생식에 함유된 효소가 방출되어 스스로 음식물을 분해합니다. 결국 우리가 섭취하는 음식물 속에 든 효소의 양이 부족해서 체내에 저장된 효소가 배출되어 음식물을 분해, 소화시킵니다. 체내에서 효소를 생산하는 기관들은 그만큼 더 바빠지는 겁니다. 그에 따라 체내 기관들은 무리를 하게 되고 결국 위장 장애나 췌장염 등 각종 질병에 노출되기 쉽습니다.

생활 습관병의 원인과 대안

모든 살아 있는 동물과 식물은 그 안에 효소를 지녔습니다. 그러나 우리는 대부분의 음식을 날것이 아니라 끓이거나 굽거나, 찌거나, 튀겨서 먹습니다. 불행하게도 오늘날 현대인의 밥상에 오른 음식물에는 효소가 거의 들어 있지 않습니다.

효소는 50도에서 파괴되기 시작하고 70도가 되면 거의 파괴됩니다. 불에 조리한 음식에는 효소가 전혀 존재하지 않는 것입니다. 그런 음식을 섭취하면 부득이 우리 인체에 저장된 효소를 꺼내 와 분해하고 소화시켜야 합니다.

그런데 체내에 저장된 효소는 음식물의 분배와 소화를 돕는 일 외에도 몸의 모든 세포를 새로 만드는 신진대사와 면역 기능을 담당하기 위해 항상 일정량이 유지돼야 합니다. 그러니 음식물 분해와 소화로 이 효소를 꺼내 사용하면 결국 신진대사와 면역 기능 강화에 사용할 효소가 크게 부족해집니다.

이렇게 해서 신진대사와 면역 기능이 떨어지면 우리 인체는 어떻게 될까요. 동물에는 발생하지 않는 퇴행성 질병이나 만성병, 생활 습관병이 인간에게만 발생하는 이유가 바로 여기 있습니다. 즉 효소가 파괴된 화식에 원인이 있는 것입니다. 그러나 안타깝게도 현대인의 식생활은 화식을 떠나 생각할 수가 없습니다. 필연적으로 만성적인 효소 결핍증을 초래하는 것입니다.

효소가 부족해서 음식물이 충분히 분해, 소화되지 못하면 대장(大腸) 등의 소화기관 내에 잔류물 덩어리로 남은 채 부패하고 독소를 뿜어냅니다. 이 독소는 대장의 벽을 뚫고 혈관으로 들어가며, 혈관을 타고 전신을 순환하면서 머리, 허리, 어깨, 무릎 할 것 없이 여러 부위에 통증을 유발합니다.

또 이 독소는 혈액 자체를 오염시킬 뿐 아니라 혈관 벽에 상처를 내어 단백질 잔류물을 부착시키고 혈관을 좁아지게 만들어 결국 혈액순환 장애를 가져옵니다. 이 같이 혈액순환에 장애가 오면 혈액은 인체 내의 60조에서 100조 개에 달하는 세포에 영양소와 산소를 골고루 운반하는 기능을 원활히 수행할 수 없습니다. 영양소와 산소가 충분히 공급되지 않을 경우, 우리 몸을 구성하는 세포가 건강할 수 없다는 것은 새삼 설명할 필요가 없을 것입니다.

엔자임 소비가 많을 수밖에 없는 현대사회에서 어떻게 하면 건강하게 살 수 있을까요? 혀를 즐겁게 하는 음식을 멀리하는 대신 자연에 가까운 음식을 섭취하고, 마음의 욕심을 비우고, 생활을 절제하며, 자연의 방식으로 되돌아가야 합니다. 아울러 창조주가 지구에 내려 주신 엔자임의 양도 제한되어 있으므로 후손들을 위해서라도 검소하게 절약하며 살아야 합니다.

6. 먹거리의 습격

저희 텃밭에는 상추, 케일, 감자, 열무, 호박, 옥수수 등이 심어져 있습니다. 비가 오고 나면 잡초들이 들고 올라와 작물들을 덮어 버립니다. 잡초가 깊이 뿌리를 내리기 전에 뽑아 주면 손쉽게 작업을 할 수 있지만, 그 시기를 놓치면 힘겨운 전쟁을 치러야 합니다. 작열하는 태양 아래서 땀으로 온몸을 적셔 가며 쪼그려 앉아 풀을 제거하는 게 얼마나 어려운 일인지, 경험한 분들은 아실 것입니다. 사실 그때마다 '제초제 한 번만 뿌리면 땀을 흘리지 않아도 될 텐데……' 하는 유혹을 받습니다. 하지만 이 식물들이 환우들의 입으로 들어가는 먹거리라는 생각에 마음을 다시 한 번 추스릅니다.

요즘 복내 식탁에는 텃밭에서 자란 푸성귀가 수북이 쌓여 있습니다. 올봄 암 환자와 가족들이 오랫동안 묵었던 땅을 개간하고, 자연 퇴비를 주어 정성껏 재배한 것입니다. 미운 시어머니 앞에서 며느리가 눈을 흘기며 야채 쌈을 먹었다면서 웃음꽃이 만발합니다. 그리고 추운 겨우내 싹을 유지한 보리 새싹을 동결건조로 분말을 만들어 청즙으로 애용합니다. 보리 순은 이미 세계적인 영양 식품으로 알려졌듯이 드신 분들의 반응이 뜨겁습니다. 매년 봄철마다 춘곤증으로 홍역을 치렀던 나 자신이 큰 어려움 없이 봄을 지내는 것을 보면, 보리 순 효과를 톡톡히 본 듯합니다. 이처럼 제철에 그 지역에서 나는 신토불이 먹거리를 섭생하는 것은 우주 만물과 조화를 이루도록 하신 창조주 하나님에 대한 순종이기도 합니다.

소비자 중심의 먹거리 운동

사람은 골고루 먹어야 합니다. 골고루 먹는다는 것은 내 입맛에 따라 선택하지 않고, 내 몸의 진정한 요구에 맞추어서 먹는 것을 말합니다. 여름 더위에 지칠 때 필요한 채소와, 겨울추위를 나는 채소가 같을 수 없습니다. 그러니 골고루 먹는 것이 좋다 할지라도 여름 채소인 오이를 겨울에 먹으면 몸을 차게 하여 생체리듬만 망가트릴 뿐입니다. 마찬가지로 겨울에 먹어야 할 배추를 여름에 굳이 찾아 먹을 필요는 없습니다. 요컨대 골고루 먹는 데에도 나름의 이유와 철학이 있어야 합니다.

이를 위해 직거래, 유기농, 슬로푸드, 지역 먹거리, 공정무역 등 다양한 제안들이 현재 농업을 살리고 식량 문제를 해결할 대안으로 떠오르고 있습니다. 그러나 문제는 오늘날 이런 대안 운동들이 지나치게 소비자 중심적이라는 것입니다. 직거래 단체들에서 원료 농산물이 아니라 가공식품에 대한 의존도가 점차 커지고 있습니다. 몇 년 전 통계에 따르면 직거래 단체 매출액의 70퍼센트가 가공식품이라고 합니다. 이 비율은 5년이 지난 지금 더 높아졌을 것입니다. 유기농은 다품종 소량 생산을 토대로 하는 소농과 가족농 중심의 농업 체계에서 가장 잘 이루어지는데 점차 그 규모가 커져서 대규모 일모작을 하고 있습니다. 단지 정부에서 정한 느슨한 기준만 지키면 되는 인증제도 때문에 '유기농'이 점차 왜곡되고 있습니다. 가공식품에 대한 의존도가 높으면 원료 농산물 위주의 슬로푸드 운동은 그 의미를 퇴색할 수밖에 없습니다. 마찬가지로 대규모 상업적 유기농은 대량생산에 맞는 물류 중심의 유통 체계 속에서 더 큰 힘을 발휘합니다. 그래서 지역 먹거리 운동도 퇴색합니다.

소농형은 농민에게만 좋은 것이 아닙니다. 당연히 소비자에게도 좋습니다. 대량생산을 하는 경우에는 시도 때도 없이 농사를 지을 수 있지만, 그것을 위해 엄청난 환경 부하(負荷)를 주는 비닐하우스 농사를 해야 합니다. 소형 비닐하우스는 우선 수지가 맞지도 않고, 소농 입장에서는 당연히 자연이나 인간의 노동력 외에 다른 외부 힘 없이 가장 안정된 수확을 얻는 방식을 택할 수밖에 없습니다. 이것이 제철 농사입니다.

결국 이 제철 농사의 혜택을 소비자가 고스란히 가져갑니다. 때마다 철에 맞는 농산물을 먹을 수 있으니 이것이야말로 신토불이입니다. 과연 유기농 매장에 이런 원칙에 맞게 재배된 식료품이 얼마나 될까요? 마치 규모화한 농업이 인류를 위한 일인 듯 농지 규모를 키우고 기계화하고 각종 화학 약품을 도입하지만 여전히 식량 문제는 해결되지 않고 있습니다. 거기에 환경오염으로 인한 지구 멸망이라는 위기의식까지 더해져 이제 농업의 획기적인 전환이 필요한 시점이 되었습니다.

파괴의 씨앗, GMO

먹거리의 위기에 구원투수로 혜성같이 등장한 것이 GMO(유전자변형 작물)입니다. 어쨌든 식량문제와 환경문제라는 두 위기는 GMO 종자를 선전하기에 더없이 좋은 조건이 되었습니다.

GMO를 완성하기까지 과학자들은 많은 일을 이뤄 냈습니다. DNA의 구조를 발견했고, DNA 조각을 분리했습니다. 또 DNA 조각들이 각각 어떤 역할을 하는지 그 특성을 찾아내는 노력을 했습니다. 그들의 과학은 참으로 간단명료했습니다. DNA로 유전을 밝혀 낼 수 있다는 것뿐 아니라, 생명체가 나타나는 모든 현상을 DNA로 설명할 수 있다고 믿었으며, 그래서 이런 DNA를 적절히 조합하기만 하면 언제든 원하는 특성을 지닌 생물체를 만들 수 있다고 생각합니다. 마침내 그들은 고유한 특성이 있는 그 DNA 조각을 다른 생물체에 도입하는 기술까지 개발했습니다. 그 단계마다 그들에게는 노벨상의 영예가 주어졌습니다. 그리고 마지막으로 남은 그 발견의 상업적 응용은 막강한 자본력을 가진 농업 생명공학 기업들의 차지가 되었습니다. 그렇게 GMO 종자를 만들었고, 전 세계에 심고, 사람들의 식량으로 공급했습니다. 그들은 이것을 '안전한 진보'라고 부릅니다. 그리고 이 첨단과학의 내용을 모르는 대부분의 사람들은 GMO의 안전성을 곧이곧대로 믿었습니다.

그러나 GMO는 안전하지 않습니다. 1997년 최초로 GMO의 위험성을 알린 푸츠타이 박사의 GMO 감자 실험 이후, 최근 알려진 러시아의 에르마코바 박사의 GMO 콩 실험에 이르기까지, GMO를 먹은 쥐에서 이상을 발견한 사례는 많습니다. 그래도 GMO 옹호론자들은 하나같이 실험 설계가 잘못되었다며 이들을 무시했습니다.

마찬가지로 GMO는 식량 문제를 해결해 주지도 않습니다. GMO가 생산된 지 15년이 되어가는 지금, GMO 콩이나 GMO 옥수수 덕에 식량 생산이 비약적으로 증가했다는 보고는 어디에도 없습니다. 다양한 영향들로 인한 증감이 있을 뿐입니다.

GMO 개발의 또 다른 명분은 환경에 이롭다는 것이었습니다. GMO가 제초제와 살충제 사용을 줄일 것이므로 친환경적이라고 말했지만, 현실은 환경 문제를 적극적으로 해결하지 못하고 있습니다. 에너지 문제가 대두하면, GMO 작물이 석유 대신 바이오 연료로 사용됨으로써 친환경적으로 에너지 문제를 해결할 수 있다고 주장합니다. 그러나 GMO 작물을 연료로 사용할 때 한 사람이 1년 동안 먹을 수 있는 양의 옥수수가 겨우 승용차 한 대 기름을 한 번 꽉 채우는 정도의 연료에 그치고 만다는 사실입니다. 결국 GMO 작물을 아무리 많이 재배한다고 해도 그것으로 에너지 문제를 해결한다는 것은 불가능한 일에 가깝습니다.

과학의 진보라는 이름으로 세계를 장악하려는 자본가들의 논리에 속지 말아야 합니다. '발전'을 명분 삼아 창조주의 섭리를 거스르는 행위는 결코 인류사회에 도움을 주지 못했습니다.

채식을 하면 지구를 살릴 수 있어요

하루에 쌀밥을 한 끼도 먹지 않는 사람이 많아지고 있습니다. 최근 통계청에 따르면 쌀 소비량이 10년 전에 비해 연평균 2.4퍼센트 감소해, 2008년에는 1인당 75.8킬로그램을 소비했다고 합니다. 1인 가족과 맞벌이 부부 증가 때문에 라면, 빵이나 국수 같은 인스턴트식품이나 육류 소비가 쌀 감소량만큼 증가했다는 얘기입니다.

이러한 식습관 때문에 발생하는 성인병이나 각종 질병에 대해 많이들 걱정합니다. 그래서 웰빙과 채식에 대한 관심이 높아졌습니다. 채식은 건강도 지키고 다이어트에도 효과가 있어 반기는 사람들이 적지 않습니다. 또한 채식은 개인의 문제를 넘어 지구를 살리는 길이기도 합니다. 과연 무슨 말일까요?

전 세계적으로 육류 소비가 빠른 속도로 증가하고 있습니다. 통계에 따르면 2008년 가축 수는 인구의 약 10배인 600억 마리인데, 2050년에는 1,200억 마리로 늘어날 것이라고 합니다. 가축 수가 늘어나면 물 소비량과 에너지 소비도 함께 늘어납니다. 쌀 1킬로그램을 생산하기 위해 물 3,000리터가 필요한 데 비해 쇠고기는 1킬로그램을 생산하기 위해 1만 5,500리터가 필요하다고 하니 그 양이 어마어마합니다.

또한 주 사료인 곡물의 사용량도 증가할 것입니다. 현재 지구에서 재배되는 곡물의 3분의 1이 축산용으로 쓰이는데 쇠고기 1킬로그램을 얻기 위해서는 사료가 10킬로그램이 필요하므로 쇠고기 소비량 증가에 비해 사료의 사용량은 기하급수적으로 늘어납니다.

문제는 여기서 그치지 않습니다. 축산으로 인한 다량의 이산화탄소 배출이 가장 큰 문제입니다. 축산은 세계 온실가스 배출량의 18퍼센트를 차지하는데 특히, 메탄가스 발생량의 37퍼센트가 축산에서 나옵니다. 메탄가스는 이산화탄소보다 온실 효과에 미치는 영향이 23배나 크다고 하니 더욱 치명적입니다.

가축 분뇨 문제도 심각해집니다. 가축들이 내놓는 엄청난 양의 분뇨는 고체와 액체가 섞여 있기 때문에 저장이 어렵고, 유기물이 발효되면서 악취를 풍깁니다. 가축의 분뇨를 퇴비로 처리하기도 하지만 하수로 처리하거나 바다에 버리는 경우도 많습니다. 2012년부터 해양 투기를 금지할 예정이라서 분뇨 처리 대책이 매우 시급합니다.

2007년 노벨평화상을 받은 '기후변화에 관한 정부간 패널(IPCC)'의 의장 라젠드라 파차우리에 따르면 쇠고기 1킬로그램을 만드는 과정에서 이산화탄소가 36.4킬로그램 발생하는데, 이는 승용차로 250킬로미터를 주행할 때와 100와트 전구를 20일 동안 켜 놓는 것과 같은 양이라고 합니다. 이러한 계산에 따라 라젠드라 파차우리 박사는 자동차 사용량을 줄이는 것보다 고기 소비량을 줄이는 게 지구 온난화 방지에 더욱 효과적이라고 강조했습니다.

미국 대통령 버락 오바마가 자동차의 리터당 연비를 14킬로미터 이상 끌어 올리라는 의미 있는 행정 명령을 내렸습니다. 쉽지 않은 일이겠지만 기후변화협약 체결국의 일원으로서 책임 있는 태도입니다. 하지만 이보다 더 시급하고 중요한 조치는 육식을 자제하라는 명령일 것입니다.

우리가 쇠고기를 1킬로그램 안 먹으면 그만큼 이산화탄소 발생량을 줄일 수 있습니다. 말 그대로 채식이 지구를 지킨다는 말이 빈말은 아닌 셈입니다. 이산화탄소뿐만 아니라 육류 소비가 줄면 산림 파괴도 줄고, 물이나 에너지 소비도 줄고, 동물이 가져다주는 2차적 질병(광우병, 조류독감 등)의 피해도 줄기에 일석삼조가 아닐까 싶습니다.

이러한 취지로 최근에는 녹색 경영이 전 세계적인 화두입니다. 이제는 국제적인 힘의 원천이 한 국가의 정치나 경제에서 환경으로 옮겨 가고 있습니다. 누가 더 친환경적으로 제품을 생산하고 생활을 영위하느냐에 따라 한 국가의 존폐가 걸려 있다 해도 과언이 아닙니다. 이산화탄소를 배출하는 생산 집약형 국가는 국제 사회에서 파워가 점점 줄어들고 있습니다.

이러한 흐름에 맞춰 우리 각 개인도 지나친 육류 섭취를 줄여야 합니다. 무조건 고기를 먹지 말자는 것이 아니라 지구를 생각하며 일주일에 하루 정도만 육류를 섭취합시다. 그러면 우리의 건강도 지키고 지구도 지킬 수 있을 것입니다.

7. 한국병의 근원,
식습관을 개혁하라

안양샘병원의 조리사와 영양사들이 전인치유 병동 개원을 앞두고 본원을 방문했습니다. 환자들에게 제공할 건강식을 견학하러 온 것입니다. 이구동성으로 이런 음식을 먹기만 해도 치료가 되겠다고 했습니다. 이제라도 일반 병원에서 영양요법에 적극 관심을 두기 시작하여 다행입니다. 자연에 충실한 조리법과 신선한 유기농 재료로 만들어진 균형 있는 식사야말로 암 재활의 관건입니다.

영양요법에 대한 의학적인 보고들은 계속 쏟아져 나오고 있습니다. 실제로 암 환자의 40퍼센트가 대사 능력이 저하되면서 영양실조로 죽음을 맞이합니다. 영국 에든버러 대학의 에브로피 시어도라토우 박사는 의학 전문지 〈미국역학저널〉(American Journal of Epidemiology)에 실은 연구 논문에 이런 보고를 했습니다. 대장암 환자 1,455명과 같은 수의 건강한 사람을 대상으로 식습관을 조사한 결과, 다가(多價) 불포화지방으로 생선, 견과류 등에 많이 들어 있는 오메가3 지방산이 대장암을 막는 데 효과가 있다는 것입니다. 오메가3 지방산 섭취량 상위 그룹이 하위 그룹보다 대장암 위험이 평균 37퍼센트 낮았으며, 이밖에 대장암 환자들은 포화지방, 단가불포화지방, 트랜스지방을 많이 섭취하는 것으로 나타났습니다. 이처럼 몸에 좋지 않은 식습관을 없애는 일은 좋은 것을 먹는 것 못지않게 중요합니다. **몸에 좋지 않은 식습관**은 무엇일까요?

첫째, 야식이 한국인을 병들게 합니다. 단단하게 마음먹은 다이어트 결심은 언제 어디서든 5분 만에 달려오는 치킨과 족발의 유혹에 흔들립니다. 회사의 밤늦은 회식 문화도 비만의 주요 원인입니다. 칼로리 높은 식사와 안주는 그대로 뱃살로 갑니다. 출퇴근 거리가 멀어서 밤늦게 저녁 식사를 하는 경우도 마찬가지입니다.

습관적인 야식은 불면증의 원인이기도 합니다. 야식을 먹어 장운동이 활발해지면 자율신경계가 깨어나고 잠을 유도하는 물질인 '멜라토닌' 분비가 감소합니다. 밤에는 세포와 장기가 쉬어야 하는데 밤새 일을 하니 몸이 무거워집니다. 몸이 회복되려면 먹고 운동하는 것보다 잘 자는 것이 중요합니다. 저녁 시간에 공복감이 들면 칼로리가 적은 과일이나 물이 좋습니다. 물에는 칼로리가 전혀 없습니다.

야식은 비만의 원인 1호이며 건강의 적 1호입니다. 미국 의학전문지 〈비만연구〉(Obesity Research)는 치료가 잘 되지 않는 중증 비만 환자의 51~64퍼센트가 야식증후군을 갖고 있다고 발표했습니다. 야식 습관을 가진 사람은 체내에 식욕을 억제하는 호르몬 '렙틴'이 부족해 살 빼기가 더 어렵다는 것입니다.

둘째, 탄산음료나 설탕을 첨가한 커피나 차입니다. 이를 많이 섭취할수록 췌장암 발병 위험성이 높습니다. 스웨덴 카로린스카 연구소는 1997년에서 2005년 사이 8천 명을 대상으로 식사 내용을 연구했습니다. 이 기간에 131건의 췌장암이 발생했는데, 대부분 다른 장기로 전이가 되어 치료가 어려웠습니다. 특히 탄산음료나 시럽을 넣은 음료를 하루에 두 번 이상 섭취한 이들이 그렇지 않은 이들보다 췌장암에 걸릴 위험성이 90퍼센트나 높았습니다. 때마침 학교에 설치된 탄산음료 자판기들이 사라지고 있으니 다행입니다. 비만과 암의 원인이 되는 식습관에서 우리 자녀의 미래를 보호해야 합니다.

셋째, 육류입니다. 육류를 많이 먹는 사람들은 류머티즘 관절염에 걸릴 가능성이 큽니다. 영국 맨체스터 대학의 앨런 실먼과 데버러 시먼스는 유럽인 남녀 2만 5천 명을 대상으로 섭취하는 음식과 건강 관계를 조사한 결과, 육류를 가장 많이 먹은 사람들은 가장 적게 먹은 사람에 비해 관절염에 걸릴 위험이 2배나 높았습니다. 류머티즘 관절염은 인체의 면역세포가 건강한 관절을 이상 세포로 착각해 공격하는 면역반응 이상 질환입니다. 연구진은 육류 섭취 후 몸이 육류와 비슷한 성분을 공격하라는 신호를 받는 것 같다고 지적하면서 "육류의 콜라겐 성분이 콜라겐에 민감한 체질을 만들어 결과적으로 항 콜라겐 항체를 만든다"고 설명했습니다. 그뿐 아니라 과다한 육류 섭취는 통풍, 유방암, 전립선암, 대장암 등의 발병율을 높인다고 합니다. 실험에 참가한 사람들은 1주일 동안 음식 일기를 꼼꼼히 기록한 다음 섭취 영양분을 확인하기 위해 혈액 검사를 받았으며, 그 후 10년 동안 관찰되었다고 합니다.

미국산 쇠고기의 수입이 재개되었습니다. 판매되자마자 하루 판매량이 동날 정도로 날개 돋친 듯 팔리고 있습니다. 우리 식탁에 불청객이 찾아온 것 같아 매우 씁쓸한 마음입니다.

식생활을 바꾼다는 것은 결코 쉬운 일이 아닙니다. 그러나 반드시 선행되어야 합니다. 하나님이 기적적으로 병을 고쳐 주시기도 하지만, 우리 스스로 병에 대한 바른 지식과 삶의 태도를 교정하여 하나님이 주신 몸을 잘 관리하기를 원하십니다. 그중에 식생활 개선은 가장 중요한 생활 치료의 출발입니다.

마술적 신앙에서 벗어나야

흔히 사람들은 건강을 알약이나 주사, 보험으로 쉽게 해결할 수 있다고 생각하는 듯합니다. 보통 때는 별로 관심을 두지 않다가 건강을 잃으면 약 몇 개로 고치려 합니다. 첨단 의학 기구나 치료 기술을 안심해도 좋은 만병통치라고 생각합니다. 그러나 정말 그렇습니까? 병은 갈수록 늘고 성인병이나 난치병으로 죽는 사람의 수도 놀랍게 많아졌습니다.

건강은 우연히 얻는 게 아닙니다. 좋은 습관에 대한 보상입니다. "로마는 하루에 이루어지지 않았다"는 말처럼 건강도 하루아침에 이루어지는 마술이 아닙니다. 말씀을 듣거나 기도하면 하늘에서 건강이 떨어지는 것도 아닙니다. 그러나 안타깝게도 이런 마술적 신앙 단계에서 벗어나지 못한 신앙인들이 많습니다. 심지어 종교적인 체험을 통한 감정적이고 충동적인 흥분을 은혜로 착각하는 이들도 있습니다. 특별 계시가 아무리 중요해도 생명의 기본 질서인 자연 은총을 무시하지 않습니다. 말씀과 기도는 하나님이 우리로 하여금 전인적인 건강을 위한 지혜를 얻게 하신 도구입니다. 진리를 깨닫고 삶에서 실천에 옮기는 것은 우리가 해야 할 일입니다.

건강은 날마다 건강한 생활 습관으로 쌓아 올리는 건물과도 같습니다. 잘못된 생활 습관을 고치지 않으면 언젠가 질병은 분명히 찾아올 것입니다. 그러나 또한 지금부터 새 생활을 시작하면 반드시 건강이 찾아올 것입니다. 이것이야말로 창조 질서에 순종하라는 말씀을 육화시켜 하나님이 기뻐하시는 삶을 사는 것입니다. 이제는 '무엇을 믿을 것인가'에서 '믿음 안에서 어떻게 살 것인가'로 고민의 초점을 옮겨야 할 때입니다. 그러므로 종교 개혁은 생활 개혁으로 완성되어야 합니다.

8. 잃어버린 밥상머리 교육

복내는 봄마다 환우들과 함께 심은 과실수들이 잎사귀를 내어 살아 있음을 외칩니다. 뭐니 뭐니 해도 봄의 즐거움은 묘목을 심는 일입니다. 세월이 흘러 주렁주렁 달릴 열매를 생각하면 저절로 입가에 미소가 피어납니다. 미래를 위해 나무를 심는 이는 누군가에게 행복을 주는 사람입니다. 현재의 수고가 미래의 풍요로움으로 이어진다면 대가를 지불할 만한 가치가 있을 것입니다.

요즘 교육계가 떠들썩합니다. 교육은 백년 나무를 심는 일인데 너무나 요란스럽습니다. 정치권의 무상 급식 논란, 교육 지도자들의 부패, 평가제에 대한 교사들의 반발, 부정 입학, 도를 넘어선 졸업식 뒤풀이, 공교육 붕괴와 사교육 광풍 등등. 급기야는 대통령이 교육 문제를 직접 챙기겠다고 선언했습니다. 그러나 더 큰 문제는 정작 교육받는 학생들의 몫은 뒷전이라는 것입니다. 공부는 학생이 하는 것이지 교사나 학부모가 대신하는 게 아닙니다. 어서 학부모의 생각과 공교육 방법론에 변화가 오면 좋겠습니다.

전 교육부장관이자 현 서울대 교육학과 문용린 교수가 《밥상머리의 작은 기적》이라는 책에 쓴 추천사 '**미래의 경쟁력은 밥상머리 교육에 있다**'를 읽고 매우 공감이 되어 소개합니다.

나는 평생을 교육학자로 살면서 특히 도덕성이 아이의 성장 발달에 미치는 영향에 관해 연구해 왔다. 도덕적 능력은 지구상에서 인간만이 갖춘 능력으로 인간을 인간답게 하는 가장 큰 특징이다. 나는 서울대 도덕심리 연구실에서의 오랜 연구 활동을 통해 미래의 경쟁력이 곧 도덕성에 있고 도덕성 없이는 사회의 리더로 설 수 없다는 결론을 내리기에 이르렀다. 인재가 넘치는 이 시대에 웬만한 정보와 지식으로는 남과 차별화된 경쟁력을 갖출 수 없고, 설혹 모든 것이 완벽하다고 하더라도 도덕적 능력이 부족한 아이는 10~20년 뒤 성인이 되었을 때 결코 살아남지 못할 것이다. (중략) 그런 의미에서 어릴 적 부모와 함께한 밥상머리에서의 교육은 무척 중요하다. 옛날부터 우리는 어른과 함께한 가족 밥상에서 인생을 살아가는 데 필요한 덕목을 하나씩 배웠다. 어른이 수저를 들기 전에 음식에 손을 대지 않고 기다리면서 인내심을 배웠고, 가족 간의 대화를 통해 나와 다른 생각을 받아들이고 이해하는 능력을 키웠으며, 그릇 하나에 담긴 음식들을 가족들과 나눠 먹으면서 배려와 절제를 깨우쳤다. 밥상은 예절이 살아 숨 쉬는 재현의 공간이었고, 어떤 잘못도 이해받는 화해의 공간이었으며, 삶의 철학이 대물림되는 교육의 공간이었다.

전국 상위 1퍼센트 학생들의 공통점

미국 콜롬비아 대학 CASA(The National Center on Addiction and Substance Abuse at Columbia University)는 2003년에 아이들의 성장 발달에 가족 식사가 중요한 요인으로 작용한다고 밝혔습니다. "가족 식사를 많이 하는 아이들은 그렇지 않은 동급생들에 비해 학업 성적에서 A학점을 받는 비율이 2배 높고, 청소년 비행에 빠질 확률은 1/2정도 낮다."

이는 연구진조차 미처 예상하지 못한 결과였으며, 이 연구 결과를 바탕으로 'CASA 가족의 날-자녀와 함께 식사하는 날'이 연례 국경일로 정해지는 이례적인 사건이 발생하기도 했습니다. 또한 매년 9월 넷째 주 월요일을 '가족의 날'로 정해 부모에게 가족 식사의 중요성을 일깨우게 했습니다.

하버드 대학 스노우 교수는 "3세 정도 때 가족 식사를 통해 다양한 단어에 노출되는 정도로 6~7세 수준에서 사용하는 어휘를 예측할 수 있으며, 또한 6~7세 때 사용하는 어휘는 평생의 텍스트 이해도를 짐작할 수 있는 좋은 자료"라고 말했습니다. 아이의 평생을 결정할 학업 능력이 결국 어린 시절 가족 식사에서 판가름 난다는 것입니다. 또한 지위 고하를 막론하고 온 가족이 둘러앉을 수 있는 가족 식탁이야말로 빈곤층 아이들이 조건에 따른 불이익을 받지 않는 유일한 장소로 꼽혔습니다. 중산층 이상의 아이들이 여러 과외 활동과 스포츠 관람, 화려한 곳에서의 외식에 치중할 때, 오히려 저소득층 아이들은 가장 편안한 공간인 식탁에서 부모와 하루 일과에 대해 듣고 질문하며 언어 발달을 촉진하는 것입니다.

국내의 경우도 마찬가지입니다. 놀랍게도 한 연구에 따르면, 우리나라 중고등학생의 절반 정도가 부모와 전혀 밥을 먹지 않는 것으로 나타났습니다. 그런데 100여 개 고등학교 전교 1등을 대상으로 조사한 결과 주중에 10회 이상 가족 식사를 한다는 학생이 40퍼센트를 육박했습니다. 중간 성적의 학생들은 14퍼센트만이 주중 10회 이상 가족 식사를 한다고 답했습니다.

43년 전, 일본에서 전국 꼴찌였던 아키타의 산골 아이들이 전국 학력 평가에서 대도시 아이들을 제치고 연속 1위를 휩쓴 일이 있었는데, 그 비결 역시 밥상 교육에 있었다는 보고서도 있습니다. 대체 밥상 교육에 어떤 특별한 점이 차이를 만드는 것일까요?

어떤 아이든 처음 말을 배울 때는 듣고 이해는 하지만 말하지는 못합니다. 어린아이가 모국어를 배우기까지 '듣기 활동'만 무려 약 5,475시간(3년×5시간×365일)을 합니다. 그만큼 충분한 듣기로 언어의 체계와 구조, 언어 감각을 내재화하지 않으면, 자연스럽게 말하기가 어렵습니다. 그런 의미에서 어른과 아이가 함께 앉아 다양한 대화가 오가는 가족 식사 자리는 아이에게 충분히 들을 기회를 줍니다.

엄마와 아빠가 일상적으로 주고받는 대화 속에서 아이는 엄청난 양의 듣기 활동을 합니다. 특히 이 과정에서 들은 낯선 단어는 아이의 호기심을 자극합니다. 부모와 자신을 동일시하는 어린아이는 부모가 구사하는 낯선 단어에 큰 매력을 느끼고 추론과 상상을 통해 자기 나름대로 정의를 내립니다. 이렇게 단어를 듣고 내재화하여 축적하는 일련의 과정은 곧 아이의 말하기 능력으로 이어집니다. 그만큼 풍부하게 단어가 축적된 아이는 어느 순간 말문이 트이면서 엄청난 어휘를 쏟아 놓습니다. 듣고 체화하여 이해하기까지의 과정이 바로 밥상머리가 가져오는 교육 효과의 비밀입니다.

오바마의 밥상머리 교육

미국 최초의 흑인 대통령 오바마는 사람들의 마음을 움직이는 명연설가로 알려져 있습니다. 그는 일관된 논리와 집요한 설득으로 미국의 보수적인 정치 세력의 반대를 이기고 다양한 사안을 법제화하는 데 성공했습니다.

그는 백악관에 입성하여 가장 누리고 싶은 일로, 오랜 유세 기간에 포기해야 했던 두 딸과의 가족 식사를 꼽았습니다. 실제로 그는 가족과 아침 식사를 함께하려고 회의 시간을 조정하여 화제가 되기도 했습니다. 오바마가 가족 식사를 삶의 우선순위에 두는 것은 어머니의 영향 때문입니다. 오바마는 "어머니는 세상에서 가장 친절하고 너그러운 분이셨습니다. 나의 자질 가운데 좋은 것은 어머니 스탠리 앤 던햄으로부터 물려받았습니다"라고 말했습니다.

그의 어머니는 재혼과 학위 논문을 위해 여섯 살짜리 오바마를 데리고 인도네시아로 이주했습니다. 그녀는 자녀를 위해 삶을 희생하는 어머니상과는 거리가 멀었습니다. 경제 사정도 좋지 않아 국제 학교에 갈 수 없었던 오바마는 모국어인 영어를 배울 기회조차 얻지 못했습니다. 그런 그가 역사에 남을 명연설가로 평가받고, 훗날 법대 교수까지 될 수 있었던 비밀은 무엇일까요?

오바마는 매일 새벽 4시 반에 이뤄진 간단한 아침 식사를 꼽습니다. 그 시간마다 오바마는 어머니와 함께 과제를 하고 눈을 마주치며 이야기를 나눴습니다. 새벽의 아침 식사 시간에 오바마가 배운 것은 단순한 지식이 아니었습니다. 싱글맘에 워킹맘, 학생이라는 세 가지 임무를 지고서도 자식의 아침 자리를 지켰던 그 열정이 오바마 인생철학의 밑바탕을 형성한 것입니다.

요즘 아이들은 부모와 한 식탁에 앉기는커녕 하루에 얼굴 한 번 마주치기 어려울 만큼 바쁩니다. 부모보다 빨리 집을 나가서 늦은 시간까지 학원에서 공부하다 집에 돌아옵니다. 이런 현실을 볼 때 '밥상머리 교육'이라는 말이 시대착오적인 단어처럼 느껴집니다. 하지만 가족 식사 시간조차 사교육에 빼앗긴 우리 아이들이 과연 무엇을 잃고 있는지 진지하게 생각해야 합니다.

영어 단어, 수학 공식을 하나 더 가르치는 것보다 온 가족이 함께하는 밥상머리에서 아이의 마음을 읽고 숨은 가능성을 끌어내는 것, 그것이 바로 부모로서 먼저 해야 할 일이 아닐까요?

복내에서 투병 중인 젊은 엄마들은 어린 자녀들과 함께 밥상에 둘러앉아 밥을 먹는 일상의 삶을 눈물로 바랍니다. 이제라도 부모의 역할을 잘 하길 바란다면 아이들에게 '잃어버린 밥상'을 되찾아 주어야 합니다.

4부

창조
그대로
온전케 되리

1. 도시의
    의미

잃어버린 어린아이다움

복내에서는 볕 좋은 날 소풍을 떠납니다. 모처럼 화장도 하고 고운 빛깔 립스틱도 바릅니다. 정성스레 준비한 점심을 먹고 사진도 찍고 콧노래를 부르며 센터로 돌아와서는 모처럼 보물찾기 놀이도 즐깁니다. 나뭇가지 사이와 돌멩이 하나를 샅샅이 뒤져 보물 쪽지를 맞는 분들은 마구 환호성을 지릅니다. 다 함께 모인 자리에서 선물을 받을 때는 세상 모든 것을 얻은 어린아이들 같습니다.

세상살이가 어찌나 고달픈지 우리는 어린아이다움을 잃어버렸습니다. 어릴 때는 작은 것에도 마냥 기뻐했는데, 어른이 될수록 자족의 기쁨을 상실해 갑니다. 원하는 것을 얻어도 더 큰 목적을 향해 자기를 졸

240

라매고 채찍을 가합니다. 끝없이 솟구치는 욕망을 끊고, 성공에 대한 중독증에서 빠져나오기란 쉽지 않습니다. 하늘 높이 솟구친 아파트 숲은 조용히 우리에게 많은 이야기를 합니다.

현대인들은 쾌락을 얻기 위해 3S(screen, sport, sex)에 몰두합니다. 자끄 엘룰은 《도시의 의미》(한국로고스연구원)에서 이를 간파하고 있습니다. 엘룰은 도시의 두 가지 속성을 상업과 전쟁이라고 말합니다. 상업이 발달하면 사람들이 모여들어 대도시가 건설되고 부자들이 생겨나는데, 다른 도시가 그 부를 빼앗으려고 전쟁을 일으킨다는 것입니다. 도시의 또 다른 그림자는 사치와 정욕입니다. 도시는 사람들의 정욕을 자극하고, 죄를 짓게 하며, 돈과 사치의 힘에 굴복하게 합니다. 엘룰은 "인간은 도시 속으로 사라져 상품이 된다. 도시의 모든 거민들은 다소 빠르거나 늦게 매춘부와 프롤레타리아의 구성원이 되도록 운명 지어진다"라고 절규했습니다. 사람들은 편리한 삶을 위해 도시를 건설했지만, 이제 도시는 인간을 파멸시키는 것 이외에 다른 아무것도 아닌 것으로 판명난 것입니다.

현대 도시인들은 가인처럼 나르시시즘에 빠져 있습니다. 동생을 죽이고 에덴에서 쫓겨난 후에도 다시 자신을 드높이려고 성을 쌓고 망대를 세운 가인처럼 자기만의 영역을 구축합니다. 그러나 하나님은 인간의 잘못된 역사를 바로잡으시려고 바벨성과 대를 허무셨습니다.

고층 아파트 증후군

매년 4월 22일이 무슨 날인지 아십니까? '지구의 날'입니다. 지금 지구는 과도한 도시화로 몸살을 앓고 있습니다. 에너지 소비적인 삶의 방식을 유지하기 위해 궁여지책으로 핵발전소를 운영하기에 이르렀습니다. 그러나 최근 일본에서는 지진과 쓰나미로 도시와 핵발전소가 초토화되었습니다. 해양과 대기, 토양과 수질이 오염되고 삶의 기반이 붕괴된 것입니다. 물질과 쾌락을 추구하는 도시 문명에게 마치 자연이 경고장을 보낸 것만 같습니다.

도시화 현상 중에 하나로 초고층 빌딩과 아파트 숲을 빼놓을 수 없습니다. 우리 나라는 특히 초고층 아파트를 경쟁적으로 건축하고 선호합니다. 그러나 고층 아파트에 숨어 있는 무서운 사실을 알고 있습니까?

일본 국립정신신경센터의 기타무라 도시노리 사회정신보건부장은 종합병원 산부인과에 통원 중인 임산부 120명을 대면하여 조사를 했습니다. 아파트에 사는 임산부는 단독주택에 사는 임산부에 비해 임산부 울병이 나타날 확률이 4배나 높았습니다. 신경증에 걸리는 비율도 단독주택에 사는 엄마들(5.3퍼센트)에 비해 아파트나 빌라 등 6층 이상에 사는 엄마들이 2.5배(13.2퍼센트)나 높았습니다.

일본의 도카이(東海) 대학 의대 오우사카 후미오 교수는 "인간은 고층 빌딩에 살아서는 안 된다"고 단언합니다. 그는 고층 아파트에 사는 유치원생부터 50세 주민 1,600명을 저층(1~2층), 중층(3~5층), 고층(6층 이상)으로 분류하여 건강 상태를 조사했습니다. 그 결과, 저층과 중층에 사는 주민과 고층에 사는 주민들 사이에 큰 차이가 드러났습니다. 예를 들어, 임산부의 유산율의 경우, 저층은 7.1퍼센트, 중층은 6퍼센트로 큰 차이가 없었는데, 고층은 24퍼센트로 나타났습니다. 후미오 교수는 또한 '긴장 특성'이 있는 임산부의 경우는 중저층보다 고층일 경우 4배나 많은 유산을 경험한 것으로 보고했습니다.

유치원생 2,000명을 대상으로 조사한 결과, 고층에 사는 아이는 저층에 비해 체온이 낮았습니다. 또한 고층에 살수록 천식 증세도 많이 갖고 있었습니다. 그 외에도 고층에 살수록 밖에 나가 놀지 않기 때문에, 아이들이 비활동적이며, 체중이 떨어지고, 폐활량이 줄어들고, 알레르기 질환이 증대되는 등 나쁜 영향이 나타났습니다.

40세부터 60세 미만의 여성 1,500명을 조사한 결과, 고층에 살수록 고혈압 비율이 높았습니다. 게다가 고층 아파트에 살수록 이동이 부족하고 사람과 대화할 기회가 줄어들어 '치매가 발생하기 쉽다'고 하니 가히 충격적입니다.

고층에 살면 대지의 지자기로부터 멀어집니다. 지구 고유 자기 파동(슈만 공진)은 인간의 뇌파와 비슷합니다. 이것은 지구의 파동과 인간의 생체 파동이 공명하고 있다는 이야기입니다. 여기에 콘크리트 스트레스가 덧붙여지니, 대지로부터 멀리 떨어지면 심신에 이상이 생기는 것은 당연한 일인지도 모릅니다. 이에 영국 정부는 '아이들이 있는 가정은 상층에 살지 않도록' 권유하고 있습니다.

도시화는 개인의 건강뿐 아니라 지구의 생태 환경에도 좋지 않습니다. 주전자 속의 개구리가 물이 점점 데워지는데도 밖으로 튀어나가지 않는 것과 같습니다. 그러다가 자신도 모르게 죽어 가는 것입니다.

생태 질서 붕괴, 인류의 멸종

견해에 따라 다르지만, 지구 과학자들은 지구 나이를 약 50억 년 정도로 보고 있습니다. 50억 년 지구 역사를 24시간으로 축약해 볼 때 인류가 태어난 것은 대략 저녁 23시 58분 34초입니다. 인간은 겨우 1분 24초 동안 이 지구 위에 살고 있는 중입니다. 이렇듯 촌각밖에 안 되는 짧은 시간을 살고 있는 인류가 무한대한 욕망의 전차에 이끌려가고 있습니다. 더 먹고 더 많은 돈을 벌고 더 좋은 옷을 입고, 더 편하게, 더 빠르게, 더 멀리 다니고자 하는 욕망입니다. 이를 위해 과학이라는 무기를 개발하여 맹목적으로 휘두른 결과, 인간들 생활은 더 없이 풍요롭고 여유 만만해졌습니다. 그러나 그 이면에서는 지구 환경이 회생 불가능한 상태로 파괴되는 부작용을 초래하고 말았습니다.

사실 1950년대만 해도 지구 환경이 그렇게 위험한 상태는 아니었습니다. 그런데 점점 발전의 탄력을 받아 오던 과학이 고도화, 정밀화, 광역화되면서 무소불위의 괴력을 발휘하기 시작하자 가히 폭발적인 경제 성장을 이룩했고, 그 이면에 환경 파괴라는 치명적인 결과를 낳았습니다. 경제 성장과 환경 파괴는 일란성 쌍둥이이라고 해야 할 것입니다.

1945년 제2차 세계대전이 끝난 후, 세계는 경제적 부흥기를 맞이했습니다. 당시 사치품에 대한 여성들의 욕구가 치솟았고, 오대호 지역의 미시건 주 밍크 사육자들은 최고의 호황을 누렸습니다. 그런데 1960년대 초부터 갑자기 암컷들이 새끼를 낳지 못했습니다. 낳은 새끼도 이내 죽어 버리더니 결국 1967년에는 한 마리도 남지 않았습니다. 그 이유가 무엇이었을까요? 그로부터 10년간 연구 끝에 밝혀지길, 전기절연제로 쓰이는 합성 화합물질인 PCB가 생식 불능을 야기한 것이었습니다. 이렇듯 한두 곳에서 나타나기 시작한 이상 현상들은 1970년대에 들어서면서 전 세계로 확산되어 폭발적으로 증가했습니다.

지금까지 인류는 2천 4백 종이 넘는 화학물질을 발명하여 지구에 노출시켰으며, 지금도 매년 50만 종의 새로운 화학물질을 생산하여 함부로 노출하고 있습니다. 환경호르몬이라 이름 붙여진 이들 화학물질은 지구의 공기와 흙을 오염시키면서 그동안 평화롭게 공존하며 살아왔던 생명체들을 멸종시키고 있습니다. 그 영향력은 참으로 무섭습니다. 우리나라의 경우, 가임 여성 중 140만 명 이상이 불임증을 앓고 있고, 남성에게는 무정자증 현상이 폭발적으로 증가하고 있습니다. 게다가 육아 환경의 어려움 탓으로 임신 기피증마저 늘고 있습니다. 이대로 가다가는 지구에서 대한민국이 사라질 것만 같습니다. 아둔한 인류가 이제야 자연 생태계에 문제가 있다고 느끼고 호들갑을 떨고 있는데, 안타깝게도 남극 빙하가 녹는 것을 멈추게 할 수 없다는 회의적인 시각이 우세합니다.

자의든 타의든, 오늘날 환경 파괴에 기독교적 환경관이 일조한 것은 사실입니다. 이는 창세기 1장을 인간 중심적 사고방식으로 잘못 이해한 결과입니다.

환경에 관한 성경적인 관점은 '인간은 자연의 소유자가 아니라 관리자이므로 소유자이신 하나님의 법도 안에서 자연을 관리해야 한다'는 것이며, 환경과 미래에 대한 전망 역시도 '인간주도적인 과학 발달에 의해서가 아니라 지금도 만물을 주관하시는 하나님의 말씀에 의거해야 한다'라는 것입니다. 따라서 창세기 1장의 해석상의 오류를 정정하고, 생태학적 사고의 기본을 인간이 아니라 피조물 전체 생명에 두어야 합니다. 이러한 성경적 환경관은 환경 파괴를 궁극적으로 해결할 수 있는 유일한 환경관입니다. 이른바 녹색 신학적 환경관으로 불릴 수 있습니다. 이것은 모든 생명체는 상호 연관되어 있으므로 인간뿐 아니라 다른 모든 생명체를 포함하는 포괄적 사고이며, 더 나아가 궁극적으로 하나님 중심적 사고입니다.

이카루스적인 삶

과학의 발달로 인한 산업화와 도시화는 인간의 생활수준을 급격히 향상했을 뿐 아니라 생활 방식에도 엄청난 변화를 가져왔습니다. 경제적 풍요를 누리게 되자, 삶의 주된 관심사가 의식주 해결에서 삶의 질로 바뀌었습니다. 이른바, '생리적' 생활양식이 '사회적' 생활양식으로 바뀌고 있습니다.

그런데 안타깝게도 우리의 삶은 산업화와 도시화로 인한 대기오염, 수질오염, 쓰레기 미처리, 도시의 범죄, 녹지의 감소 등으로 신음하고 있습니다. 생활 주변의 '환경의 질'이 '삶의 질'을 위협하는 '이카루스'(Icarus)적인 삶을 살아가고 있는지도 모릅니다. 이카루스는 그리스 신화에 나오는 인물로, 초로 날개를 붙이고 그토록 갈망하던 하늘을 날았으나 태양에 너무 가까이 접근한 나머지 초가 녹아 바다에 떨어져 죽은 신화의 주인공입니다. 이러한 이카루스의 모습이 화려한 문명을 향해 날았지만, 원초적인 생명력은 점점 추락해 가는 현대인의 초상이 아닐까요?

작게, 느리게, 단순하게

교회 밖에서 쏟아지는 교회를 향한 비난이 이와 맞물려 있습니다. 하나님이 만드신 에덴의 행복을 선포해야 할 교회가 왜 세속 도시의 성공만을 전하고, 왜 그 향락 속에 파묻혀 있느냐는 항의일 것입니다. 다시 말해서 하나님의 원리를 따라야 할 한국 교회가 왜 지극히 세속을 지향하고 그 늪에 빠져 있느냐는 것입니다. 예수님의 십자가는 수치와 부끄러움의 상징이었으나 지금 웅장한 교회 첨탑 위의 십자가는 과시와 성공의 상징이 되었습니다. 한국 교회는 마치 십자가에 죽으러 가시는 예수님께 당신의 좌우편에 앉게 해 달라고 요청하는 제자들의 모습과 다를 바가 없습니다.

예수님은 광야에서 살다가 죽기 위해 예루살렘에 들어가셨습니다. 그런데 예수의 제자들은 저마다 도시에서 성공하려고 발버둥치고 있으니 안타까울 뿐입니다. 현실 세계에서 그리스도의 승리는 눈에 보이지 않을 때가 많습니다. 오히려 세상의 지혜가 더 현실적으로 보입니다. 그래서 하나님에게서 멀어진 채 온갖 결핍을 인위적인 방법으로 채우려고 안간힘을 씁니다. 아무리 채워도 끝이 없는 욕망에 사로잡힌 채 말입니다.

그렇다면 어떻게 해야 합니까? 지금부터라도 생명의 가치를 재인식하고, 그 문화를 창달하는 것을 최우선 순위에 두어야 합니다. 이를 위해 하나님이 창조하신 에덴의 자연으로 돌아와야 합니다. 그 속에서 하나님을 사랑하고, 이웃을 내 몸처럼 사랑하는 작은 공동체 생활로 복귀해야 합니다. 크고, 빠르고, 복잡한 시대의 흐름을 거슬러 살아가도록 돕는 대안 공동체를 건설해야 합니다. 3S로 병든 현대 문명을 역시

3S로 치유해야 합니다. 대안적인 3S란 'Slow, Simple, Small'입니다. 빠른 것을 느리게, 복잡한 것을 단순하게, 큰 것을 작게 복원시켜야 행복할 수 있습니다.

2. 콘크리트 주택에서는
   9년 일찍 죽는다

통합의학센터 건립을 준비하는 일에 많은 시간을 보내다가 건축에 대한 자료를 검토하려고 후나세 순스케가 쓴《콘크리트 주택에서는 9년 일찍 죽는다》는 책을 읽었습니다. 그리고 경악을 금치 못했습니다. 너무나 익숙한 콘크리트 주거 문화가 우리를 위협하고 있다니, 깊이 반성했습니다.

이 책에 나오는 나까오 데츠야 교수의 연구 보고서는 충격적이었습니다. "콘크리트 주택에 사는 사람은 9년이나 일찍 죽는다"는 내용입니다. 1988년 나까오 교수는 목조 주택(270건)과 콘크리트 집합 주택(62건)의 거주자 사망 연령을 조사했습니다. 사명 연령의 평균은 목조 주택은 63.5세, 콘크리트 주택은 52.4세였습니다. 사고사를 제외하면 목조 66.1세, 콘크리트 57.5세가 됩니다. 그 차이는 8.6살이었습니다.

그는 일본 전역의 목조율과 질병의 상관관계를 조사했습니다. 그 결과 목조율이 높아질수록 폐암, 식도암, 유방암에 의한 사망률이 줄어든다는 것을 확인했습니다. 특히 나까오 교수는 유방암 발병이 뚜렷하게 격감된다는 것을 밝혀냈습니다.

"콘크리트 주택은 목조 주택보다 출생률이 낮습니다. 그러니 아이를 출산하는 횟수도 적어집니다. 젖을 주지 않는 것은 유방암의 발병인자가 되는 것입니다. 유선(乳腺)의 미발달에다가 환경 호르몬이라는 이중적인 영향이 미쳤을 것입니다."

시즈오카 대학의 실험은 실로 충격적입니다. 콘크리트 사육 상자에서 생쥐가 93퍼센트나 잇달아 죽었습니다. 실험에 사용한 사육 상자는 콘크리트, 금속, 목재로 만든 3종입니다. 실험은 다음과 같이 진행되었습니다. 각각 사육 상자에 생쥐 한 쌍씩을 넣고 새끼를 낳게 합니다. 그다음, 새끼 생쥐가 어떻게 생장하고 행동하는지를 상세히 관찰, 기록하였습니다. 사육 상자에는 각각 암수 10쌍씩이 들어갔습니다. 태어난 새끼는 총수가 각각 150~180마리였습니다. 이들 새끼 생쥐의 생장을 사육 상자별로 관찰했습니다. 태어난 후 20일째, 목재 사육 상자에서는 새끼 생쥐의 약 90퍼센트가 건강하게 자랐습니다. 그렇지만 금속제에서는 생존율이 약 50퍼센트로 떨어졌습니다. 그뿐 아닙니다. 콘크리트 사육 상자에는 고작 10퍼센트 미만 밖에 살아남지 못한 것입니다! 최종 생존율은 콘크리트 7퍼센트, 금속 41퍼센트, 목재 85퍼센트였습니다. 왜 사육 상자의 건축 재료 하나만으로도 이렇게 사망률에 큰 차이가 생긴 것일까요? 열전도율 때문입니다. 외부 온도는 같지만, 건축 재료로부터 열을 빼앗기는 정도가 달랐던 것입니다.

흥미롭게도 체열을 빼앗기는 정도에 젖을 먹이는 어미 생쥐의 행동이 다르게 나타났습니다. 목재 사육 상자인 경우, 바닥은 편백으로 만들어진 두꺼운 판자이기 때문에 따뜻합니다. 어미 생쥐는 배를 깔고 누워 천천히 젖을 먹였습니다. 그러나 콘크리트와 금속 바닥은 아무리 톱밥으로 덮어 주어도 여전히 차가운 느낌입니다. 여기에 배를 깔고 누우면 체열을 빼앗깁니다. 이를 견디지 못해서 어미 생쥐가 젖을 먹이는 시간이 짧아진 것입니다. 곧 새끼 생쥐는 영양실조 상태가 되고, 어미의 사랑 결여로 인한 불안과 스트레스로 괴로워했습니다.

따라서 단연 목재 사육 상자의 생쥐들의 생존율이 높았습니다. 생장도 정상적이었습니다. 새끼 생쥐가 눈을 뜨는 시기도 금속, 콘크리트보다 2일 정도 빨랐습니다. 각 장기 역시 다른 사육 상자에 비해 발달이 빨랐습니다. 암컷의 경우, 자궁의 발달 차이가 더욱 현저했습니다. 무서운 일입니다.

직접 접촉하지 않고 거리를 두고 있어도 콘크리트 벽은 우리 몸에서 열을 계속 빼앗아 갑니다. 콘트리트 사육 상자에서 픽픽 쓰러져 죽은 새끼 생쥐들도, 철근과 콘크리트 학교에서 몸을 떨고 있는 아이들도, 콘크리트 건물 사무실에서 마음까지 얼어붙은 직장인들도 모두 이 '냉열 스트레스'의 희생자들인 것입니다. 안타깝게도 병원도 마찬가지요, 도시 전체가 콘크리트로 둘러싸여 있습니다.

그뿐 아닙니다. 콘크리트 사육 상자의 생쥐 신장에서 암의 일종인 수종이 확인되었습니다. 아리마 교수는 냉스트레스가 원인이라고 말합니다. 냉랭한 콘크리트 사육 상자에서 생쥐들은 생존하기 위해 피하 지방을 발달시킵니다. 그러나 지방이 지나치게 많아지면 신장과 간장에 부담을 줍니다. 게다가 스트레스는 개체의 면역 기능을 약화시킵니다. '불쾌'한 환경에 놓인 시험군과 '쾌적'한 환경에 놓인 시험군을 비교해 보면 분명히 면역력에 현저한 차이가 나타납니다. 체내에 발생한 암세포를 공격, 억제하는 것도 면역력입니다. 결국 콘크리트 사육 상자는 암이나 죽음을 낳고 맙니다.

나고야 대학에서도 비슷한 실험을 했습니다. 다른 것이 있다면 금속 상자로 알루미늄을 사용한 것 정도였습니다. 실험에서 콘크리트 사육 상자, 알루미늄 사육 상자의 생쥐는 이상한 행동을 보였습니다. 어미가 어린 생쥐에게 젖을 먹이지 않았습니다. 오히려 어미가 자기 새끼를 잡아먹는 '포식이상'(哺食異常)이 관찰되었습니다. 모성 본능이 파괴될 때라야 나타나는 참극입니다. 콘크리트나 알루미늄으로 인한 스트레스가 원인임이 틀림없습니다.

어미 생쥐뿐 아니라 아비 생쥐도 미치광이 병에 걸렸습니다. 암컷과 교미를 끝낸 아비 생쥐들을 모아 동일한 사육 상자로 옮겨 공동생활을 시켰습니다. 그러자 콘크리트 사육장에서 생활하던 아비 생쥐들은 다른 수컷 생쥐에게 어금니를 드러내고 덤볐습니다. 이에 반해 목재 사육 상자에서 지낸 수컷은 비교적 온순했습니다. 즉, 콘크리트 사육 상자에서 생활한 어미 생쥐는 자기 새끼를 잡아먹는 잔인함을 보였고 아비 생쥐는 다른 놈을 공격하는 포악함을 보였던 것입니다.

우리는 콘크리트 학교의 아이들이 '불안정하고, 시끄럽고, 폭력적인' 행동을 보이는 것과, 공영단지나 아파트에서 생활하는 무미건조한 젊은 엄마들이 아이를 못살게 구는 것이 결국 우리의 콘크리트 환경에서 비롯된 것은 아닌지 진지하게 돌아보아야 합니다.

더욱 심각한 것은 콘크리트 건축 재료가 방사능을 방출한다는 것입니다. 대표적인 것이 라돈인데 발암성이 매우 강한 알파선을 방출합니다. 2000년 10월, 미국환경보호국은 '실내 공기' 대책으로 라돈에 대한 주의를 부각시켰습니다. 라돈의 농도는 "실내의 콘크리트 건축 재료 등에서 방출되며 이는 실외의 수 배 내지 수십 배 정도나 높다"고 경고했습니다.

그 위험의 기준이 되는 농도가 100Bq/m^3라는 값. 미국의 보고서에는 100Bq/m^3 농도의 라돈을 흡입하면 '흉부 X선 촬영'을 나도 모르게 '200번 받는 것과 같은' 위험이 있다고 합니다. 스웨덴에서도 라돈 100Bq/m^3이라고 하는 농도는 "자동차 사고 연간 사망 위험성과 같다"라고 합니다. 그런데 연중 냉난방이 완비된 콘크리트 주택에서는 1,300Bq/m^3를 넘는 라돈 농도가 측정된다고 하니 등골이 오싹해질 정도입니다. 최근 열에너지를 아낀다고 보온과 밀폐성이 높은 건축 방법을 권장하는데 만약 그 재료가 콘크리트라면 '살인 상자' 안으로 사람을 집어넣는 것이나 다름없습니다.

생쥐뿐 아니라 야생 동물도 생존 본능에 따라 행동합니다. 위기에 처하면 도망가려고 합니다. 안전을 느낄 수 있는 곳으로 가까이 갑니다. 그렇다면 생쥐는 본능적으로 어떤 바닥재를 좋아할까요? 생쥐가 좋아하는 건축 재료의 순위는 다음과 같았습니다. 삼나무 〉합판 〉편백 〉쿠션 바닥재 〉도장합판 〉콘크리트 〉알루미늄 순이었습니다. 꼬집어 말하자면, 현대 건축가들이 좋아하는 콘크리트와 알루미늄은 최하위였습니다. 말하자면 동물 본능은 '자연의 섭리'에 따른 가르침입니다. 생명체와 궁합이 잘 맞는 건축 재료 순위라고 보아도 좋을 것 같습니다.

일반적으로 사람의 수명에는 식생활이나 범죄 발생률 등 여러 가지 요인이 깊이 관련되어 있습니다. 이러한 사회 환경 요인 가운데 간과되는 것이 '주거 환경'에 의한 영향입니다. 집은 사람에게 '사육 상자'인 것입니다.

'사람'(人)이 '나무'(木)에 기대면 '휴'(休)라는 글자가 됩니다. 사람은 나무와 함께 생활할 때 심신을 쉬게 할 수 있습니다. '숲'(森)은 영어로 'forest', 즉 'for-rest'입니다. 휴식의 장소라는 의미입니다. 동서의 말이 모두 '나무'와 '인간'의 생활은 불가분의 관계에 있다고 가르칩니다.

콘크리트 고층 빌딩 숲에서 질식해 가는 현대사회. 이제는 숲을 집 안으로 끌어들이든지, 아니면 콘크리트를 해체하고 숲으로 나오든지 둘 중에 하나를 해야 합니다. 서둘러 결정해야 합니다. 생명보다 더 중요한 것은 없으니까요. 너무 극단적인가요? 그렇다면 중간 타협안을 제안하자면, 목재로 콘크리트 표면을 처리하는 겁니다. 그런대로 숨은 쉴 만할 것입니다.

3. 고장 난 생태 시계를 수리하라

'토크' 현상

복잡한 도시 문명 속에 사는 현대인의 삶은 잔뜩 감긴 자명종의 태엽

과도 같습니다. 더 짧은 시간에 더 많은 것을 성취하려고 숨을 헐떡이며 쉼 없이 뛰는 삶이 일상이 되었습니다. 어쩌면 이런 삶의 패턴에 우리가 중독된 것인지도 모르겠습니다.

세계적인 기독심리학자 아치발드 하트 박사는 이런 증상을 아드레날린 중독 현상이라고 명명했습니다. 아드레날린이라는 화학물질은 위급한 상황에 민첩하게 대응하도록 긴장할 때만 나와야 정상입니다. 그런데 현대인들은 평소에도 지나치게 긴장된 삶을 살기 때문에 아드레날린이 펑펑 쏟아져 나온다는 것입니다. 그러면 몸은 극도로 산성화되고 면역성은 극히 저하됩니다. 몸은 계속 찌뿌듯하고 뻐근할 수밖에 없습니다.

살아 있는 모든 생물은 휴식을 취해야 합니다. 인간도 예외일 수 없습니다. 태어나서 노년에 이르기까지 휴식은 삶의 중요한 부분입니다. 최근 연구에 따르면, 불충분한 휴식이 의사 결정, 안전, 의사소통 기술의 질을 저하시키며, 대뇌 전두엽의 기능을 심각하게 저하시킨다고 합니다. 피곤한 사람은 흡연, 음주, 혹은 과식과 같은 자기 파괴적인 습관으로 곤란을 겪습니다. 하루를 매우 잘 시작하지만, 피곤함이 자리 잡는 늦은 시간에 결국 이 투쟁에서 지고 맙니다.

의사 리처드 A. 스웬슨은 무리한 스트레스에 중독되어 살면 산소 부족과 긴장 때문에 마침내 몸의 근육들이 비틀어지고 조여 드는 현상이 일어난다고 했습니다. 이런 증상을 '토크'(Torque) 현상이라고 부릅니다.

사회적으로 급증하는 이혼율, 부부가 주중에 떨어져 살아야 하는 현상, 부부가 맞벌이를 해야 하는 현실, 실직, 입시 지옥, 교통 체증 등의 현상들은 긴장을 더욱 조장시킵니다. 문제를 해결하자니 너무 커서 직면하기보다는 도피하려는 생각부터 들지 모릅니다. 그러면 우리는 더 심각한 '토크' 현상을 불러일으키는 위기 인생, 그 자체가 되고 맙니다.

세포가 쉬지 못하면 양성 종양이 악성 종양으로 변합니다. 바꿔 말하면, 세포를 쉬게 하면 양성 종양이 악성 종양으로 변하는 것을 막을 수 있을 뿐 아니라, 악성 종양도 양성 종양으로 변화시키고, 양성 종양도 건강한 세포로 변화시킬 수 있다는 것입니다. 최근 한 연구에서는 밤에 일하는 간호사가 낮에 일하는 간호사보다 유방암 발병 확률이 3~4배 높다는 결과가 나왔습니다.

"너는 엿새 동안에 네 일을 하고 일곱째 날에는 쉬라. 네 소와 나귀가 쉴 것이며 네 여종의 자식과 나그네가 숨을 돌리리라"(출 23:12)라는 하나님 말씀을 기억해야겠습니다.

생체 시계 메커니즘

오늘날 세계는 잠 못 드는 사람들로 넘쳐납니다. 미국은 수면 시장의 매출 규모가 한국 돈으로 연간 18조 7,200억(약 200억 달러)에 이른다고 합니다. 우리나라도 24시 형태의 산업구조가 밤낮을 가리지 않고 일을 하게 합니다. 이와 맞물려 세계 어디를 가나 한국 교포가 자리를 잡으면 불행히도 밤 문화가 활발해집니다. 밤 12시, 서울 한복판을 들여다보십시오. 찬란한 네온과 자동차 불빛이 어울리면서 백야 현상을 만듭니다. 이런저런 연유로 국내에도 수면 클리닉이 번창할 정도로 수면 장애 현상이 심각해지고 있습니다. 한국 청소년들의 수면 시간은 6시간 미만으로 다른 선진국에 비해 매우 짧다는 조사 결과도 있습니다. 이로 인한 1인당 손실액이 연간 1,500만 원이라는 통계까지 발표되었습니다.

수면은 신체의 휴식은 물론 뇌가 휴식하기 위해 중요합니다. 얕은 잠으로도 어느 정도의 피로는 회복할 수 있습니다. 하지만 의식이나 지능, 기억 등 지적 활동을 지휘하는 뇌의 휴식을 위해서는 깊은 잠이 꼭 필요합니다. 그래서 매일 수면과 각성이라는 생태 리듬은 매우 중요합니다. 이 리듬이 무너지면 불면, 피로감, 우울증, 활력 저하 등 여러 가지 좋지 않은 증상이 나타납니다.

그렇다면 생체 시계의 메커니즘은 어떤 것인가요? 우리 몸 안에는 잠이 들고 깨어나는 시기를 결정하는 '생체 시계'(Internal Clock)가 있습니다. 생체 시계는 체온이나 혈압 등 생리 현상에도 영향을 미치는데 눈 뒤의 뇌 중앙에 자리한 '시신경 교차상핵'(SCN)이라 불리는 곳에 있습니다. 빛이 시신경 교차상핵에 신호를 전달하면, 생체 시계는 신경세포 안의 단백질 유전자들이 톱니바퀴처럼 맞물려 움직이면서 호르몬 생산을 조절합니다. 특히 수면과 관련된 신경 호르몬인 멜라토닌 분비로 인해 혈관이 수축하고 뇌 활동이 감소하며, 심장박동, 혈압, 체온도 전부 감소합니다. 이렇게 우리 몸은 안정을 찾고 점차 수면을 취하게 됩니다. 새벽에 가장 낮아진 체온은 아침에 점점 상승하며, 이때부터 멜라토닌 분비가 멈추고 다시 코르티솔, 세로토닌 등의 각성 호르몬 분비가 증가합니다. 코르티솔은 잠을 깨는 데 가장 큰 역할을 하며 이른 아침에 농도가 가장 짙습니다. 이것을 하루 기준으로 반복하는 것을 일주기 리듬이라고 합니다.

지방과다, 생체 시계 교란의 주범

무엇이 생체 시계를 교란시키는 것일까요? 우선 지방 과다 섭취를 꼽을 수 있습니다. 미국 노스웨스턴 대학 메디컬센터 조 배스 박사는 의학전문지 〈세포대사〉(Cell Metabolism)에 포유동물이 지방을 지나치게 섭취하면 생체 시계가 파괴된다고 발표했습니다. 배스 박사는 유전적으로 동일한 실험실 쥐를 두 그룹으로 나눠 한 그룹에는 지방 45퍼센트의 고칼로리 먹이를, 다른 그룹에는 보통 먹이를 6주 동안 주면서, 일광이 아닌 생체 시계만이 잠자고 깨는 사이클을 조절하도록 어두운 곳에서 생활하도록 했습니다.

2주가 지나자 고지방식을 섭취한 쥐들은 먹고 잠자는 사이클이 갑자기 바뀌면서 잠잘 시간에 먹고, 먹는 양도 많아졌으며, 섭취한 칼로리는 잠잘 시간에 소모했습니다. 반면 보통 먹이를 먹은 쥐들은 전혀 이러한 변화를 보이지 않았습니다. 배스 박사는 사람으로 치면 한밤중에 냉장고를 뒤져 정크 푸드를 마구 먹는 것에 해당한다며, 결국 생체 시계 교란이 나쁜 식습관을 가져오고 이런 식습관이 다시 생체 시계를 교란시키는 악순환이 되풀이된다고 말했습니다.

1955년 스턴카드가 발표한 야식증후군이 있습니다. 야식을 하면 혈청 코르티솔 분비가 증가하고 수면을 유도하는 멜라토닌과 식욕을 억제하는 렙틴의 상승이 저하되어 야식 행동과 불면증을 유발한다는 것입니다. 우리 인체는 정상적인 당대사를 통해 에너지를 공급받습니다. 그런데 천연 곡류를 통해 얻는 당이 뇌세포에 들어가면 쉽게 잠이 들도록 되어 있습니다. 반면, 저녁에 먹은 고단백은 뇌세포를 깨우는 역할을 합니다. 그래서 철야와 야근을 하는 사람들이 병에 많이 노출되는 것입니다. 아침은 거르고 대신 저녁에 회식을 한다거나 폭식하는 경우가 허다합니다. 이는 결국 수면의 질을 떨어뜨립니다. 아침에 일어나도 몸이 가볍지 않습니다.

인체는 저녁에 쉬게 되어 있습니다. 하나님은 저녁에 멜라토닌이 나와 심장 박동을 늦추도록 창조하셨습니다. 저녁은 휴식과 함께 다음 날 필요한 호르몬을 만드는 시간입니다.

햇볕의 굶주림

둘째, 햇볕이 적으면 생체 시계가 교란됩니다. 수면을 촉진하는 호르몬인 멜라토닌은 2,500룩스 이상의 밝은 빛을 받을 때 뇌 속에서 생성됩니다. 하지만 빌딩과 사무실에 사는 현대인들은 햇볕에 굶주릴 수밖에 없습니다. 인체는 낮에 햇볕을 받아 멜라토닌을 축적했다가 해가 지고 500룩스 이하가 되면 분비하기 시작합니다. 그래서 전등불을 끄고 더 어둡게 하면 멜라토닌의 분비량이 더 높아져 잠자기 좋은 몸으로 만들어 줍니다.

십대 청소년기에 비타민D의 수치가 높으면 나이 들어 유방암에 걸릴 가능성이 낮은 것으로 밝혀졌습니다. 비타민D는 주로 피부가 햇볕에 노출될 때 체내에서 생산되는데 뼈 건강에도 중요합니다. 간이나 기름기 많은 생선이나 달걀, 유제품 같은 일부 식품에 소량 함유되어 있습니다.

캐나다 토론토에 소재한 마운드 사이나이 병원의 블랙모어 박사는, 비타민D가 암세포 성장을 방지해서 유방암을 예방한다고 밝혔습니다.

여성 유방암 환자 759명과 건강한 여성 1,135명을 대상으로 햇볕에 노출되는 정도와 비타민D를 함유한 음식 섭취에 관해 질문하여 자료를 수집했습니다. 즉 10~19세, 20~29세, 45~54세 당시 햇볕에 노출된 정도와 비타민D를 함유한 음식의 섭취 정도를 물어본 것입니다. 그 결과, 10~29세 사이에 비타민D가 충분했던 여성들이 그렇지 않은 여성들보다 유방암이 생길 가능성이 24퍼센트 낮았습니다. 또 비타민D가 충분했던 여성들은 종양의 에스트로겐이나 프로게스테론 수용체가 양성이든 음성이든 관계없이 유방암 발생 위험이 낮은 것으로 드러났습니다.

한낮의 운동 부족

셋째, 한낮의 운동 부족과 생체 시계 교란 현상은 맞물려 있습니다. 운동이 부족하면 체력이 떨어지고, 정서가 불안정하며, 근육이 긴장합니다. 이는 수면 장애뿐 아니라 성인병의 원인이 됩니다. 운동을 하면 뇌에서 멜라토닌과 성장호르몬이 많이 분비됩니다. 성장호르몬은 아이의 경우 키를 키우고 어른의 경우 노화를 방지하는 효과가 있습니다. 멜라토닌도 항산화 기능이 있어 면역력을 강화시켜 항암 작용을 합니다. 생체 시계를 교란시킨 것이 잘못된 습관이라면 그 회복은 좋은 습관에 의해서만 가능할 것입니다.

요즘 청소년들의 생활을 보면 온종일 제대로 햇볕을 쬐지 못합니다. 새벽같이 일어나 정신없이 학교로 달려갑니다. 학교를 파하면 학원으로 달려갑니다. 운동장에 남은 아이들이 하나도 없습니다. 밤늦게야 파김치가 되어 집으로 돌아옵니다. 체중은 늘었지만 체력은 형편없이 떨어질 수밖에 없습니다. 미래의 주역인 청소년들이 햇볕을 다시 쬘 수 있도록 교육 정책을 재수정해야 합니다. 교회에서도 자연으로 나와 생명을 회복하기 위한 전인교육 프로그램을 가져야 합니다. 부모들도 자녀들을 공부로만 내몰지 말고 자연의 은총을 누릴 수 있도록 해야 합니다. 따사로운 햇볕 아래서 대화를 나누고 산책을 하며, 밭에서 함께 노작을 할 수 있다면 자녀들이 건전한 가치관과 건강한 육체를 얻을 것입니다.

유방암을 유산으로 물려주고 싶은 부모가 어디 있겠습니까? 떡을 달라는 자녀에게 뱀을 줄 부모가 어디 있겠습니까? 그러나 현실은 그렇게 돌아가고 있으니 안타까울 뿐입니다.

빛의 바벨탑을 허물라

복내를 방문하신 분들이 처음 밤을 맞이할 때 공통적으로 하는 말이 있습니다. "여기는 별이 보이네요. 그동안 하늘 한 번 쳐다보지 못하고 살았어요." 도심에는 별보다 더 밝은 온갖 인공 빛들이 가득합니다. 오히려 별의 배경이 되는 '어둠'을 잃은 것입니다. 신이 주신 빛으로 만족하지 못해 인간 스스로 만들어 낸 빛의 바벨탑입니다. 굳이 이름을 붙이자면 '빛 공해'입니다.

복내 동네 분들을 찾아가 보면, 온 동네가 해가 지는 시간에 맞춰 불도 꺼집니다. 8시 이후에는 돌아다니는 사람이나 차가 거의 없습니다. 해가 지면 자고, 해 뜨면 일어나서 일합니다. 이분들이야말로 창조 질서의 법칙대로 사는 분들이십니다.

식물과 곤충은 빛의 작은 변화에도 매우 민감합니다. 밤에는 그들도 자야 하는데, 야간 조명 때문에 밤에도 쉴 틈 없이 일을 합니다. 보름달의 밝기가 0.3룩스인데, 가로등의 밝기는 30~50룩스나 됩니다. 이런 강한 빛에 가장 큰 피해를 입는 것은 단일식물인 벼입니다. 가로등이나 인근 골프장 조명, 상점의 간판 등으로 피해를 겪는 농민들의 민원이 끊이지 않고 있습니다.

세계적인 과학지 〈네이처〉에서 어린이 497명을 조사한 결과, 밤에 불을 켜고 자는 아이의 34퍼센트가 근시였습니다. 과도한 빛은 불안증과 조급증을 유발합니다. 인간의 생체리듬이 혼돈을 겪으면서 호르몬 분비에 이상을 일으키고 면역력이 감소하는 치명적인 영향을 받는 것입니다. 인간의 면역체계를 강화하는 호르몬인 '멜라토닌'이 밤에 불빛을 받으면 분비가 줄어들기 때문입니다. 마지막 시대의 가장 중요한 징조는 해가 어두워지며 달이 빛을 내지 아니하며 별들이 하늘에서 떨어지며 하늘에 있는 권능들이 흔들린다고 말씀하셨습니다(막 13:24-25). 창조 질서의 붕괴는 모든 피조물의 종말을 의미하는 심각한 일입니다.

미국과 칠레, 호주도 '빛 공해 방지법'을 만들었습니다. 집의 일조권을 확보하듯 '원치 않는 빛에 대한 거부'도 당연한 권리임을 인정한 것입니다. 70여 개국에서 활동하는 국제다크스카이협회(IDA)는 "불을 끄고 별을 켜자"라는 불끄기 캠페인을 벌이고 있습니다. 세상에 필요치 않은 불을 끄는 것처럼 쉬운 일도 없습니다.

센터에도 보성군에서 설치해 준 가로등이 밤새 켜져 있었습니다. 물론 전기세를 군에서 부담해 주었습니다. 하지만 곧 밤 10시부터 새벽 6시까지는 불을 끄도록 타이머를 설치했습니다. 국가의 재정이 낭비되기 때문이기도 하지만, 더 중요하게는 밤사이 숲의 생명이 위협을 받기 때문입니다. 이 작은 행동이 내 몸과 지구를 건강하게 지키고, 밤하늘의 별을 살리는 엄청난 기적을 일으킵니다.

밥은 30일간 먹지 않아도 삽니다. 하지만 잠은 3일만 못 자도 살 수 없습니다. 수면의 가치를 재발견해야 합니다. 찬란한 과학 문명이 가져 다준 밤의 문화가 오히려 생명을 겨누는 비수가 되었습니다. 이제부터 라도 빛의 바벨탑을 허물고 자연의 이치에 겸손하게 순응하는 것만이 인류가 살 길입니다.

4. 총성 없는 탄알, CO_2

전라남도 보성군 천봉산 권역의 아황산가스 함유량이 2.1피피비 (ppb)로 측정되어 전국 최고의 청정 지역으로 발표되었습니다. 이는 전국 평균 5.6피피비와 비교했을 때 현저하게 낮은 수치입니다. 천봉산 골 짜기에 자리를 잡은 치유센터로서는 기분 좋은 일입니다. 암 환자들이 청정한 자연에서 생활하기만 해도 회복되는 사례들이 종종 있기 때문 입니다.

또 한 가지 좋은 소식이 있습니다. 저희 센터가 속한 복내면 일봉리가 산촌생태마을로 선정되었습니다. 최근에는 생태마을 구상을 위해 몇 차례 마을 회의를 했으며, 선진지 견학도 다녀왔습니다. 마을 공동으로 추진하려는 사업은 무공해 농산물 및 약재 생산, 된장 공장, 묘목 사업, 편백 나무 가로수 길 조성, 등산로 개설, 황토방 숙소, 한방 센터 개설 등입니다. 청정한 자연 속에서 치유 센터와 마을이 서로 상생하는 모델을 꿈꾸며 행복한 시간을 보내고 있습니다. 생태적인 삶으로 총체적 선교를 하고자 오랫동안 기도했던 일이기에 감사할 뿐입니다.

지금 지구촌의 모든 관심은 건강한 지구 생태에 있습니다. 세계의 이목은 코펜하겐 기후회의에 집중되어 있습니다. 산적한 현안은 많은데, 이해 당사자들의 견해를 좁히기는 그리 쉽지 않아 보입니다. 120여 개국의 정상들이 전용 비행기를 타고 이동한 만큼 공해 배출만 더 늘지 않느냐는 비아냥도 있습니다.

환경과학자 31명으로 구성된 '글로벌 카본 프로젝트'(GCP)는 당장 이산화탄소 배출량 감축 조치를 취하지 않으면 2100년까지 지구 기온이 6도 상승하는 최악의 시나리오가 진행될 것이라는 연구 결과를 〈네이처 지오사이언스〉 지에 발표했습니다. 과학자들은 "지구는 과거 1억 년 동안 경험하지 못한 온실 상태로 빠져들고, 대부분 생물체는 극한 상황에 내몰릴 것"이라고 밝혔습니다.

2010년 화석연료 사용에 의한 탄소 배출량은 87억 톤으로 사상 최고 수준을 기록했습니다. 2000년보다 29퍼센트 증가했으며, 1990년에 비해서는 무려 41퍼센트나 늘어난 수치입니다. 한국을 비롯한 여러 나라가 배출량이 500만 톤 이상 증가했습니다. 물론 1인당 이산화탄소 배출량은 미국이 1위입니다. 우리나라는 경제력과 맞물려 9위에 올라와 있습니다.

또 지난 10년간 화석연료 사용에 따른 탄소 배출량은 연평균 3.6퍼센트씩 꾸준히 증가하고 있습니다. 이런 추세가 계속 진행되면 2100년에는 전 세계 10억 명이 주거 공간을 잃고, 서유럽도 사하라 사막처럼 변할 것이라고 경고했습니다. 50년 후에는 태국의 방콕, 90년 후엔 호주의 시드니 국제공항이 물에 잠길 것입니다.

'자급자족 생태계' 자연 흉내 내기, 한낱 꿈으로

광주 시내의 한 종합병원의 로비 바닥에 어항이 설치돼 있습니다. 유리 바닥 밑에서 황금색 잉어가 물살을 가르고 다녔습니다. 이 얼마나 멋있습니까? 그런데 얼마 못 가서 잉어가 죽어서 물 위로 떠올랐습니다. 동일한 종류의 잉어를 복내 천봉산 골짜기 연못에 넣었습니다. 시간이 갈수록 더욱 건강하게 움직였습니다. 실제로 있었던 일입니다. 비록 침입자 수달이 밤마다 와서 포식하고 말았지만요.

왜 이런 일이 벌어질까요? 어린 시절에 계곡에서 잡은 버들치 몇 마리를 페트병에 담아 온 적이 있습니다. 당장은 잘 삽니다. 수돗물을 넣지 않고 계곡물을 넣어 주면 말입니다. 하지만 얼마 가지 않아 죽고 맙니다. 버들치를 더 오래 살리려면 병보다는 자연과 조금 더 비슷한 어항을 준비해야 합니다. 어항에 모래도 깔고 수초도 심어 주면 더욱 좋습니다. 그래도 자연에는 못 미치는 점이 있습니다. 우선 물결이 없습니다. 그래서 기포 발생기를 설치해 충분한 산소를 공급해 줍니다. 다음엔 물벼룩과 같은 먹이가 없습니다. 그러면 사료를 넣어 줍니다. 새 물이 계속 들어오지 않는다면 가끔 물을 갈아 줍니다. 이제 자연과 거의 같아졌는데,

왜 버들치는 알을 낳지 않는 걸까요. 그건 계곡과 환경이 다르기 때문입니다. 계절과 밤낮의 차이 없이 온도가 거의 일정한 방안에서 버들치는 생식리듬을 잃고 맙니다. 어항을 베란다에 내놓고 실지렁이나 물벼룩 같은 자연 먹이를 준다면 혹시 알을 낳을지도 모릅니다. 그렇더라도 전기와 사료를 공급받아야 유지되는 '반쪽 자연'일 수밖에 없습니다.

자연 흉내 내기는 어린 과학도들만의 호기심은 아니었습니다. 미국의 백만장자인 에드워드 배스는 작은 지구를 만들고 싶었습니다. 그는 미국 애리조나 주 남부 오라클 사막 지대에 1만 2,000제곱미터의 거대한 유리 온실을 만들었습니다. '생물권2'(생물권1은 지구)라 불리는 이 인공지구 속에 바다, 습지, 열대우림, 사막, 초원, 농경지 등을 만들었습니다. 염소, 원숭이, 지렁이, 벌새 등 3,800여 종의 각종 동·식물과 함께 우주복 비슷한 단복을 입은 자원 참가자 남녀 4명씩 8명이 외부와 차단된 이 인공지구에서 1991년부터 2년간 지냈습니다. 만일 이 실험이 성공하여 온실 내부의 공기와 영양분 순환이 잘 이뤄져 외부의 지원 없이 생존할 수 있다면, 우리는 달이나 화성에 비슷한 인간 거주지를 만들 수 있으리라는 기대가 높았습니다.

2년 뒤 실험은 끝났습니다. 자급자족 생태계를 구성하려는 시도는 무참히 실패했습니다. 새와 동물, 곤충들은 번성하기는커녕 대부분 죽었습니다. 바퀴벌레와 개미들이 '생물권'을 점령했습니다. 무엇보다 2억 달러가 들어간 이 시설은 8명의 대원이 숨쉬기에 충분한 산소조차 공급하지 못했습니다. 애초 약속과 달리 외부에서 산소를 긴급 투입해야 했습니다. 마치 어항의 기포발생기처럼 말입니다. 우리의 지구 '생물권1'과는 사뭇 다릅니다. 인류는 숨 쉬는 산소 값으로 단 한 푼도 지급하지 않지만 60억 명의 지구인 가운데 어느 누구에게도 넉넉한 산소가 공급됩니다. 지구는 참으로 우리에게 아낌없이 줍니다!

'생물권2' 실험의 교훈은 분명합니다. 자연은 거의 무료로 제공하는 서비스지만 인공적으로 만들려면 엄청난 비용이 든다는 것입니다. 한 연구를 보면, 인간 사회에 직접 제공되는 자연의 서비스는 돈으로 따지면 연간 약 36조 달러라는 천문학적인 액수에 이릅니다. 그런데도 인류는 현재 자기 이익에 눈이 어두워 아낌없이 주는 자연의 깊은 혜택에는 눈을 감고 있습니다.

작은 변화 큰 차이, 살빼기와 비슷

반기문 유엔 사무총장은 온실가스를 많이 배출하는 우리 삶을 '탄소 중독'에 견주었습니다. 유엔환경계획 환경위원회는 최근 《습관을 바꿔요-유엔 기후 중립 가이드》라는 소책자를 발간했습니다. 이 책은 탄소 습관을 버리는 것을 다이어트에 비유했습니다. 끈질긴 노력이 없으면 실패하기 쉽습니다. 작은 행동의 변화가 누적돼 큰 차이를 낳는다는 것도 두 다이어트의 공통점입니다.

이 책은 독일 뮌헨에 사는 두 사람이 24시간 동안 배출하는 이산화탄소량을 꼼꼼하게 비교했습니다. 그랬더니 보통 사람은 38킬로그램, 저탄소 실천을 하는 사람은 절반 이하인 14킬로그램을 배출한 것으로 나타났습니다. 두 사람의 행동에서 가장 큰 배출량 차이를 보인 것은 뜻밖에도 딸기 간식이었습니다. 남아프리카에서 비행기로 수입한 딸기

500그램이 6킬로그램 가까운 이산화탄소를 배출한 반면 이탈리아에서 트럭으로 운송한 딸기는 100그램에 그쳤습니다.

그 다음으로는 자가용 통근과 지하철 통근에서 약 3.5킬로그램, 빨래를 건조기에서 말렸을 때와 햇볕에 말렸을 때 2.3킬로그램, 물 절약 샤워기 꼭지를 다는 데서 1.4킬로그램의 격차가 났습니다. 이밖에 러닝머신 대신 밖에서 뛰고, 점심시간에 사무실 전등을 끄며, 헤어드라이어 대신 자연 건조를 하는 자질구레한 실천이 큰 차이를 만들었습니다. 탄소 중독에서 벗어 나려면 살을 뺄 때의 각오와 노력이 필요합니다.

이제는 저탄소 생활 방식 실천이 중요해졌습니다. 이제 자신을 위해서 뿐 아니라 공공을 위해 이를 실천해야 합니다. 내의를 입고, 수돗물과 가스, 전기를 아끼고, 일반 및 음식물 쓰레기 배출량을 줄이는 등 가정에서도 할 일이 많습니다. 대중교통이나 자전거를 이용하고, 걷기를 생활화하는 것도 빼놓을 수 없는 일입니다. 지금이야말로 지구촌 이웃 사람들의 고통과 눈물을 생각하면서 인도주의적인 인류애를 품어야 할 때입니다.

5. 행복의 경제학으로 돌아가자

과학이 증명한 행복의 묘약

'돈으로 행복을 살 수 있다'는 발칙한(?) 실험 결과가 발표됐습니다. 물론 그 앞에 '사랑하는 사람과 삶의 경험을 나누는 데 쓴다면'이라는 단서가 붙습니다. 미국 샌프란시스코 대학 라이언 호웰 교수가 소비 패턴과 행복감의 상관관계를 조사한 결과, 사람들은 대체로 자신만을 위해 돈을 쓸 때보다 가족이나 친구와 시간을 보내며 소비할 때 더 행복한 것으로 나타났습니다.

사랑은 돈이 아닌 마음에 달려 있다는 말은 이제 진부합니다. 오히려 최근 과학자들이 주장하듯이 '행복 시스템은 뇌에 있다'라는 말에 더욱 솔직합니다. 1950년대 미국에서 우울증이 뇌의 신경생리학적 질병으로 규명된 이후 뇌의 행복 시스템을 파헤치기 위한 과학자들의 노력이 계속되고 있습니다. 이제 행복 호르몬으로 불리는 도파민, 세로토닌, 옥시토신 등 신경전달물질 정체가 밝혀짐으로써 행복의 묘약이 개발될 날도 머지않아 보입니다.

그러나 이제 막 뇌의 행복 시스템을 파악한 우리에게 혼란을 주는 결과들 역시 속속 발표되고 있습니다. 일례로 에모리 대학 신경과학자 그레고리 번스가 밝혀낸 도파민 중독 현상을 들 수 있습니다. 도파민은 새로움을 추구할 때 분비되는데, 이것이 일부 사람들에게 과도하게 작용해 바람둥이나 쇼핑 중독 등을 일으킨다는 것입니다. 일종의 행복 시스템 오작동이라 할 수 있습니다. 그런가 하면 세로토닌 농도를 높여 주어 우울증을 치료하는 약물은 효과가 탁월하긴 하지만 자살 등의 치명적인 위험성이 늘 따라다닙니다. 호르몬만 가지고 행복을 설명하기엔 석연찮은 증거들이 계속 발견되는 것입니다.

애석하게도 하루 한 알로 부작용 없이 행복해지는 묘약은 아직까지 없습니다. 다만, 가장 안정적으로 행복을 누리는 사람들을 분석하고 비법을 추론할 뿐입니다. 이쯤 되면 과학이 아닌 행복의 통념이 다시 등장합니다. 다행히 최근 과학 기술은 바로 이것이 부작용 없는 '진짜' 비법임을 증명합니다. 너무나 잘 알려진 대로 웃음은, 심지어 억지로 웃는 것까지도 도파민과 옥시토신 분비를 촉진합니다. 운동할 때도 '러너스 하이'(Runner's High)라 불리는 기분 좋은 상태에 이릅니다. 우울할 때 흙을 만지면 흙 속 미생물이 세로토닌 분비를 촉진하며, 적당한 햇빛과 깨끗한 공기 역시 동일한 역할을 합니다.

행복하기 위해서는 무엇보다 타인과 나누는 '사랑'이 핵심입니다. 환하게 웃는 아기의 얼굴, 가족이나 연인과 나누는 포옹은 도파민, 세로토닌, 옥시토신 같은 물질을 한꺼번에 분비시키는 행복의 결정체입니다. 특히 최근에는 행복한 감정이 인맥을 통해 번져 나간다는 '행복 바이러스' 이론이 입증돼 화제를 모았습니다. 이 이론을 주장한 샌디에이고 대학 제임스 파울러 박사는 "행복한 감정은 인플루엔자 바이러스처럼 가까이 있는 사람에게 퍼져 나간다"라고 주장했습니다. 바로 이것이 진부하다 싶은 '행복론'이 여러 세대에 걸쳐 전해지는 이유입니다. 영국 BBC 방송국에서 제시한 행복헌장은 우리 삶에 적용할 만한 여러 지침을 제공합니다.

영국 BBC 방송국 행복위원회의 '행복헌장'

1. 운동을 하라. 일주일에 3회 30분씩이면 충분하다.
2. 하루를 마무리할 때마다 당신이 감사해야 할 일 다섯 가지를 생각하라.

3. 매주 온전히 한 시간은 배우자나 가장 친한 친구들과 대화를 나누라.

4. 식물을 가꾸라. 아주 작은 화분도 좋다. 죽이지만 말라.

5. TV 시청 시간을 반으로 줄이라.

6. 적어도 하루에 한 번은 낯선 사람에게 미소를 짓거나 인사를 하라.

7. 오랫동안 소원했던 친구나 지인들에게 연락해서 만날 약속을 정하라.

8. 하루에 한 번씩 유쾌하게 웃으라.

9. 매일 자신에게 작은 선물을 하라. 그리고 그 선물을 즐기는 시간을 가지라.

10. 매일 누군가에게 친절을 베풀라.

행복의 경제학으로 돌아가자

1972년, 전 세계 아무도 주목하지 않는 가운데 히말라야 깊은 산중에서 그야말로 혁명적인 선언이 있었습니다. 세계에서 가장 고립된 국가 가운데 하나인 부탄의 나이 어린 국왕이 국정운영 지표로 '국민총생산'(GNP) 대신 '국민총행복'(GNH)을 선언한 것입니다. 국정 목표는 물질적 생산을 끝없이 늘려 가는 것이 아니라 국민 개개인의 행복을 증진시키는 것이어야 한다는 선언입니다. GNP를 신봉하는 나라들 역시 국민 행복을 증진시키기 위해서라고 말하지만, 대부분은 명목적 이유일 뿐입니다.

부탄 왕국은 '성장의 한계'를 분명히 하고 국민의 행복이 확실히 보장되는 조건에서 물질 생산을 권면합니다. 이런 놀라운 선언이 겨우 열일곱 소년 왕의 입에서 나왔다는 사실이 믿기지 않지만, 부탄은 선언 이후 흔들림 없이 GNH를 추구했고, 근래에는 GNH 개념을 세계에 전파하는 중심 국가가 되었습니다. 혁명은 주변부에서 먼저 시작된다는 말 그대로입니다.

부탄이 보여 주는 '행복의 경제학'은 물질 생산을 생계 수준으로 억제하고 대신 자연과의 공생 관계 속에서 내적 충만을 극대화하는 것입니다. 이는 경쟁과 착취를 통해 세계를 파멸로 이끄는 자본주의의 확실한 대안으로 인정받고 있습니다. 역설적이게도 1972년은 미중 수교로 중국이 개방되어 자본주의에 새로운 성장 엔진이 점화된 해이기도 합니다.

부탄은 일인당 국민소득이 1,200달러에 지나지 않지만, 국민의 행복 지수는 세계 최상위권에 속합니다. 참고로 한국과 일본은 100위권 밖에 있습니다. 부탄은 1970년대부터 완만한 근대화가 진행되고 있지만, 지극히 제한적입니다. 1년 동안 개발할 수 있는 양을 제한하는 '개발 총량제'를 채택, 국토 대부분 지역에 여전히 전기가 없고 도로도 변변히 없습니다. 단순히 가난해서라기보다는 국가가 의도적으로 선택한 탓이기도 합니다. 대신 자연환경 보전과 교육, 복지 시설에 많은 투자를 합니다.

부탄은 국토의 60퍼센트가 언제나 숲에 덮여 있어야 한다고 법으로 규정했고, 환경 보호를 위해 관광객을 1년에 6,000명 이상 받지 않습니다. 또한 국가 예산의 25퍼센트 이상을 병원과 학교에 배분합니다. 이런 정책은 같은 히말라야 산중 국가인 네팔이 관광객을 무제한으로 받아 환경오염이 심하고, 천박한 자본주의 상술이 판치는 것과 비교됩니다.

네팔의 훈자족은 원래 3대 장수촌에 들었는데, 지금은 평균 수명이 예전만 못합니다. 관광객이 몰려오니 저들을 위해 맥도날드 체인점이 들어와 그들의 고유한 식습관을 파괴하는 것이 원인이었습니다.

부탄 국왕이 GNH를 선언한 것은 1972년이지만 과연 무엇을 두고 GNH라고 부르는지 그 내용이 국제적으로 공개된 것은 1998년입니다. 슬로우 국가답게 느린 행보가 아닐 수 없습니다. 이때 발표된 것이 유명한 '네 개의 기둥'입니다.

네 개의 기둥

1. 문화 가치의 보존 및 진흥 2. 좋은 통치 3. 적정한 경제 발전
4. 환경 보전

이에 대해 부탄 정부는 '부탄학 연구소'를 설치하고 광범위한 조사를 벌인 끝에 마침내 2008년에 행복지수를 산출하기 위한 9개의 지표를 완성합니다.

행복지수를 산출하기 위한 9개의 지표

1. 심리적 웰빙 2. 시간의 사용 3. 공동체의 활력 4. 문화 5. 건강
6. 교육 7. 환경의 다양성 8. 생활수준 9. 통치

부탄은 성장과 개발을 위한 경제학을 때려치우고 국민 개개인의 행복을 증진시키는 경제학을 수립하자는 것입니다. 그동안 우리는 경제

성장에 목을 매고 그야말로 '속도전'을 외치며 살았습니다. 그런데 그것이 나의 행복과 무관하고 오히려 이웃과 환경에 피해만 줬다면 얼마나 허무한 일입니까? 경제 제일주의의 폐해가 여실히 드러났음에도 우리는 지금보다 훨씬 행복한 다른 삶이 있다는 것을 좀처럼 인정하려 들지 않습니다.

교회 역시 급성장에만 목표를 두지 말고 성도들의 행복에 관심을 둬야 합니다. 작은 교회지만 진실한 사랑과 위로가 풍성한 교회를 세워 가야 합니다. 금식수양회에 경품을 걸고, 새 생명 초청 잔치에 경품을 거는 것을 보며 아연실색했습니다. 한 생명이라도 구원하면 좋은 일이 아니냐고 강변하면 할 말은 없습니다만, 예수님은 그렇게 하지 않으셨습니다. 오직 말씀과 사랑의 능력이 충만하셨기 때문에 사람들이 몰려든 것이 아니었습니까?

지금부터라도 성장보다는 성숙을, 양보다는 질을 추구하는 우리 사회가 되길 바랍니다. 더 빠르게, 높게, 멀리 뛰는 무한 경쟁을 할 것이 아니라 더 천천히, 낮게, 가깝게 삶을 살아야만 전(全) 지구적인 평화를 누릴 것입니다.

6. 여성, 창조주의 동역자

복내에 비가 촉촉이 내려 오랫동안 메말랐던 대지를 적시고 있습니다. 이 비가 그치면 만물이 더욱 생동할 것입니다. 따사로운 햇살은 마음의 어둠을 떨쳐 버리게 합니다. 때로 강함은 부드러움만 못할 때가 많습니다. 나그네의 옷을 벗긴 것도 거센 바람이 아니라 따뜻한 햇살이었습니다. 그 이야기를 들을 때마다 나는 여성의 부드러운 힘을 생각합니다.

여성에게 다시 힘을 주자

최근에 톰 하트만이 쓴《우리 문명의 마지막 시간들》(아름드리미디어)이라는 책을 흥미롭게 읽었습니다. 영성과 생태계의 통합에서 미래의 희망을 찾고자 하는 톰 하트만의 정열적인 메시지는 집요했습니다.

그의 주장을 요약하자면 이렇습니다. 인간은 자연과 조화를 이루고 자연 속에서 신성(神性)을 경험하며 살아왔습니다. 그런데 인구 60억을 돌파하고 100억을 향해 가는 세계는 지금, 온갖 전래 문화와 생물종 들이 멸망하고 있습니다. 또한 현대 문명의 바탕이 된 석유가 고갈되고 있습니다. 전문가들은 길게 잡아도 40년이면 석유가 완전히 고갈될 것이라고 전망합니다. 그때 에너지 확보를 위한 대규모 전쟁이 일어날 수도 있습니다. 누구나 지금 상태로는 오래 버티지 못하리란 걸 압니다. 우리도 뭔가를 해야 합니다. 우리 자신과, 아이들과 미래 세대를 위한 준비를 해야 합니다.

그는 그에 대한 해결책을 우리 조상들의 지혜, 즉 자연과 조화롭게 살고 그 속에서 신성을 재발견하며 살아가는 데서 찾습니다. 그것은 새롭지만 동시에 아주 오래된 세계관입니다. 그 중에 하나가 '여성에게 다시 힘을 주자'는 주장입니다.

그의 친구 정신과의사가 농담 삼아 "이 세상에서 제일 무서운 약은 테스토스테론일세."라고 말했다고 합니다. 테스토스테론은 고환에서 생산되는 남성호르몬으로 얼굴의 털과 호전적인 태도, 그리고 근육 강화에 관여합니다. 따라서 그 의사의 말은 남성 위주의 사회구조에 대한 우회적인 비판이라고 받아들일 수 있습니다.

'선사' 문화 전문가들은, 대부분 구(舊) 문화에서 여성은 남성과 동등한 지위를 누렸으며, 수장 역할을 맡은 때도 있다고 지적합니다. 여성들이 생명체를 탄생시키고, 생명을 관리하였기 때문에 주도권을 쥐었던 것입니다. 그런데 목축 생활 초기에 남자도 생명체 탄생 과정에 중요한 역할을 했다는 사실이 밝혀졌고, 권력을 손에 쥔 일부 남성들이 숭배받는 신들을 여성에서 남성으로 바꿔치기했습니다. 이 무렵부터 테스토스테론이 주도하는 행위, 즉 침략과 경쟁, 지배, 전쟁을 내용으로 하는 신문화가 시작되었습니다.

그래서 지금까지도 여성성의 특징인 보호, 안전, 살림, 상생이 정당한 평가를 받지 못하고 있습니다. 아직도 여성의 인권이 무참히 짓밟히는 나라가 얼마나 많은지 모릅니다. 아프리카와 중동 그리고 아시아 일부 지역에서 아직도 여성들은 짐승만도 못한 취급을 받고 있습니다.

여성이 지배당하는 사회, 즉 여성이 가축처럼 재산으로 취급당하거나 착취당하고 통제받는 사회에서는 인구가 폭발적으로 증가합니다. 남자들이 결정권을 가졌기 때문입니다. 남자들은 '강력한 군대를 세우기 위해 최대한 아들을 많이 낳기를' 원합니다. 인간을 정복을 위한 도구로 전락시켜 결국 삭막한 인간관계가 형성되었습니다. 남성 지도자와 선전가들은 어떤 문제에든 '전쟁'이라는 단어를 갖다 붙이길 좋아합니다. '빈곤과의 전쟁'이니 '문명과의 전쟁'이니 '해충과의 전쟁'이니, 온통 전쟁 투성입니다. 하지만 이런 전쟁들의 결과는 무엇입니까? 해충을 상대로 벌인 전쟁은 해충으로 인한 곡물 손실량을 오히려 늘렸습니다. 또 세균에 대한 항생제 전쟁은 전염성이 뛰어나고 대단히 치명적인 새로운 형태의 악성 살인 박테리아를 만들어 냈고, 인간에 대한 전쟁은 오랜 시간 동안 무수한 죽음과 파괴의 원인으로 작용했습니다.

그뿐 아니라 무분별한 개발로 자연이 파괴되고 환경이 심각하게 오염되었습니다. 인간 역시 함께 병들고 있습니다. 조지 버나드 쇼는 "살리는 기술이란 측면에서 인간이 발명한 것은 전혀 없다. 하지만 죽이는 기술이란 측면에서 인간은 자연을 능가하여, 화학물질과 기계를 통해 재앙과 전염병, 기근이라는 대량 학살을 만들어 냈다"라고 했습니다.

이 상처받은 지구와 인간을 어떻게 치유할까요? 해결책 중 하나로, 나는 감히 여성에게 권한을 주자고 말하고 싶습니다. 사회와 가정, 종교, 군대, 사업 등 모든 영역에서 여성에게 남성과 동등한 권한을 보장하는 것입니다. 여성 고유의 직관과 양심으로 생명 살림의 역할을 충분히 발휘할 수 있는 여건을 마련해야 합니다.

이를 위해 남성들이 근본적으로 성찰하고 진지한 관심과 행동을 보여야 합니다. 과거 한국 교회는 여성의 지위와 역할을 선도적으로 개선해 왔습니다. 앞으로도 각 영역에서 여성들이 인간다운 삶을 진정으로 영위하도록 도와야 합니다. 무엇보다 여성 자신이 하나님의 형상으로 지음받은 존귀한 자임을 깨달아야 합니다. 여성은 하나님의 창조의 동역자로서 지금도 새 생명을 창조하는 거룩한 소명을 받은 자입니다. 하나님은 오랜 세월 동안 여성들의 사랑으로 지구와 인류를 지탱해 오셨습니다. 여성의 힘은 눈에 보이지 않지만, 인류 문명의 가장 위대한 유산입니다.

"실의에 빠진 여성들이여! 일어나서 사랑으로 창조의 빛을 비추라."

7. 숲,
    건강 그리고 행복

인간, 사막화의 주범

언제부터인가 봄이면 온 나라가 황사와 강풍으로 테러를 당합니다. 황사로 인하여 병·의원에는 결막염, 기관지염, 황사 알레르기 등을 호소하는 환자들이 끊이지 않는다고 합니다.

황사는 중국 서북부 신장 위구르 자치구의 타클라마칸사막과 몽골고원의 고비사막, 황허 강 상류 알리산사막 등 아시아 대륙 중심부 사막의 작은 모래나 황토 또는 미세한 먼지가 상층 바람을 타고 멀리까지 날아가 떨어지는 현상을 말합니다. 한반도와 일본은 물론 멀리 하와이와 미국 본토까지 날아간다고 합니다. 최근 들어 황사가 더욱 문제가 되는 것은, 황사 속에 중금속 입자와 아황산가스 등 유독물질이 대거 함유되어 있어, 산성비와 대기 오염을 심화시키는 원인이 되기 때문입니다.

안타깝게도 사막화의 주범은 다름 아닌 인간입니다. 환경단체 그린피스는 "치킨 맥너겟(맥도널드의 치킨 메뉴)을 살 때마다 아마존을 한 입 베어 먹는 셈"이라고 이색 주장을 펼쳤습니다. 논리는 이렇습니다. 미국의 3대 곡물메이저가 60퍼센트를 장악한 브라질 열대우림에서 재배한 콩이 유럽으로 건너가 가축 사료로 쓰이고, 이를 먹은 가축 고기를 맥도널드가 사용한다는 것입니다. 과학 잡지 〈네이처〉의 연구 보고서에 따르면, 목축과 콩 재배 등으로 2050년까지 아마존 열대우림의 40퍼센트 이상이 파괴될 전망입니다. 맛있는 식도락을 위해 인간이 지구촌의 허파를 자르는 것입니다. 중국 정부는 일회용 나무젓가락에 5퍼센트의 소비세를 부과하기 시작했습니다. 나무젓가락 450억 벌을 만들기 위해 자작나무, 대마누, 미루나무 등을 한해 2,500만 그루씩 베어 내는 바람에 사막화가 가속화되는 데 따른 궁여지책입니다.

하지만 중국 정부도 스스로 사막화와 황사를 제어하기엔 역부족이라 손을 든 상태입니다. 이 문제는 한 국가에서 해결할 수 있는 영역을 초월했습니다. 전 세계인이 절약과 검소한 생활 방식을 실천하고, 국제적인 공조를 통해 대형 프로젝트를 이뤄 나가야 합니다. 안타깝게도 우리나라는 몇 해 전부터 식목일을 공휴일에서 제외했습니다.

산림의 공익적 가치

우리나라도 기후변화가 농작물뿐 아니라 산림에도 큰 피해를 주고 있습니다. 지구온난화 영향으로 소나무와 구상나무 등이 점차 줄고, 난대와 아열대 수종이 크게 늘고 있습니다. 지난해 경남 등 남부 지역에서 해송 등 소나무류 97만 그루가 죽었습니다. 병충해로 죽은 숫자를 제외한 것입니다.

국립산림과학원의 분석 결과, 불과 50년 뒤인 2060년대에는 소나무 숲이 강원, 경북 북부 산지, 지리산과 덕유산 등지 높은 산지로 국한될 것으로 보입니다. 이는 지구온난화에 따른 산림 피해의 전주곡에 불과하다고 합니다.

산림이 국민 한 사람에게 베푸는 경제적 혜택은 얼마나 될까요? 정확한 수치를 산정하기는 어렵겠지만, 연간 151만 원에 달할 것이라는 연구 결과가 있습니다. 지구온난화의 주범인 이산화탄소를 흡수하고, 휴양 공간을 제공하는 등 공익적 역할을 통해 경제적 혜택을 베풀고 있다는 분석입니다. 이는 산림청 국립산림과학원이 산림 7대 공익 기능에 대해 대체비용법과 총지출 등의 평가 기법을 이용해 최근 추정한 결과입니다. 7대 공익 기능은 수원 함양, 산림 정수, 토사 유출 방지, 토사 붕괴 방지, 대기 정화, 산림 휴양, 야생동물 보호 등입니다.

산림의 공익적 가치는 갈수록 높아집니다. 최근 발표된 산림의 공익 기능 총 평가액은 1995년의 34조 원보다 2.1배나 높습니다. 연평균 약 7퍼센트씩 증가한 셈입니다. 특히 산림 휴양 기능 평가액은 현저한 증가세를 보입니다. 국민의 소득 증가에 따른 여가 생활 증가로 숲을 찾는 인구가 늘고 있기 때문입니다. 과연 숲에 가면 행복하고 건강해질 수 있을까요?

숲, 건강 그리고 행복

자아실현은 인간이 가진 기본 욕구 중 가장 상위에 있는 것으로서 '인간의 잠재성을 최대한 실현시키려는 욕구'로 정의됩니다. 많은 환경 심리학자와 휴양학자들의 연구에 의하면 자아실현은 자연의 접촉에 영향을 받는다고 합니다. 로젠벅(Roggenbuck)이란 학자는 자아실현이 숲의 경험이 주는 최대의 편익이라고까지 표현했습니다. 미국 와이오밍 주에 있는 국립야외지도자학교에서 5주간 산림 체험 프로그램에 참여한 학생들을 대상으로 조사한 결과, 산림 체험이 학생들의 자아실현 증가에 큰 영향을 미친 것으로 밝혀졌습니다.

산림청 국립산림과학원과 백병원 공동 연구에 따르면 경증 우울증 환자를 숲 속에서 걷게 했을 때, 단 4주간의 프로그램만으로도 우울 증상이 완화되는 결과를 얻었습니다. 이처럼 숲은 인간의 우울감을 덜어 주고 스트레스를 해소해 주며, 도시 환경에서 얻은 각종 질병을 낫게 하여 인간을 건강하고 행복하게 합니다.

일본 치바 대학 환경건강필드 과학센터의 미야자키 교수는 2년 동안 24개 지역에서 총 288명을 대상으로 조사를 실시했습니다. 그 결과, 도시 환경과 비교하여 숲 속에서 경관을 감상할 때 피험자의 코르티솔 농도가 13퍼센트 낮아졌으며, 부교감신경계와 교감신경계가 안정되고, 혈압과 심박 수가 각각 2퍼센트와 6퍼센트 정도 낮아졌습니다. 인간은 숲과 접할 때 안정을 찾는다는 사실을 알 수 있습니다.

충북대 교수이자 한국산림치유포럼 부회장인 신원섭 박사는 '산림 경험과 인간 성장' 관련 연구 사례를 다음과 같이 발표했습니다. 정서적 문제를 복합적으로 가진 알코올 의존자와 그 가족 약 600명을 대상으로 총 3차의 '숲 치유 캠프'를 체험하게 했더니, 대상자 대부분이 가진 우울증과 불안감이 감소하는 현상이 뚜렷이 나타났습니다. 특히 일정한 간격으로 캠프에 참여한 47명의 경우, 정서 상태와 자아 존중감 회복이 훨씬 좋게 나타났습니다. 따라서 우울함이나 불안감 등의 심리적, 정서적 문제는 '숲의 치유력'을 적절히 활용한다면 반드시 긍정적인 효과를 기대할 수 있을 것입니다.

사회적인 무관심과 냉대 속에서 매우 불안한 심리적 상태로 지내는 미혼모 70명을 대상으로 산림치유 프로그램을 3개월간 실시했습니다. 분석 결과 프로그램에 참여한 미혼모의 우울감, 불안감이 개선되고, 자존감이 뚜렷하게 증가하였습니다.

고려대 의과대학 이성재 교수는 '환경성, 만성 스트레스 질환 치유에서 국내 산림자원의 효율적 이용'에 대해 다음과 같이 주장했습니다.

"산업화, 생활 습관의 변경, 정신적, 육체적 스트레스, 서구화된 식생활 등으로 인해 환경성 질환, 만성 질환, 스트레스 질환들이 증가하고 있습니다. 국민의 건강을 위해서는 질병을 사전에 예방하고, 질병이 발생했을 때보다 빠른 치유를 돕고, 질병의 사후 관리를 효과적으로 하기 위하여, 산림자원은 부작용이 동반되지 않으면서 목적을 달성할 수 있는 최고의 치유자원입니다. 산림자원의 신체적인 건강을 위한 생물학적 기능뿐 아니라 정서 함양에 필요한 정신적, 심적, 감정적 건강을 제공하는 역할에도 불구하고 국내 자연 휴양림의 이용은 효율적인 면에서 아직도 제한적이고 부분적입니다. 산림자원을 지금보다 적극적으로 이용하는 방향으로 정책 전환이 필요합니다. 이를 위해서는 의료인뿐 아니라 자연치유 전문가들의 도움을 받아, 효과가 인정되나 병원에서는 실행할 수 없는 다양한 형태의 치유 시설들을 자연 휴양림 안에 설치하는 것입니다. 이 시설 안에서 행해지는 다양한 치유에 참여하는 자들은 자격증을 보유한 전문 치유사들이 될 것입니다."

아직 국내에는 산림자원, 토양자원 등 친환경적인 천연자원이 질병의 예방이나 치료, 질병의 관리에 얼마나 중요한 역할을 하는지, 휴양림 내에 어떤 보조적인 요법들을 설치할지, 어떤 자원들이 특히 유용한지, 유효한 성분은 무엇인지에 대한 과학적이고 객관적인 연구가 아주 초보적인 단계에 머물러 있습니다. 그러므로 국내 산림자원 내에 유용한 치유 요법을 도입하기 위해서는 국립산림과학원 연구원, 의료인, 자연치유 전문가, 운동치료 전문가 등을 중심으로 하는 연구진을 구성하거나 전문가들에게 용역을 의뢰하는 것이 바람직할 것입니다.

선진국의 산림치유

도쿄 농업대학 우에하라 이와오 교수는 '산림치유'를 '산림욕을 대표로 하는 산림 휴양을 중심으로 수목이나 임산물을 활용한 직업요법, 산림을 걸으면서 하는 상담이나 단체 작업, 산림의 지형이나 자연을 이용한 의료 갱생 및 생활 습관병 예방 활동 그리고 산림에서의 유아 교육 등 산림 환경을 종합적으로 사용하면서 건강을 증진시켜 가는 모든 행위'로 정의합니다.

우리나라처럼 산이 많은 스위스는 산림을 배경으로 하이킹, 오리엔티

어링, 사이클링, 달리기는 매우 보편적인 활동입니다. 스위스 국민의 절반 이상이 스포츠 활동의 대상지로 산림을 선택하는데, 산림에서 하는 스포츠 활동은 국민 건강을 향상하는 데 이바지하고 있습니다.

앞서 말한 대로 독일은 숲 치유로 유명한 나라입니다. 암 재활 요양 병원들이 울창한 숲 속에 박혀 있습니다. 의사의 처방에 따라 휴양림에 가면 적절한 산림치유의 혜택을 볼 수 있습니다. 심지어 건강할 때 삼림욕을 하고 증명서를 제출하면 보험료가 감면되는 제도도 있습니다. 자연의학에 대한 체계적인 연구가 잘 이루어져 있으며, 환자 중심의 통합 의료서비스 체계가 정비되어 있습니다.

산림치유 효과를 활용한 선진국 사례로 가까운 일본을 빠뜨릴 수 없습니다. 일본에서 산림치유는 자연환경에서 움직임을 통해 행복과 건강을 증진시키기 위한 환경 복지의 한 부분으로 인식됩니다. 일본에서 산림치유는 '삼림테라피'(Forest Therapy)라는 용어를 통해 보급, 활용되고 있습니다. 삼림테라피는 일본 '삼림테라피연구회'에서 상표 등록을 하여 제한된 형태로 사용하는데, 기본적으로 현장 실험을 통해 산림치유의 효과를 과학적으로 입증하여 근거중심의학(Evidence Based Medicine)으로 발전을 도모합니다. 또한, 궁극적으로 산림이 국민의 건강 증진에 이바지하도록 하기 위한 삼림테라피 프로젝트를 임야청, 삼림테라피 연구회, 삼림테라피 추진위원회, 삼림총합연구소가 공동으로 추진하고 있습니다.

삼림테라피 프로젝트는 삼림테라피 추진위원회를 중심으로 산림치유 관련 포털사이트 운영, 심포지엄 개최, 관련 자격제도 검토 등과 더불어 산림치유 인증 제도를 추진 중입니다. 삼림테라피 연구회는 아사히 맥주(기능성 음료), SONY PCL(산림치유 영상물 개발), 모리가나 유업(기능성 음료), 고바야시 제약(스트레스 저감 물질) 등 특별 기업 회원을 중심으로 산림의 치유 효과를 이용한 상품을 개발하고, 산림치유의 확산과 보급을 추진합니다. 삼림총합연구소는 테라피 기지 후보지를 대상으로 한 인증 실험을 시행하고, 임야청은 각 기관에 대한 조언과 조절의 역할을 합니다. 이러한 과학적 연구와 각 기관의 유기적인 협력의 결과는 산림욕을 예방의학의 하나로 자리매김하는 데 이바지하고 있습니다.

우리나라도 산림욕을 예방의학과 재활에 활용하여 국가와 가정의 의료비 지출을 줄이고 한발 더 나아가 농산촌 경제가 활성화되기를 기대해 봅니다. 저희 센터와 일봉 주민이 함께 추진 중인 산촌생태마을이 산림요양의 특성을 잘 살려서 암 환자뿐 아니라 환경성 질환으로 고통받는 국민에게 희망의 기회를 제공할 수 있기를 바랍니다. 아울러 복내에서 시행되는 산림 휴양형 암 재활에 대해 과학적인 연구와 분석, 그리고 그 결과가 국가의 보건복지정책에도 반영될 수 있기를 소망합니다.

5부

사랑의
동력은
비움이다

1. 한국 교회에
   드리는 말씀

아름다운 능수버들 벚꽃이여!

봄나물 캐는 손길이 바쁜 계절입니다. 아직은 초저녁이지만 이미 창
문에는 불이 꺼져 있습니다. 온종일 햇빛을 맞으며 시간 가는 줄 모르
고 나물 캐는 기쁨에 피로가 몰려 왔나 봅니다. 암 환우들이 일찍 잠을
청할 수 있다는 것은 매우 놀라운 축복입니다.

봉순관 앞에 하얀 목련꽃이 탐스럽게 하늘 높이 피어 청초함을 뽐냅
니다. 이에 질 새라 땅에는 노란 수선화가 자기도 봐 달라고 소담스럽게
피어 있습니다. 그래도 봄이면 생각나는 꽃은 화사한 벚꽃입니다. 복내
로 오가는 길은 온통 벚꽃 터널입니다. 봄에 복내를 방문하시는 분들은
하나같이 능수버들 벚꽃이 연출해 낸 장관에 환호성을 연발하십니다.

환우들도 식사를 마친 뒤 벤치에 앉아 망중한을 즐깁니다.

천봉산에는 수많은 종류의 나무가 있지만 유독 이 나무에게 눈길이 가는 이유가 뭘까요? 대개 나무들은 가지를 하늘이나 옆으로 쭉쭉 뻗습니다. 그러나 이 나무의 가지들은 거의 땅바닥에 닿을 정도로 축 늘어져 있습니다. 중력의 법칙만으로 설명할 수 없는 '자연스러운 내려 놓음'이라고나 할까요. 왠지 편안함으로 다가옵니다. 어린 시절, 엄마 손을 잡고 시골길을 걸어갈 때 바람에 휘날리던 치맛자락이 연상되었을까요. 순간, 오랜 투병으로 어깨가 처졌지만 영혼만큼은 자유롭게 살아가는 복내 가족들의 아름다운 모습이 스쳐 지나갑니다.

많은 사람들이 스스로의 힘으로 무언가를 성취하려고 노심초사합니다. 굵은 나뭇가지처럼 웅장한 모습을 추구하며, 스스로 인생의 무거운 짐을 지고 살아갑니다. 그러나 인생의 복병, 암을 선고받은 뒤 그동안 익숙했던 것을 내려놓습니다. 장기간의 투병 생활을 통해 인간이 얼마나 연약한 존재인지 깨닫습니다. 그동안 자기가 의지했던 것들이 얼마나 허무한 것인지를 알게 됩니다. 자신의 약함이나 상처나 죄인 됨을 인정할 수밖에 없습니다.

그때 비로소 하나님 앞에 나아가 자신을 내려놓습니다. 하나님 아버지의 사랑 앞에 하염없이 눈물을 흘립니다. 하나님의 절대적인 사랑에서 멀리 떠났던 자신의 모습이 한없이 초라해집니다. 하지만 오랫동안 포기하지 않고 기다려 주신 하나님 아버지의 자비와 긍휼에 감사하여 더욱 뜨거운 눈물을 흘립니다. 우리 연약함을 통해 주님이 일하기 시작하십니다.

축 처진 어깨를 봄바람으로 살며시 감싸 주시는 그분의 숨결을 느낍니다. 그분의 사랑 안에서 영혼의 자유를 다시 누립니다. 이제부터는 내면에서 울려 나는 사랑의 공명 때문에 자유롭게 춤을 출 수 있습니다. 자신의 체면이나 가면 그리고 권위의 옷을 벗어 던질 수 있는 용기가 생깁니다. 그런 우리를 만나시기 위해 예수님은 하늘로부터 땅 아래로 내려오셨습니다. 이제는 그분의 은총으로만 존재할 수 있다는 겸손과 온유로 옷을 입습니다.

한국 교회여, 어찌할 것인가

최근 한국 교회는 높은 바벨 성과 대를 쌓고, 물신주의 우상을 섬기는 듯합니다. 한국 교회 최고 연합 모임인 한기총 수장을 선출하는 과정에서 금권 선거 문제가 제기되었습니다. 한국 교회의 해묵은 문제가 곪아 터진 것입니다. 이로 인해 회장직 수행 금지 가처분 신청이 받아들여져 직무 대행자가 선임되었습니다. 불미스런 일로 직무 대행이 파견된 것에 대해 한국 교회가 자성해야 합니다만, 교계 원로들은 자기 합리화를 위해 신문 전면에 성명서를 발표하기도 했습니다. 그 성명서를 보는 순간 '지면 공해'와 '구제 불능'이라는 말이 떠올랐습니다. 그 비싼 광고비 역시 귀한 헌금을 물 쓰듯이 썼을 일입니다. 물론 회장 당선자 본인은 모르는 일이요, 예년에 비해 매우 깨끗한 선거였다고 변명합니다. 전임 회장은 자신도 돈을 쓰고 회장에 당선되었다고 고해성사를 했습니다. 이도 정치적인 이해관계가 얽혀 순수성을 의심받고 있으니 어디까지 믿어야 할지 오리무중입니다. 최근에는 정관 개정을 무리하게 할 뿐 아니라 일부 회원 교단의 직무를 정지한 채 정기총회를 강행하려다가 법원으로부터 가처분신청을 받고 산회하는 망신을 당하기도 했습니다. 당사자가 법정에 호소하여 시시비비를 가리고 있으니, 그 결과가 한국 교회의 품격을 떨어뜨리지 않기를 바랄 뿐입니다.

양심 있는 기독지성인 사이에서는 한기총 해체 운동을 추진하고 있습니다. 한국 교회의 입장을 대변하겠다고 출범한 한기총은 자정 능력을 상실한 골치 아픈 단체로 전락했습니다. 이런 문제는 한기총뿐 아니라 각 교단 총회의 총회장 선거도 마찬가지입니다. 총회 기간에 평신도로 구성된 선거 감시단이 모니터를 한다니, 웃지 못할 슬픈 일입니다. 교회 개척자가 성도 수에 따라 후임자에게 일정 금액을 요구하는 것은 일반화되어 있는 상거래입니다.

대형 교회들의 브레이크 없는 확장주의는 이미 여론의 지탄을 받은지 오래되었습니다. 대형 마트가 진출하여 골목 상권을 말살시키는 것과 같은 이치겠지요. 재벌은 많은 수익을 올리는데 중소기업은 갈수록 쇄락해진다면 그 사회 공동체가 유지될까요? 특정한 우월 세력이 독식하는 사회 구조는 사회 생태계를 파멸로 이끄는 암적 요소입니다.

안타깝게도 기독 언론들조차 괜한 문제로 교회가 박해를 받는다는 식의 변론을 합니다. 아직도 한국 교회에 대한 실정법 이상의 더 높은 윤리적 요구를 이해하지 못하는 듯합니다. 애매하게 자초한 고난을 혹시 그분의 뜻을 이루는 십자가의 고통으로 착각하는 건 아닌지 걱정됩니다. 만약 그렇다면 기독교는 이성을 마비시켜 분별력을 상실시키는 마약이라는 비판을 면치 못할 것입니다. 진리를 위해 십자가를 지고 희생 제물로 죽으신 예수님의 길과 대척점에 서 있다는 것을 깨달았으면 합니다.

이 시대에 창조 질서에 순종하고, 자기를 희생하여 사랑을 실천하는 하나님나라 운동이 일어나야 합니다. 자신을 낮춰 인간의 몸으로 겸손하게 오신 예수님을 따르는 제자들의 행렬이 이어져야 합니다.

스님, 신부님, 목사님이 함께 모이면

보성군에서 신년 초에 주최하는 종교 지도자 초청 간담회에 다녀온 적이 있습니다. 군수님께서 군정 소개를 마치고, 군 발전을 위해 종교 지도자들의 고견을 듣겠다고 하셨습니다. 먼저 개신교 목사님이 자신이 시무하는 교회 화장실을 신축하는 데 환경법에 저촉되어 실무자가 허가를 내주지 않는다면서 군수님의 선처를 바란다고 건의했습니다. 앞으로 종합 오폐수 처리 시설이 마을에 설치된다는 계획이 있기에 부탁할 수 있다고 나름대로 생각한 모양입니다. 그러나 배석한 실무자는 현행 법률상으로 도저히 불가능하다고 답했습니다. 군수님도 어찌할 수 없는 일입니다. 이어서 마이크를 받은 불교계의 스님은 특별한 민원은 없고 국태민안을 위해 기도로 돕겠다고 조용한 목소리로 말씀하셨습니다. 평소에 침묵 수행에 정진해 온 진중함이 배어 있었습니다. 마지막에 말문을 연 천주교의 신부님은 공직자들이 휴일도 없이 수고하시니 일요일이라도 충분히 쉬시면 좋겠다고 했습니다. 그래야 창의적인 행정을 펼치지 않겠냐고 했습니다. 평소 피정에 대해 강조하는 천주교의 영성이 느껴졌습니다.

우리나라 3대 종교 지도자들의 자질과 태도를 여실히 드러내 준 일이라 생각했습니다. 나 역시 같은 개신교 목사로서 얼굴이 뜨거워질 정도로 부끄러움을 느꼈습니다. 높은 사람을 알면 법이나 상식도 파괴할 수 있다는 평소 생각이 반영된 것입니다. 개발과 부흥이라는 미명 아래 수치를 모르는 종교가 어찌 이 혼탁한 세상을 정화시킬 수 있겠습니까?

이쯤에서 우리 교회 지도자 스스로를 돌아보게 하는 분을 소개하려고 합니다. 고위 관직을 지낸 맹사성이라는 분입니다. 맹사성은 고려 말에 문과에 급제하여 관직을 두루 거치다가 태조의 역성혁명 이후 조정을 떠나 낙향했습니다. 그런데 친구들이 건의하고, 아버지가 너만은 입신하여 가문을 세워 달라고 당부하여 결국 태조에서 세종까지 네 임금을 섬겼습니다. 판서를 두루 거치고 우의정과 좌의정을 지냈고 무려 49년을 관직에 있던 분입니다.

그런 벼슬살이를 하면서도 어찌나 청렴하게 살았든지 집안 살림이 말할 수 없이 어려웠던 모양입니다. 어느 날 친구인 대감 한 분이 그 집에 들렀다고 합니다. 하필 그날 비가 오는데 지붕에서 비가 새자 맹 대감은 삿갓을 쓰고 내외가 함께 그릇에 빗물을 받아 냈습니다. 그것을 본 친구가 "어찌 한 나라의 정승이나 하는 사람이 이 모양으로 사시오?" 하고 탄식하자, 맹 대감 왈 "어인 말씀이오. 삿갓도 없어서 비를 맞고, 이보다 못한 집에 사는 백성이 부지기수거늘, 내게는 이 집도 대궐 같소"라고 응수했답니다.

향리로 내려와 지낼 때 낚시질을 갔다가 전 첨지라는 낚시 친구를 만났습니다. 그는 자신을 낮춰 맹 첨지라 소개하고 전 첨지가 싸 온 전병을 얻어먹으며 자주 만나 절친하게 지냈습니다. 어느 날, 생일을 맞아 밥이나 한 끼 하자는 맹사성의 초대를 받고 전 첨지가 맹사성의 집을 찾았습니다. 그때서야 상대가 첨지가 아니라 대감인 것을 알고 몸 둘 바 몰라 하자, 맹사성이 문밖까지 달려 나와 그를 맞고 "우리는 둘도 없는 낚시 친구가 아니오!" 하면서 사람들에게 "내 친구"라고 소개했다 합니다.

또 한 번은, 낚시를 하는데, 어떤 선비 차림의 젊은이가 건너편에서 맹사성을 불러, "여보쇼 영감, 내가 볼일이 있어서 물을 건너야 하는데 선비가 신발을 벗고 물을 건너기가 좀 뭐하니 나를 업어서 건네주시오"라고 청했답니다. 서슴지 않고 그를 업어서 건네준 맹사성이 그를 내려놓으며 어디를 가느냐고 물었습니다. 그러자 젊은 선비는 "맹사성 대감이 집에 내려와 계신다기에 인사나 올리고 벼슬이나 한자리 부탁하러 가오" 하는 것입니다. 대감은 "갈 필요가 없겠소"라고 잘라 말했고, 왜냐고 묻는 그에게 "그대는 이미 맹 대감을 만났으니 말이요"라고 답했습니다. 그 말에 젊은 선비는 그만 신발을 벗을 겨를도 없이 다시 물을 건너 도망쳤다고 합니다.

이렇듯 그는 아랫사람들에게도 늘 겸손하여 관직이 낮은 사람이 집에 찾아와도 언제나 공복(公服)을 갖춰 입고 문밖에 나가 맞이하였고, 방 안에서는 윗자리에 앉게 하였으며, 떠날 때도 언제나 문밖에 나가 손님이 말을 타는 것을 보고야 들어왔다고 합니다.

머리를 숙이면 이마를 다치지 않는다

맹사성이 이렇듯 겸손한 사람이 된 것은 젊은 시절에 겪은 일이 결정적이었습니다. 열아홉에 급제하여 스무 살에 파주 현감에 부임하던 때의 일화입니다.

하루는 학문과 덕망이 높기로 소문난 무명 선사를 찾아갔습니다. 한창 혈기 왕성하던 때라, 그런 분에게 인정도 받고 그의 학문을 시험해 보고도 싶어 객기를 좀 부린 것입니다. 그를 찾아가 새로 부임한 현감인데 백성을 다스릴 가르침을 달라고 넌지시 말을 건넸습니다. 그러자 "나쁜 일 하지 마시오. 그리고 착한 일을 많이 하시오"라고 어린애 가르치듯 말하는 것입니다.

맹사성은 은근히 화가 났습니다. 고명한 분의 가르침을 받고자 왔더니 겨우 코흘리개를 가르치는 말이나 하나 싶어 자리에서 일어서려는데, 선사가 기왕 왔으니 차나 한 잔 하라고 청했습니다. 할 수 없이 앉았는데 차를 따르는 것이 좀 수상했습니다. 이미 잔이 넘치는데도 계속 차를 부어 방바닥을 적시는 것입니다.

그래서 이번에는 맹사성이 나무랐습니다. "이보시오, 스님, 차가 넘쳐서 방바닥이 젖고 있지 않소!" 그러나 스님은 들은 체도 않고 계속 찻물을 부었습니다. 맹사성이 참지 못하고 화를 내며 일어섰습니다. "어찌 찻물이 넘쳐 방이 젖는데도 물만 붓고 있단 말인가? 정신이 좀 이상한 늙은이가 아닌가!" 그러자 스님이 한마디 쏘아붙였습니다. "어찌 현감께서는 찻물이 넘쳐 방이 젖는 것은 알면서도 자신의 지식이 넘쳐 일신을 망치는 것은 알지 못한단 말이요." 이 말에 정신이 번쩍 든 맹사성이 얼굴이 화끈거려 도망치듯 나가다가 그만 문 인방에 이마를 부딪치고 말았습니다. 그러자 스님이 뒤에 대고 "고개를 숙이면 머리를 다치지 않는 법이요"라고 일갈했다고 합니다.

그것이 그의 일생에 잊을 수 없는 가르침이 되었던 모양입니다. 그 즉

시 선사에게 절을 올렸더니 그가 이런 말을 덧붙였답니다. "백 번 듣는 것이 한 번 보는 것만 못하다는 말이 있는데, 백 번 보는 것이 한 번 깨닫는 것만 못하며, 백 번 깨달아도 한 번 실천하는 것만 못한 법이오. 이것을 잊지 마시오"(百聞而不如一見. 百見而不如一覺, 百覺而不如一行). 이 뼈 아픈 가르침을 한평생 맹사성처럼 알뜰하게 실천한 사람도 세상에 없을 것입니다.

사람 사는 데 겸손만큼이나 주변 사람을 흐뭇하게 하는 덕목도 없습니다. 그래서 솔로몬도 "겸손한 자와 함께하여 마음을 낮추는 것이 교만한 자와 함께하여 탈취물을 나누는 것보다 나으니라"(잠 16:19)는 말을 남겼습니다.

그러나 또 겸손만큼 가르치기 어렵고 배워 실행하기 어려운 일도 없을 것입니다. 3년 반이나 스승을 따라다닌 예수의 제자들도 겸손의 미덕을 배우기가 쉽지 않았습니다. 그래서 걸핏하면 누가 더 높으냐고 말씨름을 했던 것입니다.

예수님은 최후의 만찬 자리에서 서로 잘난 체하고 높은 자리에 앉으려는 제자들의 발을 말없이 씻기셨습니다. 그러고 나서 "내가 너희에게 행한 것같이 너희도 행하게 하려 하여 본을 보였노라"(요 13:15)고 가르치셨습니다.

그렇게 사람을 섬기시다가 끝내는 십자가에서 고통 중에서도 저 사람들을 용서해 달라고 기도하셨으니, 할 말이 없습니다. 그런 그리스도의 제자입네 하면서 남에게 대접받기 좋아하고 남을 대접하는 일은 서툴렀으며, 남에게 가르치기는 잘하면서도 진정 어린 마음으로 사랑의 본을 보이지 못한 나 자신에게 자책이 앞섭니다. 가시 면류관 쓰신 예수가 아닌 금관을 쓰신 예수를 추종한 건 아닌지 말입니다.

모 기독 언론과의 인터뷰에서 '소셜 닥터' 한완상 전 부총리는, 한국 교회가 골고다의 고난을 받아들여 부활의 참 승리를 이룬 예수님 삶을 배우고 실천해야 한다고 했습니다. 그는 현재 한국 교회가 비판받는 것은 기독교 외에 다른 것을 배척하고 소통하지 않는 근본주의적 자기중심주의가 주요 원인이라고 지적했습니다. 그는 "인간과 역사를 변화시킨 예수님의 사랑의 동력은 자기 비움에서부터 시작된다"며, "한국 교회가 채우려만 하고 자기만 옳다는 독선에 빠지는 것은 반기독교적 행위이자 예수님의 뜻과도 먼 것"이라고 일갈했습니다. 그는 한국 교회가 십자가를 앞세운 크루세이드(십자군 전쟁)식 공격적 선교가 아닌, 예수님이 제자들의 발을 씻겨 준 것같이 현지인들의 가장 더러운 부분을 닦아 주는 참다운 선교를 펼쳐야만 한다고 충고했습니다. 또한 "타인을 악으로 정죄하면 그 타인 속에 잠겨 있는 악을 발동시켜 발악(發惡)하게 된다"며 "원수마저 포용한 예수님의 가르침처럼 원수의 마음속에 있는 선한 마음을 발선(發善)시키는 것이 선교의 목적"이라고 말했습니다. 그는 한국 교회가 부드럽고 온화한 예수님의 넓은 마음을 본받아 한국 사회에 평화의 선순환을 일으켜야 한다고 거듭 강조했습니다.

"자신을 비워 사랑으로 타인에게 좋은 것을 채워 주고, 또 그 사람이 다른 남이나 나에게 좋은 것을 채워 주는 선순환이 평화이고 구원의 모습이다. 한국 교회가 예수의 사랑 실천을 바르게 깨달아 사회에 선한 기능을 함으로 유배지와 같은 지금의 현실에서 벗어나기를 소망한다."

보고 싶다! 선한 사마리아 사람이여

웅장한 교회 첨탑의 십자가가 어느 순간 과시하는 건축물이 되었습니다. 교회들마다 기도, 말씀, 전도, 선교 등등 종교주의적인 형식으로 껍질을 치장하기에 급급합니다. 예수님은 교회에게 세상의 빛과 소금의 역할을 감당하라고 하셨습니다. 그러나 현실은 오히려 세상의 불순물로 제거의 대상이 되었습니다. 세상은 교회를 향해 종교에는 관심이 있지만 생명에는 무관심하다고 질타합니다. 강도 만난 이웃을 지나쳐 갔던 제사장과 레위 사람처럼 말입니다. 예수님의 공로로 구원받은 것을 자랑하지 말고, 구원받는 존재로 그 열매를 맺으라고도 합니다. 하나님은 여론이나 방송을 통해 한국 교회에게 다시 초대교회의 카타콤 정신으로 돌아가라고 질책하는 듯합니다. 육신을 위해 땅의 것을 구하지 말고, 하늘의 뜻을 위해 죽으라는 것입니다.

본래 기독교의 핵심 가치는 '죽어야 산다'입니다. 부활도 죽음에서 출발해서 거룩하고 영원한 생명에 동참하는 것입니다. 예수님은 죽기까지 순종하셨기에 하나님이 그를 살리신 것입니다. 예수님의 시신이 묻혔던 무덤은 빈 무덤이었습니다. 봉사를 위해 달려갔던 여인들은 무척 놀랐습니다. 그는 이미 부활하셨습니다. 빈 무덤이야말로 텅 빈 충만의 실재였습니다. 자신을 따르는 이들로 하여금 육체의 세계를 넘어 영원한 세계로 마음을 향하게 했습니다.

지금의 기복적 물량주의와 이원론적인 가치관으로 병든 한국 교회는 죽어야 합니다. 종교적 가르침만 무성하고 실천이 없는 한국 교회가 거듭 태어나야 합니다. 그래야 진정한 생명을 살리는 교회로 부활할 수 있습니다. 예수님은 이 시대에 생명을 살리기 위해 자신의 관심, 시간, 물질을 아낌없이 나누는 선한 사마리아인을 찾으십니다. 선한 사마리아인은 비록 인간 취급도 받지 못했던 사람이었지만, 그의 도움이 필요한 이에게 진정한 이웃이 되었습니다.

다시 능수버들 이야기로 돌아옵니다. 오늘따라 비를 맞고 땅에 축 늘어진 능수버들 벚꽃의 연약한 가지가 더욱 아름답습니다. 보기에 강한 힘은 없지만 생명을 지탱하는 세상을 아름답게 비추고 힘없는 이들에게 손 내밉니다. 낮은 자리에 내려오면 진정한 행복이 있다고 속삭입니다. 인간은 흙으로 지어진 피조물입니다. 흙에서 와서 흙으로 돌아갑니다. 인간 스스로 너무 높이 올라가 있으면 낮은 곳으로 돌아가기 힘듭니다. 늘 땅을 가까이 하는 것이 바로 겸손의 출발입니다. 이것이 아래로부터 영성입니다.

2. 생태주의자로 살아가기

실천이 있을 때 비로소 참 진리

오늘날 크리스천 인구가 22억 이상이라고 합니다. 그런데 우리 현실은 어떻습니까? 세계 곳곳에서 일어나는 테러와 전쟁, 핵무기, 방사능 오염, 사막화, 자연 파괴, 기아와 빈곤, 문맹, 성차별, 만연한 불·난치 질병, 온난화, 오존층 파괴 등에 지구촌은 몸살을 앓고 있습니다.

1993년 작고한 생물학자 요아힘 일리스는 죽기 바로 직전에, 모든 생명을 위협하는 위험에 대해 이렇게 기술했습니다.

"우리 생명권의 생태 위기는 폭발 직전의 시한폭탄으로 볼 수 있다. 푸른 지구의 주민들은 이성을 잘못 사용한 탓에 자멸의 길을 걷고 있는 것 같다. 신은 노아에게 다시는 홍수를 일으키지 않겠다고 했건만 위로의 말은 저 위협적인 위험 앞에서 무력해질 뿐이다. 인간은 스스로에게, 그리고 이 지구에 전혀 예상치 못한 치명적인 재난을 몰고 왔다."

예수가 원한 것은 새로운 종교가 아니라 새로운 삶이었습니다. 그의 근본 프로그램은 신뢰, 희망, 사랑이었습니다. 예수는 결코 제도적인 교회의 지식에 관심을 두지 않았습니다. 그에게는 오로지 삶의 변화가 주된 문제였습니다. 예수님의 관심은 교회나 위계질서가 아니라 생태계와 치유였습니다. 예수가 보기에, 하나님을 광신하는 위계질서는 하나님을 망각한 권력자와 마찬가지로 흉물스럽습니다. 나아가 나사렛 출신의 이 젊은이가 제거된 것도 하나님을 광신하는 성직자들과 하나님을 망각한 정치가들의 성스럽지 못한 동맹의 결과였습니다.

오늘날 교회는 예수보다는 교회라는 낡은 구조에 훨씬 비중을 둡니다. 저 나사렛 사람은 하나님 나라를 꿈꾸었지만 지금 존재하는 것은 교회입니다. 교회가 미래를 박탈당하지 않으려면 갈릴리 나사렛으로 돌아가야 합니다. 거기서 예수의 생태주의, 생태적 예수를 만날 것입니다. 생태적 예수가 말하는 종교란 문자에 얽매인 신앙이나 율법에 대한 충성이 아니라 우리 안에 있는 신적인 것에 예민하게 감응하는 것이요, 우리를 둘러싼 신적인 것들에 대해 열려 있는 것입니다. 모든 생명은 아름다우며 원래 하나였음을 깨닫는 것입니다. 오늘날의 생태 위기를 본질적으로 치유하려면 새로운 영적 깊이가 필요합니다. 새로운 생태적 지혜만이 우리 안에 있는 더 나은 자아를 일깨웁니다.

그러므로 환경의 위기는 곧 내면의 위기입니다. 우리의 외적인 위기는 오직 내부로부터 풀어 나갈 수 있습니다. 오늘날 무한한 외적 성장은 모든 나라 경제의 근본입니다. 그러나 이 세상에 무한히 성장하고 번성하는 것이라곤 암밖에 없습니다. 그 결과가 지금 나타났습니다. 암으로 죽는 사람이 급격히 늘고 있습니다. 세계적으로 퍼지는 암적인 경제는 우리네 살림살이를 죽음으로 몰아갑니다. 무한 성장은 내적 차원에만 가능합니다.

지금까지 크리스천들은 생태 운동의 전위로 나서지 못했습니다. '피조물 보존'에 대해 말을 했지만, 이 땅과 피조물이 조화로운 공존의 목표에 이르도록 하는 일은 거의 못했습니다. 모두 목표는 알지만, 그 길을 가는 사람은 드뭅니다. 그러나 진리는 우리의 실천이 있을 때 비로소 참입니다.

생태적 양심을 회복할 때

세계적인 환경운동가 프란츠 알츠는 내게 생태주의에 관련된 영감을 불러일으켰습니다. 그는 인류의 의식을 한 단계 상승시키는 생명 운동가입니다. 그는 나보다 훨씬 앞서서 생태주의의 길을 깨닫고 독일뿐 아니라 세계적으로 영향력을 끼치고 있습니다.

그는 예수와 양심의 상호관계에 중요한 의미를 부여합니다. 예수에게 양심이란 어디서 오는지 가늠할 수 없는, 그러나 아주 나지막하게 그리고 확실하게 들을 수 있는 내면의 소리입니다. 양심은 모든 인간 안에 있는 종교의 씨앗이며, 우리 내면의 음악입니다. 그것은 직관의 울림이며 우리 안의 하나님 나라입니다.

예수는 양심을 통해 우리 영혼이 가장 강력하고 유일한 슈퍼 파워가 되기를 원했습니다. 이런 발전이야말로 진정한 세례요 회심이며, 광야 체험입니다. 만일 양심, 즉 내적 지식의 성장이 발달한다면 우리는 점점 방대해지는 지식에 발맞추어 의미 있는 삶을 살 수 있습니다. 예수의 삶은 당대의, 아니 모든 시대의 양심의 결여와 영혼의 무지몽매함에 맞선 투쟁이었습니다.

예수가 보기에 양심에는 거추장스러운 계명이 필요치 않습니다. 오로지 모든 것을 판단하는 기준은 생명 그 자체였습니다. 양심은 단지 자연스러운 내적 자기 존중 기관입니다. 양심을 무시하면 반드시 처벌이 뒤따릅니다. 대부분 질병은 우리의 양심을 무시한 결과입니다. 무뎌진 양심은 언제나 자기 경멸과 자긍심 결여로 이어집니다. 질병과 불행은 예견된 것이나 다름없습니다. 그래서 예수는 우리에게 깨어 있으라고 말했습니다. 이 말인즉, 양심을 벼리라는 말입니다.

치유자 예수는 양심의 회복을 통해 개인의 건강, 직업 생활의 건강, 사회적이고 정치적인 건강, 환경적인 건강으로 이르는 길을 제시하신 것입니다. 하나님의 진리가 우리 마음을 환히 비출 때 영혼이 건강할 수 있습니다. 내면의 평화는 육체의 건강으로 이어집니다. 뿐만 아니라 자연의 질서를 가까이 할 때 건강은 온전해질 수 있습니다.

자연과 양심은 동전 양면과도 같습니다. 창조주의 형상은 인간의 DNA뿐 아니라 모든 피조물의 DNA에 동일하게 새겨져 있습니다. 자연은 하나님의 속성이 가장 잘 드러난 곳입니다. 모든 피조물은 하나님의 영에 의하여 생명 현상이 동일하게 움직이도록 되어 있습니다. 그래서 가장 자연적인 것이 지극히 영적인 것입니다. 현대사회의 불행은 자연보다는 인위가 앞세워져 있기 때문입니다. 인간 스스로 세운 바벨 성과 대는 무너질 수밖에 없는 도시 문명의 상징입니다. 프란츠 알츠는 구체적으로 다음과 같은 목표를 제시합니다.

우리는 '인간이 만물의 중심'이라는 낡은 교리와 결별해야 한다.
환경과 환경 운동은 심층 생태주의를 필요로 한다.
외교, 재무, 법률, 경제, 학문, 노동, 기술, 에너지, 교통, 건축, 수자원, 보건, 농경 등 모든 정치의 핵심 원리는 생태주의가 되어야 한다.

생태적 깨달음은 오히려 오래된 종교와 맞물려 있습니다. 이른바 원시인들은 옛날처럼 아직도 하늘의 중재자 역할을 하는 사람을 뽑아 세웁니다. 그들은 바로 그 사람을 통해 자연과 우주의 메시지를 듣습니다. 그들은 아직 생태적 양심이 남아 있습니다. 그들에게는 모든 것이 거룩합니다. 하늘, 땅, 물, 바람, 숲이 다 거룩합니다. 그렇다고 자연 자체가 하나님이라는 범신론을 주장하는 것은 아닙니다. 자연 안에 하나님의 신성이 깃들여 있다는 범재신론을 말하는 것입니다.

조셉 갬벨은 "자연(Nature)을 파괴하는 인간은 결국 자기의 인간적 본성(Human Nature)을 죽이게 된다"고 했습니다. 인간 본성은 하나님의 형상에서 온 것입니다. 결국 자연을 파괴하고 생태계 질서에 역행하는 것은 곧 창조주 하나님께 불순종한 것입니다.

생태적 예수를 깊이 이해하자

전 세계적으로 생태계에 위기가 닥치고, 기후 체계가 흔들리고, 다양한 생물종과 숲이 죽어 가고, 오존층에 구멍이 뚫리고, 사막이 심각하게 늘어나고 있습니다. 이러한 때에 평화란 자연과의 화해입니다. 예수의 전략은 자연의 전략입니다. 이 깨달음을 영혼 깊은 곳에 새기고 산상수훈을 추구할 때 감격적인 체험을 할 것입니다. 그 감격은 다른 사람과 주위 환경에 영향을 미칠 것입니다. 산상수훈은 21세기를 위한 사회생태주의 정치, 평화와 정의를 지향하는 정치에 길잡이 역할을 할 것입니다. 예수의 산상 설교에는 동기, 의미, 목표, 전망, 그 밖에도 자기 인식에 이르는 프로그램이 가득합니다. 예수의 여덟가지 행복 선언이 그 예입니다.

생태적 예수를 깊이 이해하는 것은 혁명적인 결과를 가져올 것입니다. 창조 세계의 거룩함, 다시 말해 자연의 본래적 온전함을 회복해야 합니다. 예수는 먼저 자기 스스로가 온전한 사람이었기 때문에 위대한 치유자, 온전하게 하는 유일한 사람이었습니다. 그는 가슴과 머리, 여성적 에너지와 남성적 에너지의 조화로운 균형 속에서 살았습니다. 가슴과 머리의 균형이 이루어지지 않으면 우리는 건강할 수 없습니다. 새는 한쪽 날개만으로는 날 수 없습니다. 생태주의와 경제의 균형도 여기 포함됩니다. 심리 에너지에 치유의 힘이 있다는 것을 예수는 그 누구보다 정확히 꿰뚫어 보았습니다. 오늘날 교회가 점점 힘을 잃어가는 것은 본질적으로 교회의 가르침에 그 책임이 있습니다. 그러나 예수는 전혀 달랐습니다.

생태 위기의 시대에는 생태적 종교만이 치유의 종교, 우리를 건강하게 하는 종교가 될 수 있습니다. 기독교는 생태적 예수에게 뿌리를 내릴 때 비로소 생태적인 종교가 될 수 있습니다. 생태적 깨달음이 없는 종교는 스스로 부패해질 뿐 아니라 남까지 부패하게 만듭니다. 하나님의 영이 결여된 반지성적 감상주의가 됩니다. 생태적 종교는 창조 세계를 찬양하고, 창조주께 기도하며, 창조 질서의 보존을 위해 함께 일하는 종교입니다.

21세기는 환경의 세기입니다. 그렇지 않으면 우리가 인류의 마지막 세대가 될 것입니다. 이러한 생태적 도전 앞에서 기독교는 어떤 역할을 감당할 수 있을까요? 기독교가 21세기에 정신적·영적 차원에서 중요한 종교, 세계적인 종교가 되려 한다면 생태적 예수의 이념과 프로그램을 붙잡고 그것을 생태적 세계 윤리와의 대화에 임하지 않으면 안 됩니다.

녹색기독인과 교회의 역할 (교회환경연대 제공)

1. 녹색기독인십계명

① 일회용품을 쓰지 맙시다.

② 이용합시다. 대중교통.

③ 삼가합시다, 합성세제.

④ 사용합시다, 중고용품.

⑤ 오늘도 물, 전기를 아껴 씁시다.

⑥ 육식을 줄이고, 음식을 절제합시다.

⑦ 칠일은 하나님도 쉬셨습니다. 시간에 쫓기지 않게 삽시다.

⑧ 팔지 맙시다, 소비 광고에 한눈을.

⑨ 구합시다, 작고, 단순하고, 불편한 것!

⑩ 십자가 정신으로 가난한 이웃을 도웁시다.

2. 녹색교회 십계명

① 환경주일(6월 첫째 주)을 정하여 지킵시다.

② 신음하는 피조물을 위해 기도합시다.

③ 하나님의 창조 세계 보전을 위해 설교합시다.

④ 창조보전을 위한 교육과 훈련을 합시다.

⑤ 환경 전담 부서를 둡시다.

⑥ 환경을 살리는 데 예산을 사용합시다.

⑦ 불필요한 행사를 줄이고 소비를 절제합시다.

⑧ 냉난방을 절제합시다.

⑨ 중고품, 재활용품, 환경상품을 애용합시다. ⑩ 지역사회, 교회들 간에
   환경 보전을 위해 연대합시다.

3. 녹색교회 열 다짐

〈선포〉

1. 만물을 창조하고 보전하시는 하나님을 예배한다.

    ① 환경주일을 정하여 지킵시다.

    ② 창조보전에 대한 설교를 합시다.

    ③ 성만찬을 통하여 생명의 소중함을 깨달읍시다.

2. 하나님 안에서 사람과 자연이 한 몸임을 고백한다.

    ① 매일 정오에 신음하는 피조물을 위하여 기도합시다.

    ② 자연에서 울려오는 하나님의 음성을 들읍시다.

    ③ 단순 소박하고 불편한 삶을 즐깁시다.

〈교육〉

3. 창조 보전에 대하여 교육한다.

    ① 녹색의 눈으로 성경을 읽읍시다.

    ② 창조신앙 사경회 및 특강, 세미나를 개최하고 참여합시다.

    ③ 자연과 희로애락을 함께합시다.

4. 어린이와 청소년을 친환경적으로 키운다.

    ① 환경 교실(주말, 캠프)을 운영합시다.

    ② 간식을 줄입시다.

    ③ 아나바다 운동에 참여시킵시다.

<조직>

5. 환경을 살리는 교회 조직을 운영한다.

① 환경 전담 부서를 둡시다.

② 환경을 살리는데 예산을 사용합시다.

③ 환경 전담 사역자를 둡시다.

6. 교회가 절제하는 생활에 앞장선다.

① 행사를 간소하게 하고, 불필요한 행사를 줄입시다.

② 냉난방을 절제합시다.

③ 일회용품을 사용하지 맙시다.

<친교>

7. 생명밥상을 차린다.

① 국내산 유기농산물을 애용합시다.

② 가공식품과 외식을 삼가하고, 제철 음식을 먹읍시다.

③ 쓰레기 제로, 빈 그릇 운동에 동참합시다.

8. 교회를 푸르게 한다.

① 교회 담장을 없애고, 주차장을 작은 숲으로 바꾸어 갑시다.

② 녹색 에너지를 이용합시다.

③ 교회에 오갈 때는 걷거나 자전거나 대중교통을 이용합시다.

<봉사>

9. 초록 가게를 운영한다.

① 환경 정보를 나눕시다.

② 환경 상품을 애용하고 권장합시다.

③ 도농 직거래 장터를 운영합시다.

10. 창조 보전을 위하여 지역사회와 연대한다.

① 교회가 지역의 환경 센터가 됩시다.

② 주변의 교회들과 창조 보전을 위해 함께 일합시다.

③ 환경 정화와 감시 활동을 합시다.

3. 21세기형 전인치유목회를 주목하자

보성 복내 천봉산 골짜기에서 전인치유 사역을 시작한 지 17년. 하나님은 약속대로 우리에게 에스겔의 환상을 이루어 주셨습니다. 황무지에 집을 지어 사람을 살게 하시고, 주변 환경을 단장하여 에덴동산처럼 만들어 주셨습니다. 연일 방문객들이 줄을 이어 전인치유에 대한 공동 관심사를 나눕니다.

그동안 이 골짜기에서는 매일같이 사랑의 기적이 일어났습니다. 죽음 앞에 있던 마른 뼈와 같은 영혼들이 소망을 회복하고 여호와의 군사가 되어서 세상에 파송되었습니다. 개척 초기의 어려움을 아는 이들은 지금도 이 골짜기에 발을 내딛으면서 눈물을 글썽입니다. 앞으로 새 일을 행하실 하나님을 기대합니다. 복내 마을을 중심으로 생명 회복과 보존을 위한 총체적인 사역이 일어나길 꿈꾸고 있습니다.

복내 마을이 꾸는 꿈

첫째는 전인치유센터를 좀더 활성화하여 운영하는 것입니다. 정기적인 전인치유교실을 통해 환자들의 육체와 마음 그리고 영혼을 함께 치료하는 것입니다. 육체의 결핍 때문에 고통당하는 이들을 돕는 일은 영혼이 구원에 이르는 지름길입니다. 양·한방의 현대의학과 자연 및 전통요법을 연구·개발하여 환자들에게 도움을 주려고 합니다. 더 나아가 전인건강 운동 단체들과 폭넓은 협력 관계를 맺어 국민 건강 증진에 기여하려고 합니다. 이는 병든 이들을 돕는 치유목회보다 더 근본적인 일입니다. 나는 이를 '예방목회'라고 부릅니다. 자연친화적인 생활의학을 기초로 하며, 사랑의 공동체 안에서 인격 치유를 그 방법으로 하여 궁극적으로는 영혼을 추수하는 방식이 될 것입니다.

둘째로 전인적인 회복을 돕는 영성훈련센터를 건립하는 것입니다. 감성을 부추기는 체험 중심의 기도원이나 지적 훈련을 강조하는 제자훈련이 한계에 봉착했다는 안타까운 소리가 들려옵니다. 이는 사회가 변하고 살아가는 방식도 달라졌는데 영성 훈련 방법은 여전히 옛것만을 고집하기 때문입니다. 모든 문제의 근원은 영적인 것에서 출발합니다. 성경적인 인생관, 가치관, 세계관, 특히 기독교 의학 교육을 실시하여 정신세계를 바꿔나가는 것입니다. 생각이 결과를 낳기 때문입니다. 성경묵상, 기도, 금식, 공동체 생활 훈련, 노동과 사랑의 봉사·실천을 통해 성숙한 크리스천으로 양육합니다. 심력, 지력, 체력, 영력, 관계회복 등을 자연친화적인 조건에서 실시할 때 효율적인 영성 훈련이 이루어질 수 있습니다. 이제 한국 교회 성도들이 통전적인 영성 훈련을 받아 예수님을 닮은 제자들로 세워져야 할 것입니다.

셋째로 불·난치 환자들을 위한 재활요양센터를 건립하려고 합니다. 특히 암 환자들에게는 전인적인 돌봄이 절실히 필요하기에 시급한 사안입니다. 전국 64곳의 호스피스 시설로는 1년에 암으로 죽어 가는 6만 3천 명의 환자 가운데 극히 소수에게만 도움을 주고 있습니다. 그나마 호스피스 시설에 대한 부정적 인식 때문에 이용을 꺼리는 실정입니다. 그래서 암 치료 초기부터 개입하는, 재활과 휴양에 중점을 둔 신개념의 전인치유 전원 병원을 세우려는 것입니다. 치유 받은 후에는 친환경적인 주거 공간에서 땅과 함께 봉사 생활을 하면서 여생을 마치도록 하려고 합니다.

넷째로 선교센터를 운영하여 공동체적인 의료선교 정책 연구 및 훈련을 시행하려고 합니다. 국내외 치유선교 지망생들을 선발하여 훈련한 뒤 파송하는 것입니다. 산수 좋은 곳에 자리 잡은 기도원들이 텅텅 비어 있습니다. 앞으로 기도원들이 사랑과 봉사를 위한 전인치유 요양원으로 변화되기를 기도합니다. 또한 미전도 종족들과 이슬람 지역을 효과적으로 선교하기 위해서는 의료인이 포함된 선교 공동체가 반드시 필요합니다. 앞으로 선교센터에서 배출된 일꾼들이 전국과 세계에 흩어져 작은 자들을 섬기는 사랑의 혁명이 일어나기를 바랍니다.

다섯째로 영농 법인을 설립하여 자연 유기농법을 연구하고 시행하려고 합니다. 복내는 주암댐 때문에 상수원 보호 지역으로 지정되었습니다. 마을 주민은 아무 일도 못 하게 되었다고 불평들 하지만, 나는 오히려 감사한 마음입니다. 생태 농업을 할 수 있는 자연환경이 조성되었을 뿐 아니라 국가적 지원도 예상되기 때문입니다. 친환경적이며 지속적인 개발이 가능한 산업을 일으켜서 도시를 떠났던 사람들이 다시 찾고 싶어 하는 생태마을을 주민들과 함께 건설하고 싶습니다. 생태공원을 조성하여 어린이와 청소년들을 위한 전인건강 캠프도 운영할 것입니다. 이 프로그램이 정착되면 대안교육 공동체를 만들어 미래의 주역들을 키울 꿈도 꾸고 있습니다. 여기서 배출된 인재들이 건강한 나라와 교회를 세워 가는 일에 헌신하기를 바랍니다.

향후, 암 선고 후 혼란 중에 있는 암 환자와 가족들에게 재활에 대한 표준을 제시함으로 안정적인 투병 생활을 도모하게 되리라 기대합니다. 이를 통해 교회는 생명 중심의 문화를 회복하는 도전의 기회로 삼아야겠습니다. 즉 영성의 생활화를 통해 전인구원을 이루어 가는 것입니다. 아울러 암 재활과 관련한 법령이 제정되어서 제도권 아래에서 재정적 지원을 받아 전 국민이 암의 고통에서 벗어나기를 바랍니다.

하나님 나라의 헬스 클러스터

복내가 있는 전라남도는 다른 지역에 비해 자연환경이 잘 보존되어 있습니다. 녹차, 황토와 같은 천연농산자원뿐 아니라 서해와 남해를 따라 넓게 퍼져 있는 세계적인 갯벌, 천일염, 다양한 해조류 등 천연의 해양자원이 풍부합니다. 이러한 요소 때문에 전남 곳곳은 장수마을로 선정되어 있습니다. 또한 건강문화관광자원이 널리 알려져 있어 통합의학

헬스 클러스터의 중심지로 개발하기에 매우 적합한 지역입니다. 더구나 중국이나 동남아, 일본으로부터의 접근성이 뛰어나 동북아권에서도 충분한 역할을 할 수 있습니다. 따라서 정부, 기업, 대학, 연구소, 지역 주민의 적극적인 참여와 협조가 이루어진다면 전라남도는 국내뿐 아니라 국제적으로도 통합의학 헬스 클러스터 중심지로 도약할 수 있을 것입니다. 이를 위해 연세대학교 의과대학, 안양샘병원과 전라남도는 '상호 교류·협력 협약서'를 체결하고, 보완통합의학의 연구와 발전을 지속적으로 협력할 것을 약속했습니다.

사실 오늘날 세계의 선진국은 20세기에 인류에게 엄청난 부와 삶의 편리함을 안겨 준 정보화 기술 시대를 마감하고 소위 '제4의 물결'이라고 불리는 바이오테크 혁명기를 맞고 있습니다. 바이오 소재 분야, 유전자 연구 분야, 세포 치료 분야, 맞춤형 의약품 개발 등 다양한 분야에서 진행되는 새로운 기술 혁명은 앞으로 30년의 짧은 기간 내에 정보화 시대 50년간의 업적을 뛰어넘는 고부가 가치를 인류에게 가져다줄 것이라는 것이 미래학자들의 공통된 예언입니다. 이 바이오테크는 인간의 질병 퇴치와 수명 연장, 삶의 질 향상이라는 목표를 위해 새로운 치료 기술과 신 의료기기, 의료 재료, 신약이라는 형태로 우리에게 다가올 전망입니다. 미국, 유럽, 일본, 캐나다 등 몇 개 국가가 독점하다시피 앞서 가는 바이오테크 경쟁에 우리나라도 서둘러 나가지 않으면 매우 당황스러운 상황을 맞을 것입니다. 의료 서비스 시장은 그 자체로서 OECD 각국 GDP의 10퍼센트를 차지하는 큰 시장이지만 의료 서비스에 동원되는 치료 기술과 의약품, 의료 기기 분야를 동반 성장시키는 전후방 효과가 매우 큽니다.

앞으로 분석적이고 과학적인 서양의학과 종합적이고 경험적인 동양의학이 보완 통합할 수 있는 제3의 길이 열려서 질병으로 신음하는 이들에게 소망을 주고, 세계 의료 시장을 선도해 나가기를 기원해 봅니다. 이를 위해 자연과 과학 사이에 생명 존중을 위한 의미 있는 만남이 이루어져야 할 것입니다. 또한 각 분야 전문가들이 아집을 버리고 겸손한 마음으로 서로에 대한 이해를 넓히고, 다양한 조합을 실험함으로써 최상의 모델을 만들어 가야 할 것입니다.

전라남도에서 주관한 국제 보완통합의학 심포지엄에서 미국과 독일의 사례를 보며 일부는 복내에서 오래전부터 시행하는 전인치유 요양 프로그램임을 재확인할 수 있었습니다. 앞으로 전문 병원 형태를 갖춘다면 더욱 높은 수준의 서비스를 암 환자들에게 제공할 수 있을 것입니다. 앞으로 지역 암센터와 연계된 전인치유 휴양센터를 전국적으로 운영하며, 더 나아가 각 군마다 전인치유 휴양센터가 보건소와 연계되어 구축될 수 있다면 국가의 암 재활 정책에 획기적인 전기가 마련되리라 확신합니다.

아울러 기독 정신으로 설립된 선교병원들이 이러한 흐름에 뒤처지지 않고 시대를 이끌어 가기를 바랍니다. 반가운 소식은 젊은 의료인들이 주축이 된 새로운 시도가 몇몇 병원에서 이루어지고 있는 것입니다. 최근 본원과 긴밀한 협력관계에 있는 안양샘병원이 통합치료 개념의 전인치유 병동을 개설했습니다. 매우 힘든 일이지만 경영자의 전인치유에 대한 굳은 신념과 여러 실무자들의 헌신적인 노력의 결실이라 하겠습니다. 아울러 포항의 한동대 선린병원, 부산의 세계로병원, 전주의 예수 병원, 광주의 기독병원 등이 관심을 보이기 시작했습니다. 최근 들어 전남대학교 간호대학, 광주 기독간호대학, 계명대학교 간호대학, 고신대학 간호대학, 경상대학 간호대학 등과 목회간호 현장 실습 협약을 맺었습니다. 각 선교 병원들과 저희 복내가 긴밀한 유대관계를 맺고 효과적인 통합의료 선교를 꽃피울 수 있기를 바랍니다. 복내가 하나님 나라의 헬스 클러스터의 중심지가 되는 꿈을 꾸어 봅니다.

결국, 하나님의 뜻이 총체적으로 이 땅 위에 임하기를 바랍니다. 아무리 황량한 들판이라도 교회가 한곳 세워지면 마을과 주민 그리고 환경에까지 하나님의 평강이 임하도록 하는 것이 21세기 전인치유목회라고 생각합니다. 하나님은 예나 지금이나 교회를 통해 구속의 경륜을 이루어 가십니다.

천봉산의 노아가 '창조'와 '사랑'의 향연이 펼쳐지는 복내 마을로 여러분을 초대합니다. 창조주 하나님 안에서 참된 안식과 평화를 누리실 것입니다. 영원한 새 하늘과 새 땅에 이르는 구원의 방주에 함께 승선하지 않겠습니까? 바라는 것이 있다면, 이 바람이 복내 가족을 넘어 더 먼 곳으로 퍼져, 더욱 포괄적인 방식의 생명 운동이 전 세계적으로 펼쳐지는 것입니다.

복내전인치유센터
암 환우 초청 전인치유세미나

매월 첫째 주(월~토 5박 6일)에 복내전인치유센터에서는
암 환우와 전인치유 사역에 관심 있는 분들을 모시고 전인치유세미나를 개최합니다.
암, 고혈압, 당뇨 등 불·난치병 환자와 잠재적 암 환자인 현대인 모두에게 유익한
쉼과 치료가 예비되어 있습니다.
자연 속 휴식처인 복내전인치유센터에서 독자 여러분의 휴가를 함께해 보세요.
몸과 마음이 쉬며 영혼이 밝아지는 새 힘을 얻으실 수 있습니다.

www.boknae.org
061-853-7310
전남 보성군 복내면 일봉리 492번지